JN430862

▶ **배보찬**

야놀자 플랫폼 부문 대표이자 그룹 CFO이다. 2023년부터 야놀자 플랫폼 부문 대표를 맡고 있으며, 2014년부터 야놀자에서 다양한 역할을 담당하며 회사의 성장을 견인했다. 그 이전에는 공인회계사로서 삼정KPMG회계법인의 IT Industry 본부에서 10년 가까이 일하며 다수의 IT기업 프로젝트를 수행했고, PwC Global Capital Market 본부에서도 일한 바 있다. 현재 야놀자 플랫폼 부문의 성장과 지속적 혁신을 이끌어 가고 있다.

▶ **김종윤**

야놀자클라우드 부문의 대표와 그룹 CSO를 맡고 있다. 2015년부터 2018년까지는 야놀자 CSO로서 회사의 비즈니스 전략을 총괄했다. 과거 맥킨지앤드컴퍼니에서 다양한 산업의 전략적 과제를 컨설팅 하였으며, 구글에서 온라인 세일즈 & 오퍼레이션 어카운트 매니저, 3M에서 마케터로 근무한 바 있다. 현재 야놀자클라우드를 통해 글로벌 및 B2B 사업을 총괄하고 있고 해외 M&A 부문도 담당하며 야놀자의 글로벌 확장을 이끌고 있다.

▶ **최휘영**

인터파크트리플 대표이다. 2016년 초개인화 여행플랫폼인 트리플을 창업했고 2022년 인터파크와 합병한 이후 인터파크트리플을 이끌고 있다. 과거 NHN에서 네이버부문장으로 근무했고, 2005년부터 NHN의 국내 사업 총괄 대표이사, 대표이사 사장을 역임했다. 최근 출시한 외국인 관광객을 위한 여행플랫폼 '트리플 코리아'를 통해 인바운드 관광의 활성화를 위해 힘쓰고 있다.

▶ **이준영**

야놀자 기술 대표이다. 2022년 야놀자에 합류하기 전인 2003년부터 2022년까지는 미국 구글 본사에서 소프트웨어 엔지니어로 근무하며 한국인 최고위 직급인 엔지니어링 부문 디렉터로 일했다. 1999년부터 2003년까지는 야후에서 엔지니어링 매니저로, 1997년부터 1999년까지는 삼성전자에서 소프트웨어 엔지니어로 일했다. 야놀자의 기술 부문을 총괄하면서 글로벌 사업의 기술 부문도 세계 최고 수준에 달할 수 있게 이끌고 있다.

▶ **박성식**

야놀자리서치의 법인 대표이자 야놀자 플랫폼 부대표를 겸하고 있다. 사법연수원 41기를 수료한 변호사로서 2012년 김앤장 법률사무소, 2017년 SK텔레콤을 거쳐 2018년에 야놀자에 합류했다. 그 후 야놀자 그룹의 준법경영과 대외소통 업무를 맡았으며, 2023년부터는 관광산업 전문 민간연구원인 야놀자리서치의 대표를 맡아 대한민국 관광산업 발전을 위해 애쓰고 있다.

▶ **김규철**

금융과 플랫폼 산업의 경영 전략 및 디지털 혁신을 자문하는 경영 컨설턴트로 활동하고 있다. 현재 PwC 컨설팅 전략본부(스트래티지앤드) 이사로 근무하며 국내 대표 기업의 경영진에게 자문을 제공한다. 과거 우아한형제들에 근무했고, 직접 스타트업을 창업하기도 했으며, 리더십 서적 《팀장의 관점》을 출간한 바 있다.

대한민국 관광대국의 길

Business & Management Books
비앤엠 북스

PREFACE

머리말

관광은 이 시대 대한민국의 새로운 희망

대한민국은 성장이 멈추어 가고 있다. 지난 반세기 굴곡의 역사 속에서도 거침없이 달려온 우리나라가 이제 병들어 늙어가고 있는 것이다. 2010년 잠재성장률이 3.7%였던 것이 불과 10년이 지난 지금 2.0%까지 떨어졌다. 잠재성장률을 결정하는 노동, 자본, 생산성에 비추어 볼 때 더 이상 대한민국은 드라마틱한 성장을 꿈꾸기 어려워졌다. 생산가능인구는 2018년을 기점을 줄고 있으며, 자본의 유출도 가속화되고 있는 형국이다. 제조업 생산성은 그나마 OECD 중상위권을 유지하고 있지만 정체되어 있으며, 서비스업 생산성은 자영업의 과밀화로 말미암아 OECD 최하위권에서 헤매고 있다.

인구문제와 관련된 저출산-고령화는 더 심각한 수준이다. 지금부터 출산을 늘려나가도 이미 한 세대의 인구정체가 현실화되었다. 더욱이 저출산-고령화와 관련된 인구 문제는 지방 소멸과도 맞닿아 있는데, 한 예로

충북 옥천군 군서면은 2021년 2명의 아이가 태어난 뒤로 신생아 울음소리가 사라졌다고 한다. 마을 언덕에 아이들이 뛰어노는 모습은 지방에서 사라진 지 오래다. 그도 그럴 것이 노인만 있는 시골 마을에서 아이들이 태어날 리 만무하다.

한국은행에서 발표한 자료에 의하면 2011~2022년 기준으로 볼 때 수도권과 충청권의 연평균 경제성장률이 3.4%인 데 비해 나머지 지역의 성장은 1.4%에 그쳤다. 이러한 추세가 5년만 지속되면, 수도권과 충청권 이외 지역은 인구 4.7%가 더 감소하고 지역 내 총생산(GRDP)은 1.5% 더 줄어들 것으로 전망된다. 한마디로 수도권 집중화는 심해지고 지방은 소멸해 간다는 것이다. 이는 단지 경제 지표에서만 나타나는 것은 아니다. 10대 종합대학은 100%, 30대 기업의 95%가 서울과 수도권에 있다. 미국과 일본이 전국 각 도시에 세계적인 대학과 기업을 골고루 배치한 것과 비교하면 참 이례적인 상황이다. 전국을 균형 있게 발전시키기 어렵다면 6~10개의 거점 지역만이라도 인구 소멸을 최소화하고 발전시킨다면 이러한 극단적인 지역 양극화 문제가 해소되지 않을까?

사실 자영업의 과밀화 문제도 심각하다. 특히 별다른 기업이 없거나 산업이 발전하지 않은 지역에서 자영업의 과밀화에 따른 수익성 악화 문제는 더 이상 방치할 수 없는 수준이다. 사람과 자본이 서울과 수도권에 몰리고 있는 상황에서 지방에서 자영업을 영위하는 것은 도박에 가깝다. 결국 가까운 미래에 지방 소재 영세 자영업자의 실패는 사회적 부담으로 작용하고 말 것임이 자명하다.

지금까지 한국경제, 한국사회의 과거와 현재 그리고 미래를 장황하게 이야기한 것은 이러한 문제들의 해결에 있어서 관광이 하나의 돌파구가 될 수 있다는 것을 강조하고 싶어서이다. 저자들은 학자도 있고, 기업가도 있고, 컨설턴트도 있다. 과거에는 각각이 창업가, 기업가, 연구원, 펀드매니저, 변호사, 회계사, 엔지니어, 자영업자이기도 했다. 한국 사회의 발전을 서로 다르게 체험한 30대에서 60대에 이르는 다양한 사람들의 지식과 경험들이 이 책에 함께 녹여져 있다. 저자들은 각기 다른 삶을 살아왔지만, 우연히도 관광이 한국경제에 중요한 기회를 창출하는 위대한 자산이 될 것이라는 데에는 별다른 이견이 없었다.

관광수지 흑자로 돌아선 일본의 사례는 우리에게 시사하는 바가 크다. 이 책에서 많이 언급하고 있는 일본의 사례를 타산지석으로 삼아야 한다고 이야기하는 것도 유사한 지리적 환경과 문화 그리고 사회적 문제를 가진 일본이 관광을 통해 저성장을 극복하고 지방 소멸과 같은 문제를 해결해가고 있기 때문이다. 일본의 경우 2014년까지만 해도 외래 관광객 수가 1,341만 명으로 우리나라와 유사한 수준이었으나, 불과 5년이 지난 2019년에는 일본이 3,188만 명, 한국은 1,750만 명으로 1.8배 이상 차이가 났다. 10년 동안 일본은 K-pop 팬덤과 같은 유무형 관광자원을 가지고 있지도 않았다. 그럼 왜 이런 차이가 발생하였을까? 아마도 이는 관광산업을 바라보는 국가적 시각의 차이에 기인할 것이다. 이 책이 일본의 정책 사례를 많이 벤치마킹한 것도 이러한 차이를 규명하고자 했기 때문이다.

일본의 성공은 우리에게 희망의 전조일 수 있다. 일본은 '지방창생'이라는 목표하에 정부 주도로 거버넌스 체계를 대대적으로 정비하고 전략적으로 관광산업을 육성하였다. 최근 일본을 방문하는 외래 관광객이 증가한 것은 단순히 엔저로 인한 것이 아니라 중앙정부 주도와 지자체의 협조 아래 철저하게 준비한 결과이다. 이로 인해 코로나 이후에도 일본은 소도시마저 외래 관광객이 넘쳐날 정도로 지방경제가 살아나고 있으며, 일부 지역에서는 오버투어리즘을 걱정하고 있다. 우리 정부나 지자체 그리고 관광산업 관련 인재들의 수준을 생각하면 우리가 일본을 못 따라잡을 리 없다고 생각된다.

관광은 유형의 공간과 무형의 서비스를 판다. 외래 관광객이 방문하는 것은 우리나라라는 물리적 공간에서 수출상품을 파는 것과 다름이 없다. 생산가능인구 감소와 함께 민간소비가 감소하는 상황에서 외래 관광객의 소비는 우리에게 큰 도움이 된다. 불행하게도 우리나라는 수십 년간 관광수지 적자국이다. 우리나라 국민이 해외에서 쓰는 돈이 우리나라를 방문한 외래 관광객이 쓰는 돈보다 더 많기 때문이다. 2023년 해외로 나간 우리나라 관광객은 2,271만 명이고 우리나라를 방문한 관광객은 1,103만 명이다. 두 배 차이이다. 이러니 적자일 수밖에 없다. 우리나라 관광객이 해외로 나가는 것을 막을 수 없다면 우리도 나간 만큼 외래 관광객을 유치해야 하지 않을까? 또한 국내 관광 활성화를 통해 해외로 나가는 일부 국내 관광객을 국내로 대체해야 하지 않을까? 언젠가 인바운드 관광 활성화는 이러한 관광수지 적자 문제를 해결해줄 것으로 기대한다.

관광은 한국경제, 사회의 몇 가지 큰 문제를 해결해준다. 우선은 성장이다. 현재 한국관광의 GDP기여도는 2.8%에 그친다. 전 세계 평균이 2019년 기준 10.4%인 점을 보면, 국가경제 규모로 보나 문화적 역량으로 봐도 기여도가 너무 낮다. 그렇기에 사실 관광은 우리나라에서 성장 잠재력도 크다. 수치상으로 우리나라가 전 세계 평균 기여도를 20년 만에 도달한다고 하면 매년 0.4% 이상 경제성장에 기여할 수 있는 것이다. 둘째는 지방 소멸의 문제를 해결하는 데 관광은 중추적인 산업이다. 관광은 기본적으로 공간을 파는 산업이다. 서울에 국한하지 않고 지방 거점 도시를 중심으로 한 몇 개 권역만이라도 인바운드 관광이 활성화된다면 지역경제 활성화와 더불어 지방 소멸을 늦출 수 있다. 또한 자영업 과밀화에 따른 수익성 악화 문제 역시 다소 완화시켜줄 것으로 예상된다. 우리나라 주요 자영업종은 도소매업, 음식업, 숙박업, 운수업이다. 이들 업종은 모두 영세하고 자영업 업종 중에서도 수익성이 가장 낮은 업종들이다. 관광은 이들 업종과 관련성이 깊다. 관광객은 관광 상품과 서비스만을 구입하는 것이 아니라 작은 가게에서 쇼핑을 하고, 음식을 먹으며, 잠을 잔다. 그리고 교통수단을 통해 이동한다. 관광이 취약한 자영업 업종에 매출을 늘려주는 것이다. 여러모로 효자 산업이 아닐 수 없다.

참 다행히도 4차산업혁명으로 대변되는 디지털 기술의 발전과 플랫폼 경제의 확산은 우리에게 유리한 환경을 제공한다. 여행의 전 과정에 기술과 플랫폼의 개입은 관광객의 여행을 편리하게 해준다. 인공지능, 5G, IoT 등 이 시대의 핵심기술들과 플랫폼은 여행의 편리성을 높이고 더 많은 관광객을 확보하게 하며, 1인당 관광객의 지출을 증가시킨다. 즉, 관광 수입을 증대시키는 데에도 디지털 기술과 플랫폼은 필수 도구인 것이다.

'물들어 올 때 노 저어라'라는 속담이 있다. 한국에 관광하고 싶은 잠재 수요는 코로나 팬데믹이 끝나고 나서 폭증하고 있다. 2022년에 319만 명, 2023년 1,103만 명, 2024년에는 1,400만 명에 육박할 것으로 예상된다. 한국은 지정학적으로 삼면이 바다라는 관광에 있어서 불리한 위치에 있지만, 한편으로 반경 2,000km 이내에 전 세계에서 가장 많은 인구가 밀집하여 살고 있다. 일본과 중국의 서쪽 지역 그리고 일부 동남아 지역은 전 세계에서 가장 인구밀도가 높고, 특히 이 지역들의 가처분소득은 가파르게 증가하고 있다. 여기에 사는 사람들이 시장성이 큰 우리의 잠재 고객들인 것이다. 한국은 단순히 K-컬처라는 매력적인 관광문화상품만을 가진 나라가 아니라 지정학적으로도 관광의 수요가 많은 지역에 위치하고 있음을 알아야 한다. 곧 그들이 몰려온다. 우리는 무엇을 준비해야 할까? K-pop만으로는 충분치 않다.

이 책의 내용은 대한민국 관광대국을 달성하기 위한 방편으로 인바운드 관광 활성화에 초점을 맞추고 있다. 1부에서 대한민국에서 왜 관광이 현시점에서 중요한지를 밝혀내고, 2부에서는 'UNLOCK Korea'라는 미션 아래 인바운드 관광 활성화를 위한 전략과 실행과제를 제시한다. 'UNLOCK Korea'는 한국을 활짝 열자는 의미이다. 이 책은 대한민국 관광의 모든 주제를 다루지는 않는다. 우선 서비스 수출과 관련된 인바운드 관광 활성화에 초점을 두고자 한다.

이 책의 독자는 나라를 걱정하는 대한민국 국민이다. 국민이 관광을 중요하게 인식할 때 바람직한 정책이 나온다고 저자들은 생각한다. 이 책은 몇몇 정책담당자, 기업인, 연구자, 정치인만이 읽어야 할 책이 아니다. 그동안 소외받았던 관광을 중요한 국가 성장의 동력으로 만드는 데 미력하나마 일조하고자 이 책을 쓰게 되었다. 우리 저자 일동은 '관광'이 모든 국민에게 대한민국의 새로운 국가 성장 동력으로 인식되기를 고대하며, 이 책을 아름다운 삼천리 금수강산과 찬란한 문화유산을 가진 대한민국에 바친다.

2024년 8월

저자 일동

CONTENTS

차례

PART 1
대한민국 관광산업 환경과 관광대국 전환의 필요성

PART 2

대한민국 관광대국의 길: UNLOCK Korea

PART 3

대한민국 관광대국 달성을 위한 제언

1

대한민국 관광산업 환경과 관광대국 전환의 필요성

CHAPTER 1

글로벌 관광산업의 변화와 전망

1절 | 끊임없이 성장하는 관광산업

여행, 관광산업화의 역사

현대인들은 일을 하든 하지 않든 누구나 여행을 하고 싶어 한다. 특히 교통수단이 발달하면서 새로운 미지의 세계에 대한 자연과 문물을 경험하는 것은 인간 본연의 욕구일 것이다. 그렇다면 이러한 여행이나 관광은 언제부터 시작된 것일까? 역사적으로 관광의 개념은 고대부터 현재에 이르기까지 끊임없이 존재해 왔으며 진화해 왔다. 관광의 개념은 고대 그리스·로마 시대에도 존재했으며, 그 당시의 관광은 주로 생존을 위한 사냥과 채집, 교역, 순례, 그리고 미지의 세계를 탐험하는 목적으로 이루어졌다. 올림픽 경기 참가나 온천 요양, 신전 참배와 같은 형태로 관광이 이루어졌고, 여행자는 신성한 사람으로 여겨져 특별한 대우를 받기도 하였다.

중세 시대에는 십자군 전쟁의 영향으로 동서 간 문화 교류를 목적으로 한 관광이 활성화되었으며, 예루살렘과 불교 유적지를 순례하는 형식의 종교적 관광이 성행하였다. 17세기 중반부터는 영국을 중심으로 유럽 상류층 귀족 자제들이 사회에 진출하기 전에 해외를 돌아보며 문물을 익히는 여행인 그랜드 투어가 유행하면서, 주로 젊은 귀족들이 교육의 목적을 갖고 유럽 대륙을 여행하는 문화가 생겨났다. 이 시기의 여행은 오늘날 관광의 초석을 다지는 중요한 역할을 했지만, 소수의 부유한 계층에게만 가능한 일이었고 대다수 사람들에게는 접근하기 어려운 영역이었다.

관광의 본격적인 대중화와 상업화는 19세기 증기기관의 발명과 함께 시작되었다. 이동 수단의 발달로 인해, 이 시기에는 공간적 제약이 크게 줄어들었고 사람들의 여행 가능성이 확대되었다. 산업화 이전의 관광은 말이나 마차를 주된 이동 수단으로 사용하여 일부 특권층들만이 즐길 수 있는 여가 행위였으나, 증기선의 보편화와 더불어 1840년대 대규모 철도 운송이 시작되면서 관광의 대중화와 상업화가 가속화되었다. 특히, 1845년 설립된 영국의 토머스 쿡&선(Thomas Cook & Son)과 같은 민간여행사의 등장은 관광의 산업화를 더욱 촉진하였으며, 이후 제1차 세계대전이 발발한 1914년 이전부터 유럽 전역에서는 유람선 관광이 성행하였다. 1920년대와 1930년에는 대서양 횡단 선사들이 중산층 관광을 위해 경쟁을 벌이며 관광의 수요층을 넓혀 나갔다.

20세기에 들어서며 글로벌 관광은 여객항공산업의 발전과 함께 폭발적으로 성장하였다. 특히 1980년대 항공기 안전성에 대한 인식이 커지면서, 하늘을 통한 해외여행의 산업화 시대가 본격적으로 시작되었다. 항공운송산업은 제1차 세계대전이 끝나며 전쟁에 사용되었던 군용기를 유효적절하게 사용하고자 하는 취지에서 시작되었다. 전쟁이 무기산업의 발전과 함께 여행의 효율성을 높이는 데 기여한 것은 아이러니하다고 할 수 있다. 1919년 최초의 민간 항공사 KLM 네덜란드 항공(KLM Royal Dutch Airlines)의 설립을 시작으로 1929년 여객 및 화물의 항공운송에 관한 운송인의 책임 등을 다루는 항공 분야 최초의 국제협약인 바르샤바 조약이 체결되었으며, 이후 1940년대 제트 엔진이 개발되며 여객항공산업이 대폭 성장하게 된다. 1970년 이후부터 대형 제트기들이 등장하며 대량수송체계로 인해 항공단가가 인하됨과 더불어 항공기 사고율이 대폭 개선되었는데, 보잉(Boeing)에 따르면 1960년대에 항공건수 100만 건당 50건 수준의 사고가 발생한 반면, 1970~1980년대에 5건 미만으로 감소하였다고 한다. 결국 이러한 안전상의 문제를 기술적으로 해결한 것이 항공 여객기를 통한 해외여행의 대중화 시작에 크게 기여한 것이다. 특히 제1차 세계대전 후 등장한 민간항공과 1940년대 개발된 제트 엔진은 항공 여행을 혁신적으로 변화시켰다. 즉, 항공산업의 발전은 거리와 시간의 장벽을 허물며 전 세계를 연결하는 중요한 역할을 하게 된 것이다.

2000년대에 접어들면서 관광산업은 디지털 기술의 발전, 소셜미디어의 영향력 증가, 지속 가능한 관광에 대한 인식 확산 등 새로운 도전과 기회에 직면하게 되었다. 특히, 최근 발생한 코로나19 팬데믹은 관광산업에 큰 타격을 입혔지만 동시에 디지털 기술을 활용한 여행의 가능성을 열었고, 로컬 관광과 안전한 여행에 대한 새로운 관심을 촉발했다.

이처럼 관광산업은 역사적 변화와 기술적 발전을 통해 계속해서 발전해 왔으며, 앞으로도 새로운 혁신과 변화를 통해 성장할 것으로 보인다. 관광산업은 단순한 여가 활동을 넘어서 문화, 경제, 기술의 상호작용이 이루어지는 중요한 글로벌 현상으로 자리매김하고 있으며, 이는 우리가 다른 세계를 경험하고 이해하는 방식에 깊은 영향을 미치고 있다.

그림 1-1. 유람선 관광

출처: 한국관광공사 포토코리아-조정흠

끊임없이 진화하는 관광산업

관광산업은 여행과 관광을 중심으로 한 경제활동 전반을 포함하며, 시간이 지남에 따라 그 범위가 넓어지고 구성요소도 다양해지고 있다. 관광산업의 복잡성과 다양한 구성요소로 인해 이 산업의 정의와 범위에 대한 해석은 다양하게 존재한다. 이 산업을 정의하는 방식은 좁은 범위에서 넓은 범위까지 다양할 수 있으며 이러한 정의는 관광산업이 어떻게 이해되고 발전될 것인지에 영향을 미친다.

좁은 범위에서 정의되는 관광산업은 주로 직접적인 관광 서비스와 활동에 초점을 맞춘다. 이는 여행업, 숙박업, 관광편의시설 제공 등 관광객이 직접 이용하는 서비스에 한정되는 경우가 많다. 대표적인 예시는 대한민국의 관광진흥법으로, 이 법은 관광 의존도가 높은 7가지 업종(여행업, 관광숙박업, 관광객 이용시설업, 국제회의업, 카지노업, 유원시설업, 관광편의시설업)을 관광산업으로 분류하고 있다. 이러한 접근 방식은 관광산업을 구성하는 핵심 요소에 중점을 두어, 관련 업종에 대한 정책, 지원, 규제 등을 명확하게 설정하는 데 유용하지만 관광객의 전체 여정과 관련된 다양한 활동과 서비스를 포함하지 않으므로 산업의 전체적인 이해를 제한할 수 있다.

반면, 넓은 범위의 정의에서는 관광산업을 관광객의 전체 여행 경험을 지원하는 모든 활동과 서비스를 포괄하는 것으로 본다. 일례로, 유엔세계관광기구(World Tourism Organization, UNWTO)는 관광산업을 넓은 관점에서 바라보고 식음료업, 여객운송업, 렌트업, 스포츠 및 레크리에이션업 등이 포함된 12가지 시장으로 구분하고 있다.[1] 이러한 접근 방식은 관광산업을 구성하는 다양한 요소 간의 상호 연결성과 상호 의존성을 인정하며, 산업의 포괄적인 발전과 관리 전략을 수립하는 데 도움을 준다. 또한 관광산업의 경제적, 사회적, 문화적 영향을 더욱 깊이 이해하고 평가하는 데 유리하다.

관광산업은 특정 제품이나 서비스의 형태로 산업이 규정되기보다는 관광의 소비 주체를 중심으로 정의할 수 있으며, 또한 다양한 산업이 연계되어 다변화하는 복합 산업이다.[2] 초기에는 단순히 여행과 숙박 서비

1) UNWTO가 정의한 관광산업에는 숙박업, 식음료업, 철도여객운송업, 도로여객운송업, 수상여객운송업, 항공여객운송업, 운송렌트업, 여행사 및 여행예약서비스업, 문화산업, 스포츠 및 레크리에이션업, 국가관광특산품의 소매거래업, 기타 관광특수산업이 포함된다.

2) 유엔무역개발회의(UN Conference on Trade and Development, UNCTAD)에 의하면 관광산업은 관광객에 의해 주로 소비되는 재화와 서비스를 생산하는 상업 활동 총체를 의미하며, 이는 곧 관광산업의 경계가 명확하지 않고 다양한 산업이 연계된 복합 산업임을 시사한다.

스에 초점을 맞추었던 관광산업은 시간이 흐르며 식음료, 교통, 엔터테인먼트, 의료, 문화 등 다양한 산업과의 융합을 통해 발전해 왔고, 결과적으로 새로운 가치를 창출하고 지역경제와 문화에 긍정적인 영향을 미치는 중요한 산업으로 자리 잡았다.

이러한 관광산업의 진화는 전 세계에서 다양한 형태로 나타나고 있는데, 각국은 자국의 독특한 특성과 자원을 활용하여 관광산업을 발전시키고 있다. 예를 들어, 태국은 최근 성공적인 의료 관광산업을 구축한 것으로 평가받고 있다. 이들은 우수한 의료 서비스와 합리적인 비용, 그리고 아름다운 자연환경을 결합함으로써 전 세계 환자들을 유치하고 있으며, 이는 태국 경제에 크게 기여하고 있다. 또한, 싱가포르는 관광과 MICE산업을 결합해 국제적인 회의와 전시회, 기업 이벤트의 중심지로 자리매김하고 있다. 이를 통해 싱가포르는 경제적 가치는 물론, 학술적, 기술적 지식 공유 중심지의 지위를 강화하고 있다.

한국의 경우 K-pop, K-드라마, K-뷰티 등 한류의 중심이 되는 문화 콘

그림 1-2. 관광산업의 확장

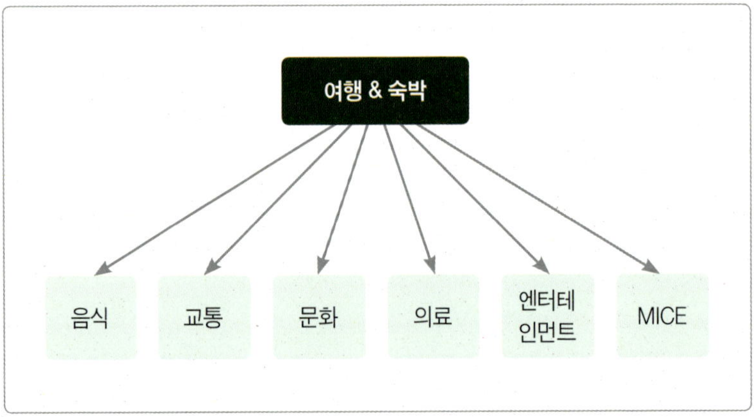

텐츠를 중심으로 한 문화관광이 전 세계적인 인기를 끌고 있다. 한국 문화에 대한 글로벌 관심은 외국인 관광객들을 유치하는 주요 요인이 되고 있으며, 이는 한국 경제에 긍정적인 영향을 미치고 있다. 정부에서도 이러한 관광의 중요성을 인식하여, 제8차 국가관광전략 회의에서 K-컬처가 연계된 다양한 한국 관광 콘텐츠 확충을 핵심 전략 중 하나로 선정하였다.

관광산업의 무한한 성장 가능성

글로벌 관광산업은 세계 경제 규모의 성장을 견인하는 고성장산업이며, 앞으로도 사회 경제적 변화와 기술 진보에 힘입어 성장세를 이어갈 것으로 전망된다. 특히 팬데믹 이후 지구촌 사람들의 삶의 변화는 더욱 관광산업의 성장을 가속화시킬 것으로 보인다. 향후 글로벌 관광산업이 성장할 수밖에 없는 요인들을 다섯 가지로 정리하면 다음과 같다.

첫째, 노동시간 단축으로 인한 여가의 확대이다. 노동시간의 단축은 선진국 중심으로 지속되는 추세로, 이러한 현상은 기술 발전으로 인한 생산성 향상, 노동 권익 신장 등 노동 관련 정책의 변화에 기인한다. 이로 인해 여가 시간이 늘어남에 따라 사람들은 더 자주 여행을 가고, 더 긴 기간 동안 여행을 즐길 기회를 얻게 될 것이며, 이는 국내외 여행에 대한 수요를 증가시키고, 관광산업 전반의 성장을 촉진한다. 더불어 관광산업은 다양성과 혁신을 추구하게 되며, 이는 많은 국가와 관광기업이 새롭고 창의적인 상품과 서비스를 개발하도록 자극한다. 이러한 개발은 관광산업의 지속 가능한 성장을 가능하게 할 것이다.

그림 1-3. OECD 회원국의 연간 노동시간 추이

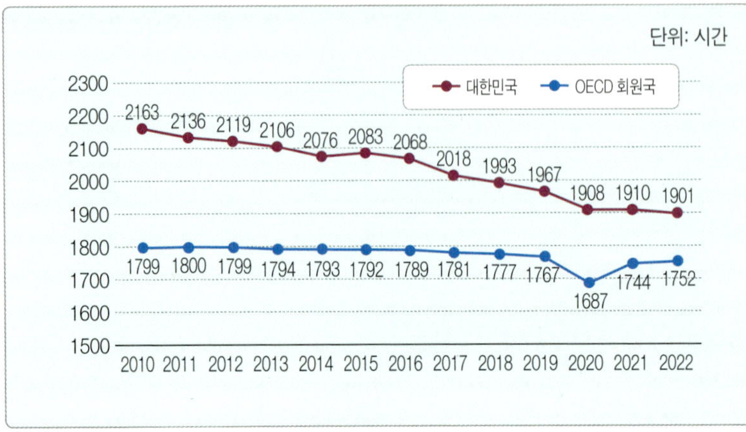

출처: OECD

둘째는 중산층 인구의 증가이다. 전 세계적으로 진행되고 있는 중산층 인구의 확대는 관광산업에 새로운 기회를 제공하고 있다. 특히 비교적 빠르게 경제 발전이 이루어지고 있는 국가들에서 중산층의 성장은 눈에 띄며, 이는 여행에 지출될 수 있는 재정적 여유가 확대됨을 의미한다. 미국의 사회과학 연구소인 브루킹스 연구소(Brookings Institute)는 이와 관련하여, 2015년에는 전 세계 중산층 인구가 약 30.3억 명이었으나 2030년에는 이 수치가 54.1억 명까지 증가할 것으로 예상하였다. 전 세계적으로 중산층이 확대된다는 것은 생계와 관련된 비용을 제외한 가처분소득이 커진 잠재 관광객이 두터워진다는 것을 의미한다. 이에 따라 글로벌 여행 및 관광에 대한 수요는 지속적으로 상승할 것이며 이는 글로벌 관광산업의 성장에 중요한 역할을 할 것이다.

그림 1-4. 전 세계 중산층 인구 추이

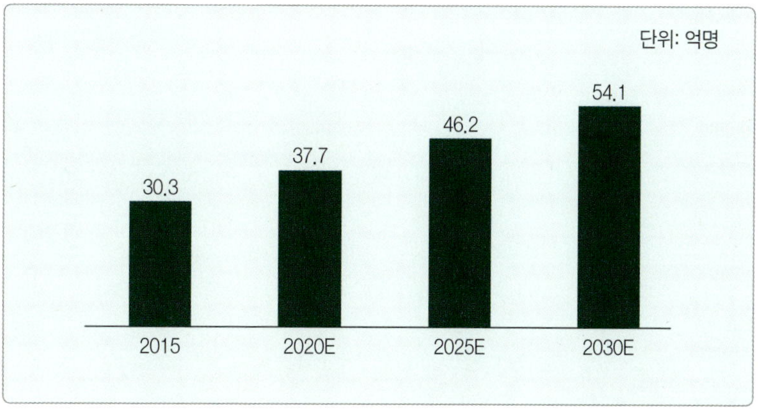

출처: 브루킹스 연구소

셋째, 고령화에 따른 은퇴 인구의 증가이다. 경제협력개발기구(Organization for Economic Co-operation and Development, OECD) 회원국들을 비롯한 선진국에서 은퇴 인구가 증가함에 따라 관광산업에 새로운 기회가 생겨나고 있다. 1990년 이후 OECD 회원국들의 연평균 고령 인구 증가율이 2.1%에 달하는 등 전 세계적으로 인구 고령화가 진행되고 있다. 특히 선진국 국민의 기대수명 증가는 은퇴한 사람들의 관광수요 증가를 촉진한다. 이들 은퇴한 고령자 대부분은 생애 동안 축적한 연금 등과 같은 자산을 이용하여 여행을 즐기고자 하므로, 이러한 고령화 추세는 여행과 관광에 대한 지출이 증가할 것임을 시사한다. OECD에 가입한 유럽 내 많은 국가들의 공적연금소득대체율은 평균적으로 50%를 상회한다. 이는 필수재 구입을 제외한 연금소득의 일부를 여행에 지출할 수 있다는 의미이다. 또한, 세계화의 진전과 교통을 기반으로 한 국제 이동이 편리해짐에 따라 국경을 넘는 여행이 더욱 간편해져 고령 인구의 관광 활동이 더욱 활발해질 것으로 기대된다.

그림 1-5. OECD 회원국들의 고령 인구 추이

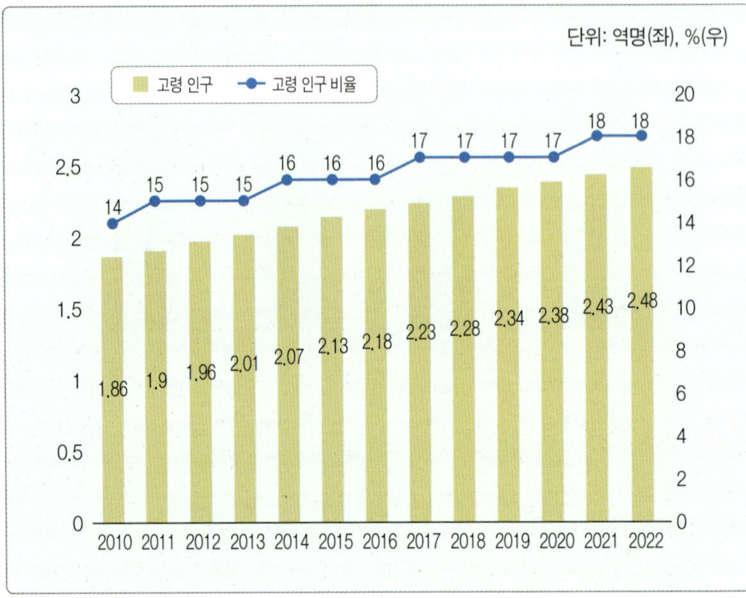

출처: OECD

넷째, 경험 경제의 성장은 전 세계 관광산업에 새로운 활력을 불어넣고 있다. MZ세대의 부상과 함께 이들이 추구하는 경험 중심의 소비가 관광산업의 패러다임을 변화시키고 있다. 이는 물건을 사는 것보다는 개인적인 경험을 더 중요시하는 여행 스타일의 증가로 나타나고 있는데, 마스터카드 경제 연구소(Mastercard Economics Institute)의 분석에 따르면 미국, 이탈리아, 스페인을 포함한 여러 국가에서 관광객들의 소비 패턴이 상품 중심에서 경험 중심으로 이동하고 있다.[3] 특히, 소셜미디어의 활용은 이러한

3) 마스터카드 경제 연구소의 분석에서 경험 소비는 관광객이 레스토랑, 오락 활동, 카지노, 나이트클럽, 바 등에서 소비하는 내용을 포함하며, 상품 소비는 편의점 체인, 의류, 화장품, 스포츠용품, 보석, 신발, 서점, 전자제품, 장난감 및 백화점과 같은 상품을 소비하는 내용을 포함한다.

변화를 가속화하고 있는데, 여행자들은 자신만의 고유한 여행 경험을 공유하며 이를 통해 개인적인 만족뿐만 아니라 타인과의 소통을 중시하게 되었다. 여행의 기능적 소비가치인 단순한 상품소비가 아니라 MZ세대를 중심으로 한 관광객들이 좀 더 고차원적인 소비가치인 경험소비로의 이전을 꾀하고 있는데, 이에 중요한 도구가 되는 것이 소셜미디어인 것이다. 이러한 경험 중심의 여행은 관광지에서 현지인처럼 머물거나, 고급 호텔과 같은 프리미엄 서비스를 통해 독특한 경험을 찾는 경향을 반영한다. 이는 관광산업에 있어 전통적인 상품 구매 위주의 관광보다 더 많은 추가 지출을 유도할 가능성을 갖고 있어, 산업의 성장에 새로운 동력을 제공할 수 있다.

그림 1-6. 미국 인바운드 관광객의 경험 및 소비 지출 변화율(2019년 12월 대비)

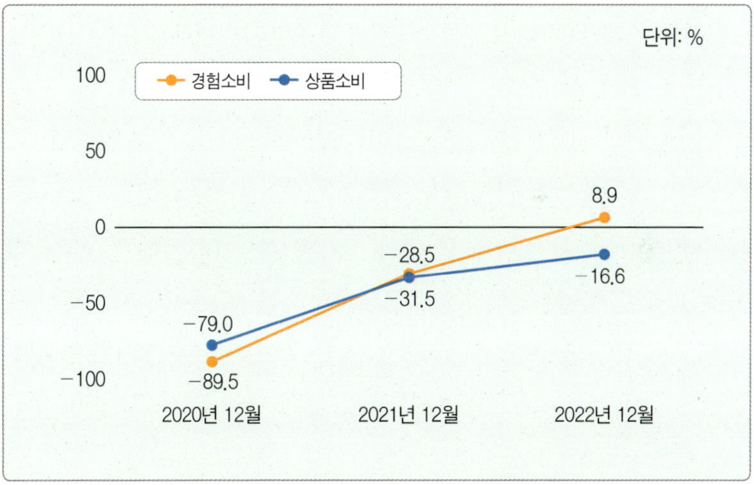

출처: 마스터카드 경제 연구소

그림 1-7. 이탈리아 인바운드 관광객의 경험 및 소비 지출 변화율(2019년 12월 대비)

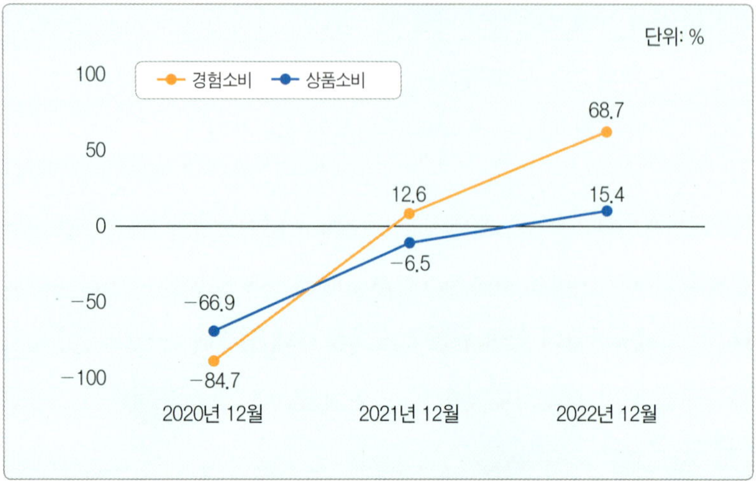

출처: 마스터카드 경제 연구소

그림 1-8. 스페인 인바운드 관광객의 경험 및 소비 지출 변화율(2019년 12월 대비)

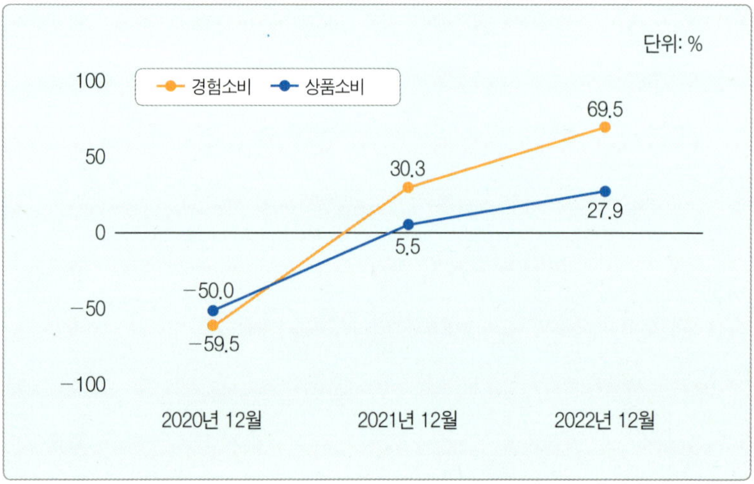

출처: 마스터카드 경제 연구소

다섯째, 트래블테크의 등장이다. 트래블테크는 클라우드, 증강현실, 사물 인터넷, 인공지능 등의 정보통신기술이 관광산업에 도입되는 기술들을 의미하는데, 이는 글로벌 관광산업의 성장을 다양한 방법으로 촉진한다. 우선, 트래블테크는 개인의 취향과 선호도를 파악하여 맞춤화된 여행 경험을 제공함으로써, 여행객의 만족도를 높이고 재방문을 유도한다. 또한 OTA와 같은 플랫폼서비스, ChatGPT와 같은 챗봇서비스, 이밖에도 다양한 모바일 여행 애플리케이션 등을 통해 여행의 전 과정에 필요한 서비스를 제공받을 수 있다. 이는 결국 여행의 접근성을 쉽게 향상시키고, 더 많은 사람이 여행을 실행할 수 있도록 함으로써 관광산업의 성장을 이끈다. 즉, 트래블테크의 발전은 관광 사업 운영의 효율성을 향상시킨다. 클라우드 컴퓨팅 기반의 시스템은 숙박권 및 항공권 예약, 관광지 티켓 구매 등 여러 서비스를 통합하여 관리할 수 있게 하여 운영 비용을 절감하고 고객 서비스의 질을 향상시킨다. 또한 트래블테크는 지속 가능한 관광을 촉진하여 관광산업이 환경적/사회적 책임을 다하는 방향으로 발전할 수 있도록 돕는다. 예를 들어, 인공지능 기술을 활용하여 관광지의 방문객 수를 최적화하고 과밀화를 방지함으로써 관광지의 자연환경과 문화적 자산을 보호하는 데 도움을 줄 수 있다. 시장조사 기관인 IMARC 그룹의 조사에 따르면, 이와 같은 글로벌 트래블테크 시장은 계속해서 확대돼 2023년 100억 달러의 규모에서 2032년 178억 달러 규모까지 성장할 것으로 전망된다.

그림 1-9. 글로벌 트래블테크 시장 규모

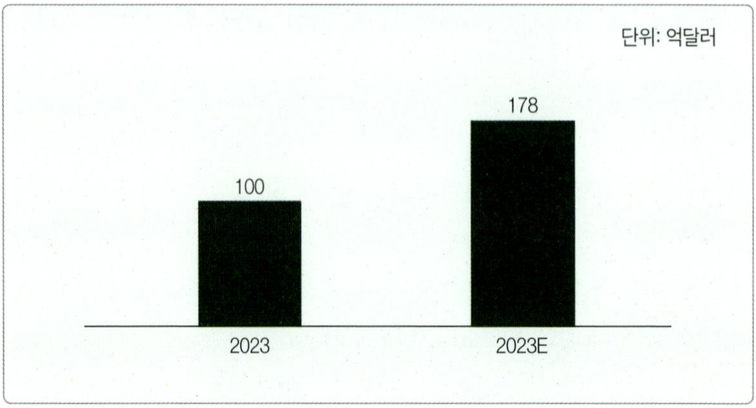

출처: IMARC 그룹

2절 | 국가 경제의 한 축으로서의 관광산업

세계 경제의 중요한 축, 관광산업

세계 경제의 중추적인 역할을 하는 관광산업은 경제 회복과 성장의 핵심 동력으로 자리매김하고 있다. 특히 코로나19 팬데믹 이후의 복잡한 경제 상황 속에서 관광산업은 여러 국가의 경제적 회복력을 강화하는 데 핵심적인 역할을 하고 있다.

서비스 분야의 중심 산업인 관광산업은 대규모 일자리 창출과 수익 창출을 통해 직접적으로 글로벌 및 각 나라의 국가 경제에 기여한다. 호텔, 레스토랑, 여행사, 항공사 등은 관광객을 맞이하기 위해 다양한 분야의 인력을 고용하며, 관광을 통해 이러한 분야에서 발생하는 수익은 숙박업, 음식업, 운수업 등에 기여한다. 특히 관광객들의 지출이 지역경제에 직접적으로 유입되어 경제 성장을 촉진하는 것이다. 세계여행관광협회(World Travel & Tourism Council, WTTC)의 조사에 따르면, 관광산업을 통해 발생한 일자리는 2014년부터 2019년까지 전 세계적으로 창출된 일자리 중 약 20%이며, 2019년에는 관광산업이 전 세계 일자리의 10.3%와 글로벌 GDP의 10.4%에 이바지하였다. 또한, 같은 해 국제 방문객 지출은 1.9조 달러에 달했다. 관광산업의 성장은 건설업, 농업, 소매업 등 다른 산업 부문에도 긍정적인 파급 효과를 미친다. 관광지 개발과 인프라 투자는 건설업에 활력을 불어넣으며, 지역 농산물과 수공예품은 관광객들로부터 새로운 수요를 창출한다. 이처럼 관광산업은 경제의 다양한 부문 간 상호 연결성을 강화하며 지역경제의 성장을 촉진한다.

코로나19 팬데믹의 영향으로 관광산업은 큰 타격을 받았으나, 팬데믹 상황이 완화됨에 따라 빠르게 회복하고 있다. 2020년 급감 후 회복세를 보이는 관광산업의 글로벌 GDP 기여율과 관광객의 지출 증가가 이러한 긍정적인 변화를 뒷받침한다. 2022년, 관광산업은 전 세계 GDP의 7.6%에 이바지하였는데, 이는 2019년 수준보다는 23% 낮은 수치였으나 2021년 대비 22% 증가한 수치로, 엔데믹 시기 관광산업의 가파른 회복세를 보여준다. 또한, 2022년 국내 관광객 지출은 2021년 대비 20.4% 증가하였고, 국제 관광객 지출은 81.9%나 증가하였다. 자료수집 전문기관인 스태티스타(Statista)와 WTTC의 조사 결과는 이러한 추세를 뒷받침하는데, 이에 따르면 2020년 7.7조 달러였던 관광산업의 GDP 기여 규모가 2023년에는 9.2조 달러(전체의 9.2%), 더 나아가 2032년에는 15.5조 달러(전체의 11.6%)까지 성장할 것으로 예상된다. 이러한 글로벌 관광산업의 회복 과정에서 각 국가들은 관광객 유치에 사활을 걸고 경쟁하고 있다. 잠재된 여행 수요를 누가 가져가느냐에 따라 새로운 글로벌 관광시장의 재편이 이루어질 수도 있기 때문이다.

그림 1-10. 관광산업 GDP 기여 규모와 비율

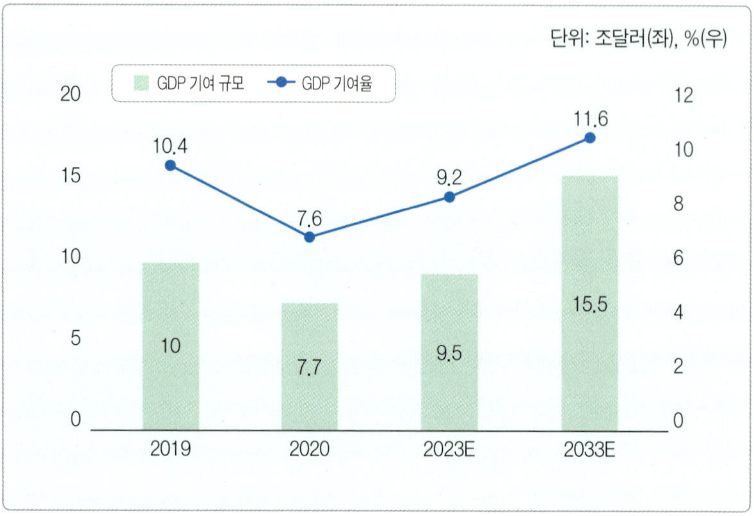

출처: 스태티스타, WTTC

선진국들에게 새로운 성장의 돌파구가 된 관광산업

선진국들에게 관광산업의 발전은 경제 성장과 체질 전환의 새로운 기회를 제공하며, 특히 제조업 중심의 경제에서 성장이 정체된 국가들에게 중요한 돌파구가 되어 왔다. 이러한 국가들은 기존의 갖춰진 인프라를 활용하여 관광산업을 육성함으로써, 추가적인 R&D 투자 없이도 경제 체질을 효율적으로 전환할 수 있는 성공적인 모델을 창출했다. 관광산업은 제조업과 비교하여 상대적으로 적은 초기 투자와 빠른 실행이 가능한 것이 특징이다. 즉, 선진국들은 이미 발달한 교통, 항만, 정보통신, 각종 유틸리티와 같은 도시 인프라를 보유하고 있기 때문에, 이를 관광

산업 발전의 기반으로 즉각 활용할 수 있다. 그 결과 이들의 관광산업은 기존 경제 구조 내에서 빠르게 성장하고 새로운 경제적 가치를 창출하는 데 이바지했다.

스페인의 사례는 관광산업을 통한 경제 체질 전환 과정을 잘 보여준다. 스페인은 프랑코 정권 후반기인 1959년부터 1974년 석유 파동 이전까지 '스페인의 기적(el milagro español)'이라 불리는 고도성장을 통해 자동차, 화학산업의 인프라를 구축하고 공업 국가로의 기반을 다졌다. 하지만 1970년대에 접어들며 석유 파동과 같은 대외 변수의 발생, 경제 개방에 따른 산업 경쟁 강도 증가, 독재에서 민주주의로의 체제 전환에 따른 정치적 불안 등이 발생하여 스페인의 산업 성장은 크게 둔화하였다. 이러한 어려움 속에서 스페인은 관광산업을 통해 경제 부흥의 길을 모색했다. 태양과 바다를 잇는 휴양지라는 이미지를 중심으로 1970년대부터 전략적으로 육성된 스페인의 관광산업은 유럽을 비롯한 전 세계 관광객들을 끌어들이는 데 성공했다. 스페인은 1986년 유럽경제공동체 가입 이후 관광을 중심으로 한 경제 성장 모델을 더욱 공고히 하며 경제 안정화를 이루었다.

저성장의 늪에서 벗어나지 못하던 일본은 2000년대에 접어들면서 관광산업을 경제 성장의 새로운 동력으로 삼았다. 1960년대 이후 고도 경제 성장을 이어간 일본은 1980년대에는 세계 2위의 경제 대국으로 자리 잡았다. 그러나 1985년 미국, 프랑스, 서독, 영국과의 플라자 합의와 이어지는 양적 완화 정책의 실패로 일본에서 발생한 버블경제가 1990년대 들어 붕괴하였고, 1990년대 중반 이후 일본 경제는 잃어버린 30년이라고 불리는 장기적인 침체에 빠졌다. 이에 대한 해결책으로 일본 정부는 관광산업이 경제에 미치는 긍정적 효과를 인식하고, 이를 경제 회복의 한

축으로 삼기 시작했다. 특히 인바운드 관광을 진흥하기 위한 노력을 시작했으며, 법률 제정과 조직 개편 등의 전략적 노력을 통해 점차 관광대국으로의 입지를 확립하기 시작했다. 2003년 고이즈미 총리는 국정소신을 통해 일본을 관광대국으로 만들겠다는 관광입국을 발표하여 관광산업의 위상을 높였으며, 2008년에는 관광행정 담당조직으로 관광청을 발족하였다. 그 이후 아베 총리 역시 일본재흥전략의 일환으로 관광산업을 국가성장전략의 핵심으로 설정하고 우리나라 대통령격인 수상의 지

표 1-1. 선진국의 관광산업 육성 사례

국가	관광산업 육성 사례
스페인	• 스페인의 기적이라 불리는 고도성장을 통해 자동차, 화학산업의 인프라를 구축하고 공업 국가로의 기반 설립(1959~1974년) • 석유 파동, 경제 개방에 따른 산업 경쟁 강도 증가, 민주주의로의 체제 전환에 따른 정치적 불안전성으로 산업 성장 둔화(1970년대) • 태양과 바다를 잇는 휴양지라는 이미지를 중심으로 관광산업을 전략적으로 육성하기 시작함(1970년대) • 2017년 인바운드 관광객 8,200만 명을 유치하며, 세계경제포럼이 발표한 관광경쟁력지수에서 1위 차지
일본	• 고도 경제 성장을 이어가 세계 2위의 경제 대국으로 자리매김(1960~1980년대) • 플라자 합의와 양적 완화 정책의 실패로 발생한 버블경제 붕괴(1990년대) • 인바운드 관광을 위주로 관광산업 진흥 정책을 추진하기 시작(1990년대) • 고이즈미 총리 국정소신에서 관광입국 발표(2003년) • 관광행정 담당조직으로 관광청 발족(2008년) • 아베 정권 이후에도 일본재흥전략의 핵심으로 관광산업 육성 • 2021년 세계경제포럼이 발표한 관광발전지수(舊 관광경쟁력지수) 기준 1위 달성

휘 아래 지속적인 회의 개최와 관련 지원을 아끼지 않았다. 그 결과, 2000년대 후반부터 일본을 방문하는 관광객 수가 꾸준히 증가하여 2019년 3,188만 명의 외국인이 방일하였으며, 2021년 세계경제포럼이 발표한 관광발전지수 평가에서 1위를 차지했다. 관광수입 역시 급증하여 2019년에는 외국인 관광객으로부터 400억 달러를 벌어들였다.

개발도상국들에게 경제 성장의 마중물을 제공한 관광산업

개발도상국(developing country)들에게 관광산업은 경제 발전의 초기 단계에서 중요한 역할을 담당하며, 이 산업은 다양한 일자리를 창출하여 국민들의 소득을 향상시키고 있다. 상대적으로 낮은 초기 투자로도 빠른 성과를 낼 수 있는 관광산업은 개발도상국들에게 매력적인 경제 발전 모델을 제공한다. 이미 존재하는 자연경관이나 문화유산 등의 관광자원을 활용함으로써, 추가적인 대규모 산업 인프라 투자 없이도 관광산업을 통해 경제적 가치를 창출할 수 있기 때문이다. 또한 관광산업은 노동집약적인 산업이기 때문에 고용 유발 효과가 높아 다양한 형태의 일자리를 창출할 수 있고, 개발도상국의 숙련되지 않은 노동자들에게 안정적인 소득원을 제공할 수 있다. 이러한 이유로 여러 개발도상국은 산업 기반과 인프라가 제한적인 상황에서 관광산업 육성을 주요 경제 성장 촉진 전략으로 채택하고 있다.

인도네시아는 관광산업을 통해 경제 발전을 이룬 대표적인 개발도상국이다. 인도네시아의 대표적인 관광지인 발리섬의 관광산업은 1970년대에 들어서며 집중적으로 육성되기 시작했다. 1970년, 인도네시아 정부는 유엔개발계획(UNDP)의 투자를 받아 발리 관광산업 개발을 위한 최초의 마스터플랜을 도입하며 발리를 세계적인 관광지로 키워 나가기 시작했다. 1989년에는 발리 주정부가 독립적으로 관광 개발 마스터플랜을 검토하는 등 정부 주도의 관광산업 육성과 관광지로서의 대대적인 프로모션을 계속하였다. 그 결과, 발리는 인도네시아 외화 수입의 주 원천이 되었고, 2017년에는 외국인 관광수입이 팜유에 이어 두 번째로 큰 인도네시아 외화 수입원이었다. 또한 응우라 라이 공항, 만다라 해상 고속도로와 같이 관광산업 육성을 위해 투자한 공항, 도로 및 각종 유틸리티 등의 기반 시설은 추후 산업화에 대한 마중물이 되어 발리 경제에 크게 기여하고 있다.

또 다른 사례를 살펴보면, 멕시코는 풍부한 자연환경, 아즈텍·마야 문명, 그리고 스페인 식민지 시대의 유산이 어우러진 다양한 관광 자원을 바탕으로, 관광산업을 국가전략산업으로 육성해왔다. 이러한 노력의 일환으로 칸쿤은 세계적인 휴양지로 거듭났다. 1960년대 멕시코 정부는 관광산업을 경제 성장의 핵심 동력으로 보고, 해양관광도시 개발에 나섰다. 1969년 미국과 인접한 칸쿤은 관광 개발에 적합한 지역으로 선정되었고, 1974년부터 정부 주도하에 도로, 공항, 호텔 등 필수적인 관광 인프

표 1-2. 개발도상국의 관광산업 육성 사례

국가	요약
인도네시아	• 발리 관광 개발을 위한 마스터 플랜 도입(1970년) • 정부 주도 관광지 육성 및 프로모션 실시 지속(1989년) • 관광수입이 인도네시아의 주요 외화 수입원으로 경제 발전에 기여
멕시코	• 관광 개발 대상 다섯 개의 지역 선정(1969년) • 정부 주도 칸쿤 관광 개발 프로젝트 시작(1974년) • 외국인 관광객 4,500만 명 유치 및 관광산업이 멕시코 GDP에 8% 이상 기여(2019년)

라의 건설이 진행되었다. 인프라가 갖춰지고 일자리가 늘어나면서, 인구 100명이 채 되지 않은 작은 어촌 마을이었던 칸쿤은 80만 명이 넘는 도시로 성장했다. 또한, 전 세계 관광객들을 맞이하면서 멕시코가 2019년 약 4,500만 명의 외국인 관광객을 유치하는 데 크게 기여했다.

3절 | 팬데믹이 변화시킨 글로벌 관광산업

팬데믹의 긴 터널을 지나다

코로나19 팬데믹은 글로벌 관광산업에 전례 없는 충격을 주며 경제적으로 심각한 피해를 발생시켰다. 팬데믹 이전, 관광산업이 글로벌 경제에서 차지하는 중요성은 점점 커지고 있었으며, 해외 관광객 수는 2002년부터 2019년까지 연평균 4.4%씩 꾸준히 성장하고 있었다. 특히 2019년에는 관광산업이 전 세계 GDP의 약 10%에 기여하고 3억 2천만 개 이상의 일자리를 창출하기도 했다. 하지만 2020년, 코로나19 팬데믹으로 인한 여행 제한과 봉쇄 조치로 인해 국제 관광객 수는 급감했으며, 글로벌 관광수입도 2019년 1조 4,940억 달러에서 2020년 5,590억 달러로 급감하였다.

코로나19 팬데믹은 관광과 직간접적으로 관련된 여러 산업에도 큰 피해를 주었다. 우선, 여행객이 크게 줄어듦에 따라 호텔, 리조트, 게스트하우스 등 숙박업계는 심각한 피해를 보았다. 숙박 예약 취소가 속출하고 제한적 운영 정책이 길어지며 많은 숙박업이 폐업하기도 했다. 여행객이 줄어들며 관광객을 대상으로 하는 소매점과 기념품 가게도 매출 감소의 직격탄을 맞았다. 항공 및 운수업도 직접적인 타격을 받았다. 여행 수요의 급격한 감소로 인해 항공편과 크루즈 여행이 대폭 취소되거나 축소되었고, 이는 외항사의 수익 감소와 주식 가격 하락으로 이어졌다. 버스, 택시, 지하철 등 지역 교통수단의 이용률도 크게 감소하여 운영에 큰 어려움을 겪었으며, 팬데믹으로 인한 관광객 감소와 사회적 거리두기 조치는 레스토랑, 카페, 바 등의 식음료 서비스업과 테마파크, 박물관, 공연, 축제, 콘퍼런스 등 레저 및 문화산업에도 큰 손해를 입혔다.

엔데믹의 시작과 함께 글로벌 관광산업은 코로나19로 인한 영향에서 벗어나며 점차 회복하고 있다. 이러한 회복세는 국제 관광객 수를 통해 확인할 수 있는데, UNWTO의 데이터에 따르면 2023년 1분기의 국제 관광객 수는 팬데믹 이전 수준의 80%에 도달했으며 이 기간에 약 2억 3,500

그림 1-11. 글로벌 해외여행객 수 추이

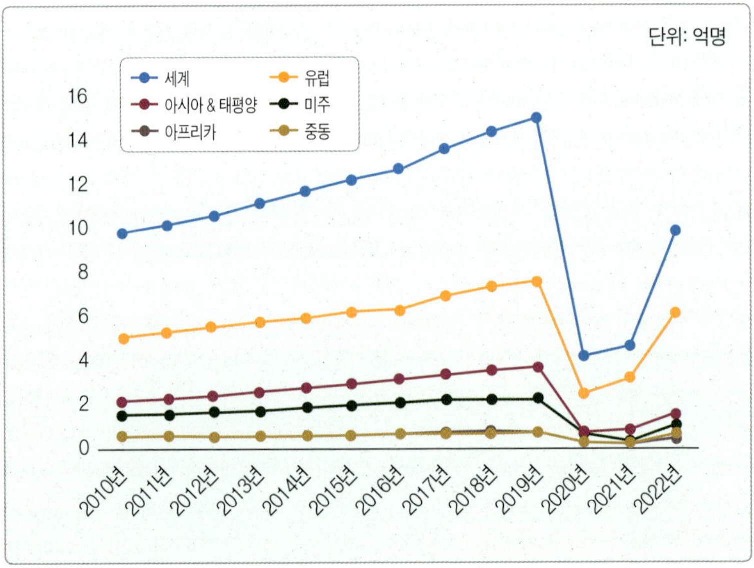

출처: UNWTO

만 명의 관광객이 해외여행을 했다. 이는 2022년 같은 기간의 두 배가 넘는 수치이다. 회복세는 지역별로 차이가 있었는데, 가장 높은 회복세를 보인 지역은 중동으로 해당 지역을 찾는 해외 관광객 수는 코로나19 팬데믹 이전인 2019년 1분기의 수치를 15% 초과하였다. 유럽, 아프리카, 아메리카 대륙을 찾은 해외 관광객 수는 2019년 1분기 수치의 90%, 88%, 85%를 회복했고, 아시아 및 태평양 지역을 찾은 국제 관광객 수는 2019년 1분기 수치의 54%에 달했다.

팬데믹은 무엇을 바꿔 놓았는가

코로나19 팬데믹은 전 세계적으로 예기치 못한 도전을 안겨주었으며, 이는 글로벌 관광산업에도 큰 변화를 가져왔다. 팬데믹은 우리가 여행과 관광을 바라보는 시각, 관광산업의 생태계 구동 방식, 그리고 개인과 지역사회가 이 산업과 어떻게 상호작용하는지에 대해 근본적인 변화를 일으켰다.

첫째는 관광객의 행동 양식과 선호도의 변화이다. 언택트 환경에 장기간 노출되면서 원거리 관광보다는 주변 지역 관광과 혼자서 즐기는 관광이 보편화되었다. 또한 일과 여가가 분리되지 않는 일상에서 관광 행위가 이루어지기도 했다. 팬데믹으로 인해 원격 근무와 유연 근무제가 보편화되면서, 업무와 여가를 결합한 여행을 선호하는 사람들이 많아지고 있다. 이러한 변화는 관광산업에 블레저(Bleisure)라는 새로운 여행 트렌드를 등장시켰는데, 이는 비즈니스와 레저를 결합한 여행 형태를 의미한다. 포브스(Forbes)의 보고에 따르면, 팬데믹을 계기로 출장 시 가족이나 친구와 동행하거나 출장을 마친 후 해당 지역에서 관광을 즐기는 사례가 증가하였으며, 앞으로도 이러한 사례는 계속 많아질 것으로 보인다. 이에 따라, 2021년 약 1,500억 달러의 지출을 기록한 블레저 여행 시장은 2027년 약 3,600억 달러의 규모까지 성장할 것으로 전망된다.

둘째는 글로벌 관광산업에서의 관광객 유치 경쟁의 심화이다. 코로나 19 팬데믹 영향 완화에 따른 관광 리오프닝이 시작되면서, 각 국가는 자국의 관광산업을 살리기 위해 경쟁적으로 노력하고 있다. 이를 위해 각국은 인바운드 관광 확대를 위한 각종 인센티브 제공을 포함한 공격적인 마케팅 전략을 펴고 있다. 예를 들어, 홍콩은 해외여행이 재개되는 날부터 50만 장의 항공권을 무료로 배포하는 등의 양적 확대전략을 실시했으며, 일본은 엔데믹의 새로운 관광 기조에 맞춘 관광진흥추진기본계획 초안을 2023년 2월에 발표하는 등 관광객 유치를 위한 지속 가능한 질적 성장전략을 펼치고 있다. 우리나라 역시 리오프닝 후 인바운드 관광수요 회복을 위해 문화체육관광부에서 2023년 3월 내수 대책 K-관광 방안을 발표하며 다방면으로 관광객 재유치에 힘쓰고 있다. 인바운드 관광객의 방한 장벽을 낮추기 위해 22개국에 대한 전자여행허가제를 한시적으로 면제하였으며 K-컬처 연수 비자와 워케이션 비자를 신설했다. 또한 한국의 관광 매력도를 높이기 위한 질적 전략으로 '한국 방문의 해'를 개최하고, 팬데믹 기간에 전 세계적으로 인기를 얻은 K-컬처를 활용하여 공세적으로 K-관광을 각인시키고자 노력하고 있다. 관광산업을 되살리기 위해 글로벌 잠재 수요를 선점하려는 각국의 노력은 이제 본격적으로 시작된 것이다.

세 번째는 디지털 전환의 가속화이다. 팬데믹 기간 중 비대면 서비스의 필요성이 급증하고 소비자들의 디지털 친숙도가 매우 향상됨에 따라, 관광산업의 디지털화도 이에 발맞춰 가속화되었다. 특징적인 것은 팬데믹 동안 생성형 인공지능 기술이 크게 발전하였으며, 이는 관광산업에 새로운 기회를 제공하고 있다. ChatGPT와 같은 생성형 인공지능은 사용자와 대화하며 맞춤형 여행 정보를 제공할 수 있으며, 이는 기존의 일률적인 정보 제공 방식을 넘어서는 새로운 접근 방식을 가능하게 한다. 이러한 기술의 발전은 관광산업이 고객의 개별적인 요구에 더욱 정밀하게 대응할 수 있도록 돕고 있으며, 이는 산업 전반에 걸쳐 혁신을 촉진할 것으로 보인다.

마지막 변화는 ESG에 기반한 지속 가능한 관광에 관한 관심의 증가이다. 팬데믹은 사람들에게 환경에 대한 인식을 높이는 계기가 되었으며, 이는 관광산업에서도 지속 가능한 관광에 관한 관심을 증가시켰다. 파리기후변화협정과 같은 글로벌 이니셔티브는 탄소 배출 감축을 포함하여 지속 가능한 관광 개발을 촉진하고 있으며, 이는 관광산업에서도 환경 보호와 자원의 지속 가능한 사용에 대한 고려를 중요하게 만들고 있다. 관광산업은 이제 지속 가능성을 고려하여 비즈니스 모델을 재구성해야 하는 단계에 이르렀다.

그림 1-12. 팬데믹으로 인한 변화

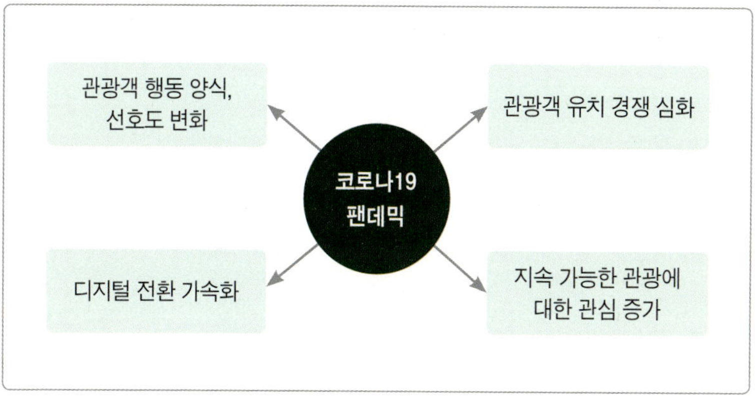

4절 | 디지털 전환과 인공지능이 열어가는 관광산업

로봇과 인공지능의 시대가 불러온 여가 시간의 증가

현대 사회는 로봇과 인공지능 기술의 급격한 발전을 목격하고 있으며, 이러한 기술의 도입은 우리가 일하는 방식과 여가를 즐기는 방식에 근본적인 영향을 미치고 있다. 로봇과 인공지능의 발전은 단순 반복 작업부터 복잡한 의사결정 과정에 이르는 다양한 분야에서 활용될 수 있는 가능성을 보여주고 있다. 이러한 변화는 노동 시간을 줄이고 여가 시간을 늘리는 결과를 기대하게 만들며 이는 개인의 삶의 질과 사회적 관계에 깊은 영향을 미칠 수 있다.

로봇과 인공지능 기술은 이미 우리 일상의 다양한 부분에서 중요한 역할을 수행하고 있다. 제조업에서는 로봇이 물리적인 작업을 자동화함으로써 생산성과 효율성을 높이고 있다. 로봇 발전의 경제적 효과와 관련하여 경제학자인 Georg Graetz와 Guy Michaels가 2018년 발표한 연구에 따르면, 로봇의 활용은 1993년과 2007년 사이 유럽 17개국의 GDP 연간 성장률을 0.37%, 노동 생산성의 연간 성장률을 0.36% 증가시켰다. 또한, 영국 경제경영연구소는 2017년 발표한 연구에서 로봇에 대한 투자가 1993년부터 2016년까지 OECD 회원국의 1인당 GDP 성장에 10% 기여했다고 밝혔다. 인공지능 또한 다양한 분야에 적용되어 인간의 노동시간을 줄이고 있다. 의료 분야에서는 인공지능이 진단과 치료 계획을 개선하여 환자의 건강 관리를 혁신하고 있고, 서비스산업에서는 인공지능 기반의 챗봇과 가상비서가 고객 서비스를 개선하고 사용자 경험을 향상시키고 있다. 이와 관련하여 MIT와 스탠포드 대학교의 연구팀은 인공지능 챗봇이 고객 지원팀 인력의 생산성에 미치는 영향을 분석하였고, 생산성이 15% 상승했다고 발표했다.

이처럼 기술의 발전과 인공지능의 도입은 전통적인 노동시장의 직업 구조에 변화를 가져오고 있다. 단순 반복 작업부터 복잡한 업무에 이르기까지 많은 부분이 기계로 대체되면서, 이전에 해당 업무를 수행하던 직업들이 점차 줄어들고 있다. 이러한 추세에 따라 근로 시간이 전 세계적으로 단축되고, 이는 개인의 여가 시간 증가로 이어질 수 있다. 여가 시간의 증가는 개인의 삶의 질을 개선하고 새로운 취미와 관심사를 탐색할 기회를 제공하여, 관광산업에 긍정적인 영향을 미칠 것으로 예상된다. 더 많은 여유 시간을 가진 사람들은 국내외 여행에 대한 수요를 증가시키고, 이는 여행지 탐험, 문화 체험, 자연과의 교감 같은 활동을 통해 개인의 삶의 경험을 풍부하게 할 것이다. 결국 로봇과 인공지능과 같은 기술의 발전은 여가 시간의 확대로 이어져 관광은 성장이 멈추지 않는 산업 분야가 될 것임이 분명하다.

디지털 전환 시대에 부상하는 트래블테크

기술 혁신은 사회의 많은 영역에서 디지털 전환을 가속화하고 있다. 여행 및 관광업계 또한 디지털 전환 시대의 도래와 함께 이전에 볼 수 없었던 혁신적인 변화를 경험하고 있다. 이러한 변화의 선두에 서 있는 것이 트래블테크인데, 이는 여행자의 경험을 개선하고 업계의 운영 효율성을 증대시키며 새로운 비즈니스 모델을 창출하는 데 중요한 역할을 하고 있다. 이러한 변화는 고객 맞춤형 관광 서비스 제공, 예약 절차의 간소화, 가상 현실을 통한 목적지 탐색의 혁신 등 다양한 방식으로 나타나고 있다.

실제 기업의 사례를 통해 트래블테크의 영향력을 구체적으로 살펴보면, 에어비앤비(Airbnb), 부킹닷컴(Booking.com), 익스피디아(Expedia)와 같은 OTA 플랫폼은 디지털 기술을 활용해 숙박 예약 서비스를 혁신하고 있다. 이러한 플랫폼들은 사용자가 쉽게 숙소를 검색하고 예약할 수 있게 함으로써 여행 준비 과정을 대폭 간소화하였으며 항공과 렌트카 같은 관광서비스를 함께 제공한다. 익스피디아의 경우, 사람의 시선을 추적하는 기술을 활용해 소비자가 관광 상품을 구매하는 패턴을 연구하기도 한다. 또한, 가상현실(VR) 기술을 활용한 여행 서비스가 있다. 예를 들어, 매리어트 인터내셔널(Marriott International)은 호텔 객실 내의 엔터테인먼트 옵션으로 VR 룸서비스를 제공하고 있다. 버추얼리 라이브(Virtually Live)라는 회사는 VR을 통해 사용자가 집에서도 세계 각지의 명소를 방문하는 경험을 할 수 있게 한다. 인공지능은 트래블테크에서 또 다른 중요한 요소이다. 호퍼(Hopper)라는 애플리케이션은 머신러닝 알고리즘을 사용하여 항공권과 호텔 가격의 변동을 분석하고 사용자에게 최적의 예약 시점을 알려준다. 이는 고객이 비용을 절감하고 효율적으로 여행 계획을 세울 수 있게 돕는다.

이러한 트래블테크의 적용은 고객의 편의성을 높이고, 여행 준비의 복잡성을 줄이며, 더 매력적이고 맞춤형의 여행 경험을 제공함으로써 여행 및 관광업계의 패러다임을 변화시키고 있다. 앞으로도 트래블테크는 지속적인 혁신을 통해 여행의 모든 측면을 재정의하고 더욱 풍부하고 편리한 관광 경험을 선사할 것으로 보인다. 디지털 전환 시대에 부상하고 있는 트래블테크는 여행자뿐만 아니라 관광업계 전반에 영향을 미치며, 관광 개발을 위한 새로운 기회를 제공하고 있다.

표 1-3. 국내 대표 트래블테크 기업

구분	기업
OTA	야놀자
	트리플
	여기어때
	마이리얼트립
	스테이폴리오
	트립비토즈
메타서치	스테이피아
	올스테이
	트래블맵
종합투어	와그
	프립
호스피탈리티 테크	H2O 호스피탈리티
	온다
	호텔스토리

생성형 인공지능의 등장에 따른 관광산업의 새로운 기회와 도전

2022년 11월 미국의 OpenAI가 자사의 대규모 인공지능 언어 모델인 GPT-3.5를 기반으로 하는 대화형 인공지능 서비스 ChatGPT를 출시하였다. ChatGPT는 단순한 텍스트 생성을 넘어 사용자와의 상호작용을 통해 다양한 대화와 정보를 제공하고 창작 활동을 지원하는 서비스로, 이전에 볼 수 없던 수준의 자연스러운 대화 능력을 세상에 선보였다. 이는 전 세계적으로 생성형 인공지능에 대한 관심을 촉발시켰다. 이후, OpenAI는 GPT-3.5를 발전시킨 언어 모델인 GPT-4를 발표했으며, 출시 두 달 만에 월간 이용자 수 1억 명을 돌파해 역대 플랫폼들 중 전례 없는 속도로 전 세계 유저들에게 침투하고 있다.

그림 1-13. 플랫폼별 월간 이용자 수 1억 명 도달 시간

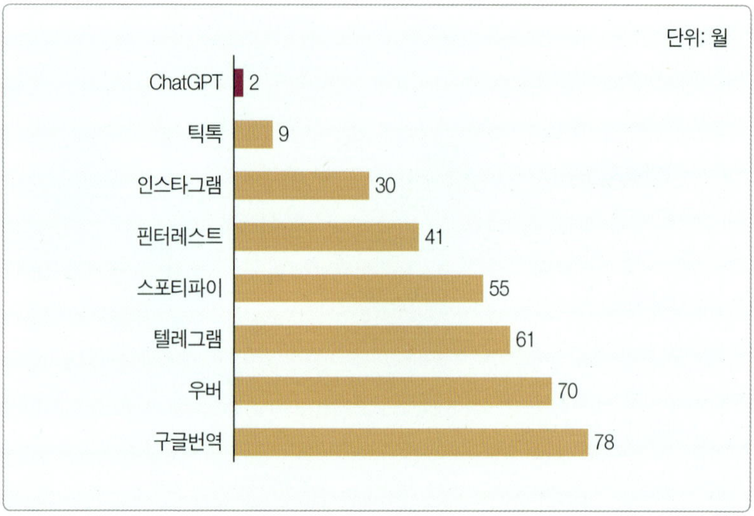

출처: 야후 파이낸스

이러한 생성형 인공지능의 대표적인 특징 중 하나는 확장성에 있다. 이들은 추가 데이터를 활용한 전이 학습이나 추가 학습을 통해 새로운 작업이나 도메인에 적용될 수 있는 유연성을 갖추고 있다. 이와 관련하여 OpenAI는 2023년 11월 진행한 DevDay(개발자 행사)를 통해 특정 목적을 위해 맞춤화된 ChatGPT 서비스를 만들 수 있는 GPTs 기능을 선보였는데, 이는 일상생활과 특정 목적을 위해 ChatGPT를 맞춤 설정할 수 있는

새로운 방법이며 다른 사람들과 공유할 수도 있다. 그리고 이러한 맞춤형 ChatGPT는 복잡한 프로그래밍을 필요로 하지 않고 간단한 채팅 명령을 통해 만들 수 있다.

이처럼 생성형 인공지능이 도달한 놀라운 성능과 확장성은 다양한 산업에 도전과 기회를 제공하고 있으며, 관광산업도 예외는 아니다. 기존의 여행계획은 여행자가 여행지역부터 숙박, 항공, 관광지 등을 직접 정하고 이에 대한 정보를 탐색하는 과정을 통해 이루어진다. OTA와 메타서치 플랫폼이 이 과정에서 숙박, 항공권 등 여행과 관련된 다양한 선택지를 비교하고 고객 리뷰를 제공함으로써 여행계획을 편리하게 해주지만, 결국 여행자가 직접 계획을 짜야 한다. 반면, 생성형 인공지능은 여행자의 요구나 취향을 반영하여 여행계획을 수립할 수 있다. 예를 들어, "어린아이를 동반하며, 웰니스 테마 중심의 여행을 하고 싶으니 계획을 짜줘"라고 ChatGPT에게 요청하면 찜질방과 같은 스파 문화를 추천하고, 서울숲 피크닉을 추천하는 등 기존의 서비스가 제공하기 어려운 독특한 여행 루트를 제안한다.

여행계획은 단순한 정보의 수집이 아니라, 교통권, 숙박, 식당, 기타 레저 및 액티비티를 예약하는 행위로 발전할 수 있다. 그러나 현재의 생성형 인공지능 서비스는 사용자의 요구에 맞춰 여행 루트에 대한 정보를 제공하거나 관련 웹페이지에 대한 링크를 제공하는 수준에 머물러 있고, 이를 실제 예약할 수 있도록 하는 기능은 제공하지 못한다. 하지만 만약 생성형 인공지능 서비스가 실제 여행과 관련된 예약까지 지원하게 된다면, 여행계획의 편의성과 효율성이 대폭 향상될 것이다. 예를 들어 사용자가 단순히 원하는 여행 스타일이나 목적지를 말하면, 인공지능이 그에 맞는 여행 일정을 구성하고 항공권, 숙소, 식당 예약, 그리고 현지에서의 액티비티까지 모두 자동으로 예약하는 시스템을 상상해 볼 수 있다.

이러한 변화의 바람은 OTA, 메타서치 플랫폼을 비롯한 기존 관광업계에 다양한 도전과 기회를 동시에 제공할 것으로 보인다. 생성형 인공지능 서비스의 관광산업 진출 또는 인공지능을 활용한 새로운 서비스나 스타트업의 등장은 기존 관광업체에 경쟁 압력을 가할 수 있지만, 기존 업체들은 자신들이 가진 노하우와 데이터를 활용하여 생성형 인공지능을 관광 관련 비즈니스 모델에 통합함으로써 독특한 비즈니스 모델을 창출할 수도 있을 것이다.

5절 | 친환경 관광의 부상

탄소중립에서 자유롭지 않은 관광산업

지구 온난화는 산업화와 인간 활동으로 인해 대기 중 온실가스 농도가 증가하면서 지구 기온이 상승하는 현상을 의미한다. 급격하게 진행되는 기술 발전과 글로벌 경쟁의 심화로 지구 온난화 현상은 가속화되고 있으며, 여러 가지 부정적인 영향을 초래하고 있다. 극지방의 빙하와 얼음이 녹아 해수면이 상승하고 있으며, 이는 해안 지역의 홍수와 침수를 초래하고 있다. 또한, 지구 온난화는 날씨 패턴의 변화, 극단적인 기후 현상의 증가, 그리고 생태계의 변화를 불러옴으로써 농업, 식수 공급, 그리고 인간과 동물의 건강에 심각한 영향을 미친다.

국제 사회는 지구 온난화의 심각성을 인식하고, 이를 해결하기 위한 집단적 노력을 기울이고 있다. 대표적인 노력은 2015년 유엔기후변화협약

당사국 총회에서 채택된 파리기후변화협약으로, 이 협약에 따라 195개의 국가는 지구의 평균 온도가 산업화 이전(1850년부터 1990년까지의 지구 기온 평균)에 비해 2℃ 이상 상승하지 않도록 하고, 더 나아가 상승 폭을 1.5℃로 억제하는 것에 합의하였으며, 기후변화에 관한 정부 간 협의체(IPCC)가 제시한 과학적 근거와 전략을 기반으로 지구 온난화의 원인이 되는 탄소 배출을 감소시켜 탄소 순 배출량이 0인 상태인 탄소중립을 달성하기 위해 노력하고 있다. 예를 들어, 스웨덴은 2040년까지 화석연료를 사용하지 않고 모든 전기를 생산하겠다는 목표를 2022년 발표하였고, 주요 산유국이었던 노르웨이는 전기차 사용 확대를 위한 정책을 추진하여 2022년 국내에서 판매된 신차의 80%를 전기차로 전환하였다. 네덜란드는 잔류물질을 다른 분야에 재투입하는 순환농업을 실시하여 탄소 배출을 줄이고 있다.

관광산업은 전 세계적으로 상당량의 탄소를 배출하는 주요 산업 중 하나로, 이로 인해 이 분야에서 발생하는 탄소 배출을 감축할 필요성이 점점 더 강조되고 있다. 교통 부문에서는 비행기, 자동차, 기차, 배 등을 이용할 때 발생하는 이산화탄소가 전 세계 탄소 배출 중 주요한 문제로 지적되고 있다. 특히, 해외 관광객이 주로 이용하는 항공 여행은 탄소 배출량이 상당히 크다. 숙박시설은 조명, 냉난방, 온수 공급 등에서 화석연료를 사용함으로써 상당한 탄소 배출을 일으키고 있다. 또한 식음료 서비스와 레저 활동 역시 탄소 배출에 크게 기여하는데, 이는 식품의 생산부터 소비까지의 전 과정과 레저 활동에 필요한 장비 사용에서 발생한다.

관광산업의 범위를 정의하는 시각이 다양하여 관광산업에서 발생하는 탄소 배출량에 대한 측정 결과는 연구에 따라 다르지만, 관광산업이 탄소 배출에 끼치는 영향이 크다는 데는 이견이 없는 것으로 보인다. UN-

WTO, 유엔환경계획(UN Environment Programme, UNEP), 세계기상기구(World Meteorological Organization, WMO)가 2008년 공동으로 연구한 결과에 따르면 관광산업은 2005년 전 세계 온실가스 배출량의 약 5%를 차지했다.

또한, Lenzen 등이 2018년 수행한 연구에 따르면 2013년 관광산업에서 배출된 이산화탄소량은 45억 이산화탄소환산톤이었고, 이는 전체 온실가스 배출량의 8%에 해당했다. 글로벌여행산업 뉴스 사이트인 스키프트(Skift)는 25개국의 관광산업에서 발생한 온실가스량을 측정하였고, 코로나19 팬데믹 이전에 관광산업에서 발생한 온실가스량이 전체의 11%라고 발표하였다.

탄소 배출뿐만 아니라 관광산업에서는 다양한 환경 문제가 발생하고 있는데, 최근에는 특정 지역에 관광객이 몰리는 현상인 오버투어리즘에 따른 환경 파괴 문제가 대두되고 있다. 일례로, 필리핀 보라카이는 관광으로 인한 환경오염 문제가 2018년에 크게 제기되었다. 당시 상황을 살

그림 1-14. 전 세계 온실가스 배출량에 대한 관광산업의 기여율 추이

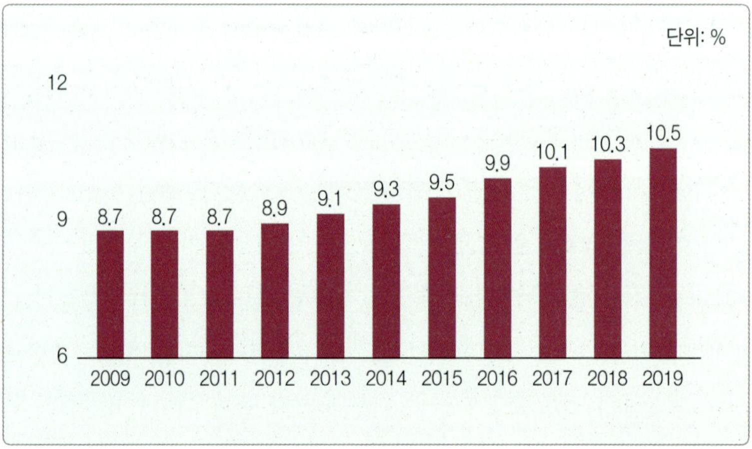

출처: 스키프트

펴보면, 수질 오염이 심각한 수준에 이르렀고 섬 안에서 처리할 수 있는 쓰레기양의 3배에서 4배 수준인 90~115톤의 쓰레기가 매일 발생했다. 상황이 심각해지자 필리핀은 보라카이의 환경 정화 및 폐수 처리 시설 정비를 위해 2018년 4월부터 6개월 동안 섬을 폐쇄하고 관광을 중단했다. 6개월 동안 진행된 관광 폐쇄에 따른 경제적 손실은 19억 6,000만 페소, 한화 약 450억 원으로 추정되며, 섬 폐쇄 직전 숙박 예약 취소가 속출해 보라카이의 호텔은 평균 5,000만 페소(한화 약 12억 원)의 손실을 봤다.

친환경이 미래의 여행 테마이다

환경 문제의 심각성과 문제 해결 방법이 뚜렷하지 않은 가운데, 소비자들의 환경 문제에 대한 민감도와 친환경 문제가 소비에 미치는 영향력은 점차 커지고 있다. 글로벌 경영컨설팅 업체인 프라이스워터하우스쿠퍼스(PwC)가 2023년에 실시한 설문조사 결과에 따르면, 응답자 중 77%가 환경친화적인 제품 구매를 위해 추가 비용을 지불할 의사가 있다고 밝히는 등 최근 소비자들 사이에서 환경을 고려한 의식적 소비 선호가 증가하고 있다.

관광산업 역시 예외는 아니어서, 친환경 관광에 대한 소비자의 수요가 증가하는 추세이다. 글로벌 OTA 기업인 부킹닷컴이 발표한 〈Sustainable Travel Report 2023〉 보고서는 이러한 추세를 뒷받침하는데, 보고서에 따르면 응답자의 74%가 관광업계에서 더 많은 환경친화적 여행 옵션을 제공해 주기를 바라고 있으며, 지속 가능한 숙박 시설에서 머무르는 것이 자신의 기분을 좋게 만든다고 답변한 비율은 65%에 달했다. 특히 응답자 중 69%가 특정 여행 옵션이 어떻게 환경친화적인지에 대한 추가

정보를 원한다고 답변하여, 친환경 관광에 대한 소비자들의 인식이 점차 증가하고 있음을 알 수 있다. 이와 더불어, 생태와 경관이 우수한 지역의 자연보존을 추구하는 생태관광 또한 전 세계적으로 주목을 받으며 그 시장 규모가 급격히 성장할 것으로 전망된다. 글로벌 ICT 컨설팅 업체인 프리시던스 리서치(Precedence Research)가 발표한 결과에 따르면, 2022년 글로벌 생태관광 시장의 규모는 1,959억 달러였으며 2032년도에는 6,562억 달러까지 성장할 것으로 전망했다.

이러한 추세에 맞춰 각 국가는 소비자들에게 새로운 관광지와 친환경 여행 옵션을 제공하기 위해 노력하고 있다. 친환경 여행을 위해 노력하는 대표 국가 중 하나는 코스타리카이다. 국토 절반이 원시림이고 전 세계 생물종의 5% 이상이 서식할 정도로 생물 다양성이 높은 코스타리카는 지속 가능한 관광산업을 선도하는 국가로 유명한데, 다양한 친환경 여행 옵션을 제공하여 환경을 보호하고 관광객에게 독특한 경험을 제공하고 있다. 특히, 에코로지라고 불리는 생태 호텔이 다수 있는데, 이 호텔

그림 1-15. 생태관광 시장 규모 추이

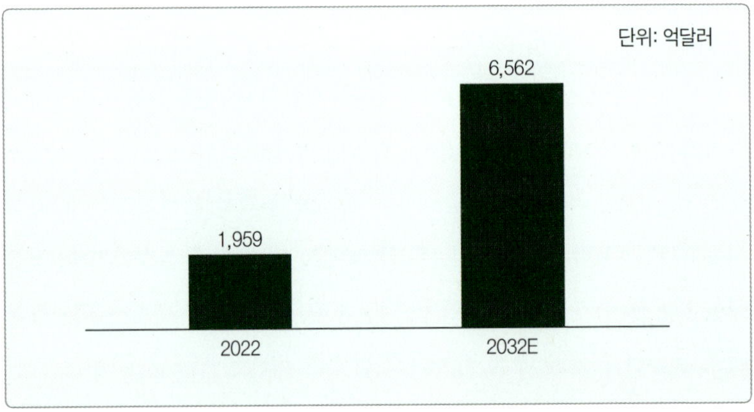

출처: 프리시던스 리서치

들은 친환경적인 건축물을 사용하고 재생 가능 에너지를 이용한다. 또한 자연보호구역을 효과적으로 운영하여 생태관광을 촉진하고 있다. 국토의 25% 정도를 국립공원으로 지정하여 보호하고 관광객들이 자연을 보호하며 즐길 수 있는 관광 프로그램을 제공한다. 관광객들은 지역 가이드와 함께 트래킹이나 조깅을 할 수 있으며, 다른 지역에서는 볼 수 없는 다양한 동식물을 관찰할 수 있다.

CHAPTER 2

국가별 관광산업

국가별 관광산업의 특징

국가별 관광산업의 규모와 성장, 그리고 경쟁력에 대한 연구는 관광산업을 이해하는 데 도움을 준다. 이를 위해 본서는 각 국가를 방문하는 관광의 규모, 관광을 통한 경제적 부가가치의 성장 속도, 국가산업 내에서 관광이 차지하는 중요도, 그리고 역사적, 지정학적 자원의 활용 정도와 정책적 노력을 토대로 관광산업의 유형을 4가지로 분류하였다. 분류를 위해 UNWTO의 인바운드 관광객 수 데이터, OECD의 관광수입 증감 데이터, 국제통화기금(International Monetary Fund, IMF)과 OECD의 GDP 대비 관광수입 비중 데이터, 그리고 세계경제포럼(The World Economic Forum, WEF)의 관광발전지수를 활용하였다. 이러한 분류는 각 국가의 관광산업이 현재 어느 위치에 있는지, 그리고 향후 어떤 방향으로 발전할 수 있는지를 보여준다. 특히 주목할 점은, 관광산업의 규모가 반드시 경제적 규모와 직접적으로 비례하지 않는다는 것이다. 그리고 관광산업의 경제적 비중은 국가의 서비스업 성숙도와 연관되어 있으며, 고용에도 중요한 기여를 한다. 산업경쟁력은 단순히 역사적, 지정학적 자원에 국한되지 않으며 정책적 노력을 통해 개선될 여지가 있다.

주요 국가들은 관광산업의 특징에 따라 4가지 유형으로 분류될 수 있다. 첫 번째 유형은 선진국형 관광대국으로 미국, 프랑스, 영국, 독일, 일본 등의 국가가 이에 속한다. 이들 국가의 관광산업은 그 규모가 크며 경쟁력도 높은 수준이다. 그러나 다른 유형의 국가들에 비해 상대적으로 관광산업의 규모, 관광산업이 국가 경제에서 차지하는 비중, 경쟁력의 변화량이 적다. 두 번째 유형은 의존형 관광대국으로 스페인과 이탈리아 같은 국가가 이에 속한다. 이들 역시 관광산업의 규모가 크고 경쟁력도 높지만, 국가 경제에서 관광산업이 차지하는 비중이 크다는 특징을 갖는다. 세 번째 유형은 전통형 관광국으로 인도, 브라질, 터키, 중국 등의 국가가 이에 포함된다. 이들 국가는 일정 수준 이상의 관광산업 규모를 보유했지만 관광산업이 국가가 보유한 자연, 문화자원에 의존적이며 산업경쟁력 향상이 더딘 편이다. 마지막 유형은 이머징 관광국으로 인도네시아, 멕시코 등과 같은 국가들로 구성되어 있다. 이들 국가는 아직 관광 규모나 관광산업이 국가 경제에서 차지하는 비중이 크지 않지만, 성장 속도가 빠르고 산업경쟁력 또한 빠르게 개선되고 있다는 특징을 보인다.

이러한 분류는 각 국가에서 관광산업이 어떻게 발전하고 있는지를 보여주며, 각 유형의 특성을 이해하고 이를 기반으로 미래의 발전 방향을 고려하는 것은 각국의 관광산업 전략 수립에 중요한 기초 자료가 될 수 있다.

그림 2-1. 관광산업 특징에 따른 국가분류

선진국형 관광대국

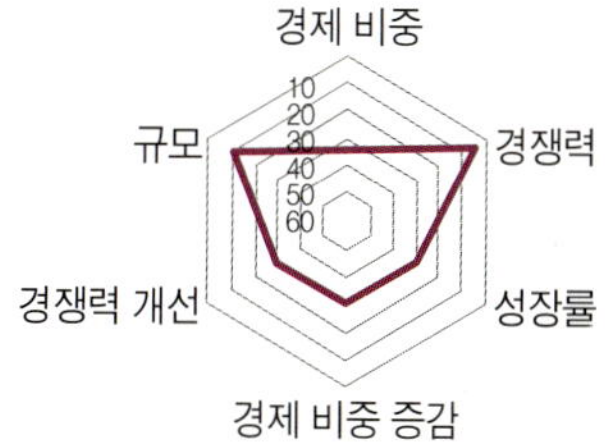

의존형 관광대국

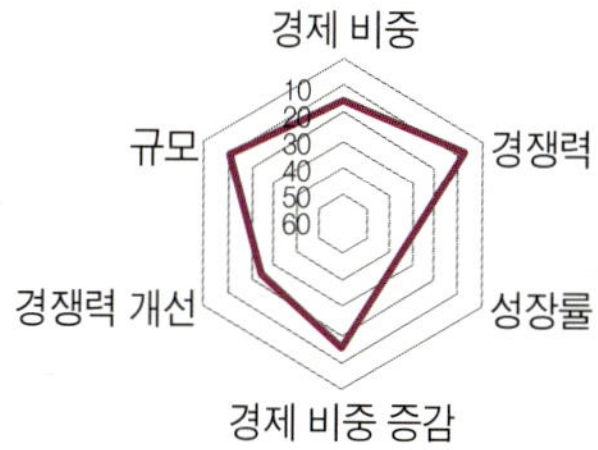

전통형 관광국

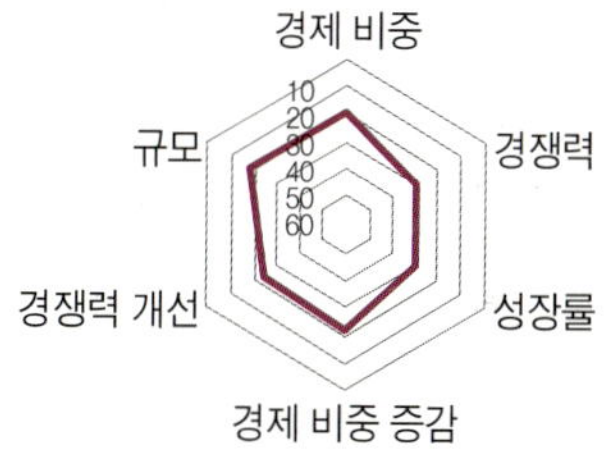

이머징 관광국

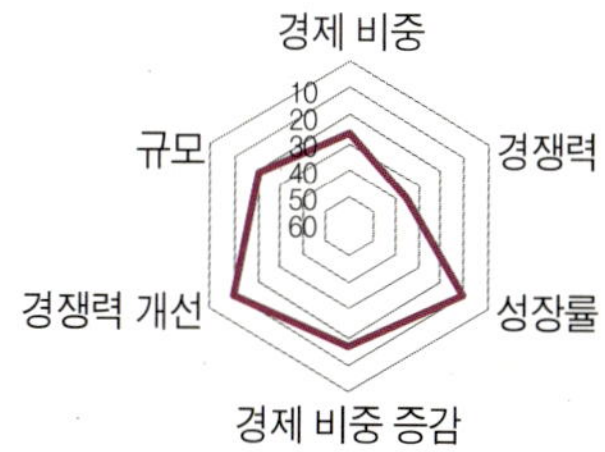

출처: 저자 공동 분석 결과

팔색조로 진화 중인 선진국형 관광대국과 의존형 관광대국

선진국형 관광대국과 의존형 관광대국들의 성장 배경은 그들의 경제 규모와 역사가 조성한 독특한 관광 자원에서 찾을 수 있다. 이들 국가는 고유의 관광지 특성과 풍부한 관광 자원을 종합적으로 활용하여 관광대국으로 자리매김했다. 선진국형 관광대국들의 성장은 그들이 보유한 역사적 관광지의 가치와 더불어 선진국으로서의 인프라를 고루 갖추고 있기에 가능했다. 또한, 이들 국가의 경제 규모는 항공을 포함한 선진적인 교통의 발달을 촉진시켰으며, 오랜 기간에 걸쳐 정책적으로 관광산업을 육성하는 전략을 추진해 왔다.

한편, 의존형 관광대국들의 성장은 풍부한 관광 자원과 함께 관광산업 육성을 통해 제조업 성장의 정체 상태를 극복하려는 정책적 노력에서 기인한다. 이러한 노력은 국가의 경제 체질 자체를 전환해 현재의 경제 위상을 유지할 수 있게 했다. 이와 같은 배경을 통해 선진국형 관광대국과 의존형 관광대국들은 각기 다른 경로를 걸으며 관광산업에서의 성공을 이룩했다. 그들의 발자취는 다른 국가들에게 중요한 교훈을 제공하며, 관광산업의 발전 가능성을 넓히는 데 크게 기여하고 있다.

관광산업의 규모가 큰 국가들은 현재 관광객들에게 다양한 관광상품을 통해 관광의 가치를 제공하고 지역적으로 다채로운 테마를 제시함으로써 전통적인 관광지에만 집중됐던 관심을 분산시키기 위해 노력을 기울이고 있다. 이러한 노력은 핵심 관광지에 집중된 관광수요를 여러 지역으로 분산시키고, 지방경제를 육성하며, 결론적으로 관광객의 체류 기간을 늘리는 것을 목표로 한다.

이러한 전략을 실천하는 대표적인 도시는 영국의 런던이다. 런던 관광산업의 비전인 "London Tourism 2030 Vision"을 담당하는 기관인 런던&파트너스(London & Partners)는 〈Visitor Experience Strategy〉 보고서를 통해 런던 관광산업을 부흥시키기 위한 전략을 발표했다. 이 전략은 관광객의 경험을 향상시킬 수 있는 4개의 핵심 요소(Essentials, Experiences, Places, Brand)로 구성되어 있다. 해당 보고서에 따르면 런던에는 다양한 관광지와 체험 콘텐츠가 존재하지만, 관광객들은 일부 관광 명소에서 제한적인 경험만을 하는 것으로 나타났다. 이에 따라 경쟁력 있는 관광 요소를 관광객에게 소개하고, 산업의 분산 효과를 극대화하기 위한 전략을 보고서에서 소개하고 있다. 이 보고서는 런던 중심부에 집중된 관광산업을 분산시키고 지역적 특색을 강조하는 전략을 제시한다. 런던 북부에서는 급류 래프팅 체험과 같은 수중 액티비티를 통해 새로운 관광 경험을 제공하고 있다. 또한, 서부 Hounslow 지역에서는 1500~1600년대에 지어진 역사적인 고저택들을 관람하는 건축 양식 체험을 통해 기존 관광지와 차별화된 콘텐츠를 선보이고 있다. 이러한 노력은 런던아이, 빅벤 등 중심부의 관광지로 집중된 관광객을 분산시키는 동시에, 관광객들에게 다양한 경험을 제공하는 것을 목표로 한다. 이는 단순히 런던 중심부에 국한되지 않고, 더 넓은 지역의 경제 활성화로 이어지는 중요한 전략이다.

이탈리아 정부는 토스카나의 소도시들을 해외에 홍보하여 관광 집중을 분산시키려는 전략을 추진해 왔다. 2018년, 이탈리아는 전 세계 대사관을 통해 토스카나 남부 지역인 몬테풀치아노와 발디키아나 세네제를 집중적으로 홍보하였다. 한국 대사관에서 열린 홍보 세션에서는 이 지역의 와이너리와 자전거 투어와 같은 특별한 경험을 강조하며 한국 관광객들의 방문을 유도하기도 했다. 또한, 다양한 항공 노선을 증편하여 이 지역으로의 접근성을 향상시켰다. 스페인의 경우에도 유사한 접근 방식을 취하고 있다. 마드리드와 바르셀로나가 주요 관광 도시로 자리 잡고 있음에도 불구하고, 스페인은 동남쪽 발레아레스 제도에 위치한 마요르카, 이비자, 메노르카 등의 섬들의 관광을 육성하여 관광 집중 현상을 분산시키고 있다. 이비자와 메노르카의 경우 젊은이들의 클럽 문화를 관광 요소로 적극 활용하였고, 마요르카는 지중해의 아름다움을 강조하여 관광객을 유치하고 있다. 이러한 노력 덕분에 이 지역은 관광 명소로 부상하였으며, 스페인이 연간 약 1.2억 명의 국제 관광객을 맞이하는 것을 고려할 때, 발레아레스 제도의 관광객 수가 1천만 명에 이르는 것은 주목할 만한 성과이다.

그림 2-2. 스페인 발레아스 지역 국제 관광객 방문자수 추이

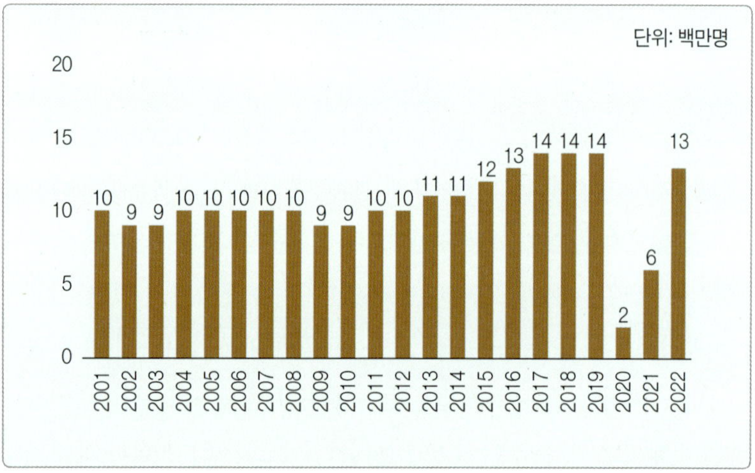

출처: 스태티스타

또한 전통적인 관광 자원과 관광지를 넘어서 콘텐츠와 지역사회의 결합을 통해 부가가치가 높은 관광 상품을 개발하고 지역을 활성화시키는

사례가 주목받고 있다. 영국 정부는 런던 내의 관광산업을 분산시키는 정책뿐만 아니라, 4년마다 문화도시를 지정하여 다양한 지방 관광권역의 개발을 추진하고 있다. 과거 공업도시로 번성했으나 쇠락한 리버풀은 비틀즈 문화유산, 리버풀 FC, 해리포터 촬영지 등의 요소를 활용한 브랜딩을 통해 2008년 유럽연합(EU) 문화 수도로 선정되어 지역경제가 활성화되었다. 2017년에는 헐시티가 선정되어 모네 특별전과 Freedom 페스티벌 등의 거리예술 축제를 성공적으로 브랜딩하여 2021년 영국의 가디

그림 2-3. 중심지 외 지역 관광 활성화 사례(좌: 리버풀, 우: 헐시티)

출처: 게티이미지코리아

언지가 선정한 관광 10선에 포함되는 등 지역 활성화를 이룩했다. 이러한 사례들은 지역적 특색과 문화적 자산을 활용하여 관광산업을 재창조하고, 그로 인해 지역경제에 새로운 활력을 불어넣는 성공 모델로 평가될 수 있다.

영국만이 아니라 여러 국가들도 핵심 관광지에 집중된 수요를 분산시키기 위해 지역 관광산업 개발에 힘쓰고 있다. 일본은 도쿄 외에 북해도, 오사카, 후쿠오카, 오키나와를 중심으로 한 5대 권역을 개발 및 브랜딩하고 있다. 베트남도 하노이를 넘어 호치민, 다낭, 푸꾸옥 등 4대 권역을 개발하고 있다. 이러한 전략은 지역별로 특화된 관광 콘텐츠를 개발함으로써 관광객들에게 다양한 선택지를 제공하고, 동시에 오버투어리즘 문제를 해소하는 데 기여한다.

표 2-1. 영국, 이탈리아, 스페인의 관광 정책

국가	내용
 영국	• 일부 장소에 국한된 런던 관광 다양화 – 내국인들이 소비하는 레저 관광지를 발굴해 외국인 방문을 유도 • 지방 도시 관광지 개발 – 전략적으로 4년마다 문화도시 선정, 육성
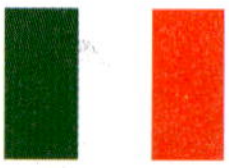 이탈리아	• 소도시 관광 활성화 – 토스카나 남부지역 홍보 및 항공편 증대를 통한 접근성 향상
 스페인	• 명확한 테마에 기반한 관광 명소 개발 – 이비자/메노르카: 클럽문화, 마요르카: 지중해 자원

풍부한 역사, 자연 자원을 보유한 전통형 관광국

전통형 관광국들은 자연 자원 이외에도 식민 지배의 역사가 남긴 언어와 문화적 동질성을 바탕으로 관광산업을 발전시켜 왔다. 이들 국가는 역사적, 자연적 관광 자원을 활용하여 관광객을 유치하며, 저렴한 물가로 인한 가격경쟁력도 갖추고 있다. 제국주의 시대에 겪은 식민 지배의 경험은 이들 국가에서 특유의 혼합 문화와 동일한 언어권을 형성하는 데 이바지했다. 이는 식민지배와 관련된 해당 국가들이 관광객들에게 매력적인 목적지로 자리매김하는 데 중요한 역할을 했다. 특히, 무비자 정책과 같은 개방성 확대는 이들 국가에 대한 접근성을 더욱 개선했다. 예를 들어 브라질 정부는 미국, 캐나다, 호주, 일본 시민들을 대상으로 비자 요건을 면제함으로써 외국인들이 브라질을 더 쉽게 방문할 수 있도록 노력하고 있다. 현재 전 세계 약 절반의 국가가 브라질 여행 시 무비자로 입국 가능하다는 사실은 이러한 노력의 결과이다. 외국인 직접 투자를 활성화하여 관광 인프라를 개선하는 것도 중요한 전략이다. 브라질 정부는 멕시코의 칸쿤과 같은 휴양지 개발을 목표로 공유 해변의 민간 매각 및 민간 투자 유치를 통해 관광지 개발을 추진하고 있다. 이는 환경 보호보다 경제적 개발을 우선시하는 보우소나루 대통령의 정책 방향과도 일치한다. 그는 브라질이 세계에서 가장 아름다운 자연 자원을 보유하고 있음에도 불구하고 관광산업이 만족스럽지 못하다고 지적하며, 리우데자네이루주 앙그라 두스 헤이스 지역을 세계적인 휴양지로 개발하려는 의지를 밝힌 바 있다.

인도도 브라질과 유사한 정책을 펼쳐오고 있다. 인도 정부는 180개국의 외국인 관광객을 대상으로 e-Tourist Visa를 발급하고 있다. 2019년 e-

Tourist Visa로 인도에 입국한 외국인 관광객은 총 293만 명에 달하며, 이는 2018년 대비 23.6% 증가한 것으로 나타났다. 뿐만 아니라 호텔 및 관광 인프라 개발과 관련해 100% 자동 경로 투자를 허용하여, 별도의 정부 승인 없이 외국인 투자자들이 투자할 수 있도록 설정했다. 이러한 노력은 전통형 관광국들이 지속적으로 관광산업을 성장시키는 데 중요한 역할을 하고 있음을 보여준다. 이들 국가는 역사적, 문화적 맥락과 함께 경제적 이익을 추구하는 전략을 통해 세계 관광산업에서 중요한 위치를 차지하고 있다.

표 2-2. 브라질, 인도의 관광 정책

국가	내용
 브라질	• 무비자 정책 확대 • 외국인 직접 투자로 인프라 개선 - 해변 민간에 매각 또는 민자 유치 방식 개발 통해 휴양지 개발 착수
 인도	• 180개국 대상 e-Tourist Visa 발급 • 외국인 직접 투자 적극 유치 - 관광산업에 100% 외국인 직접 투자 허용

이머징 관광 육성국은 빠르게 성장하는 중

이머징 관광 육성국들은 정부의 세심한 전략과 적극적인 노력으로 관광산업을 빠르게 발전시키고 있다. 이들 국가의 관광산업 성장률은 한국을 크게 웃돌고 있는데, 이러한 성장의 배경에는 정부 주도의 강력한 관광거버넌스 구축과 관광지 개발에 대한 적극적인 노력에 있다. 관광객이 느끼는 친절과 만족감은 단순히 국민들의 행동에만 기대하는 것이 아니라, 인프라 개발에 집중해야 한다는 인식이 존재한다.

대표적인 이머징 관광 육성국인 멕시코의 경우, 관광청을 통해 적극적인 홍보를 벌이고 있으며 관광산업 진흥을 위한 별도의 조직인 Tourism Promotion Council of Mexico를 신설했다. 또한, 개별 관광객 맞춤형 마케팅과 다양한 관광지 테마를 명확히 하여 다채로운 관광지 선택지를 제공하고 있다. 예를 들어 관광지를 미식 중심, 야외활동 중심, 로맨틱, LGBT 축제, 유네스코(UN Education, Scientific and Cultural Organization, UNESCO) 지정 문화 관광지 등으로 분류하고 다양화함으로써 관광객들에게 다양한 선택 옵션을 제공하고 있다.

랜드마크 관광지를 개발하는 것도 역시 중요한 요소다. 랜드마크는 역사적으로만 형성되는 것이 아니라 적극적인 신규 투자를 통해서도 개발될 수 있다는 것을 사우디아라비아의 사례가 입증하고 있다. 사우디아라비아는 "Vision 2030" 계획을 발표하며, 2030년까지 연간 1억 명의 외래 방문객을 유치하기 위한 신규 랜드마크 관광지 개발 프로젝트를 시작했다. 3대 메가시티 프로젝트는 네옴 시티, 키디야 엔터테인먼트 시티, 홍해 휴양 도시 개발로 구성되어 있으며, 기존 자연경관을 활용하는 것뿐만 아니라 신규 투자를 통한 랜드마크 건설에도 집중하고 있다. 이처럼 이머징 관광 육성국들은 정부 주도의 체계적이고 적극적인 전략으로 관광산업을 빠르게 성장시키고 있다. 이들 국가는 다양한 관광지 개발과 효과적인 마케팅 전략을 통해 글로벌 관광 시장에서 두각을 나타내고 있다.

또한 비교적 저렴한 물가를 기반으로 한 서비스 산업의 가격경쟁력은 새로운 고부가가치 관광산업, 특히 의료 관광 분야에서 중요한 역할을 하고 있다. BBC에 따르면, 멕시코는 매년 약 100만 명의 미국과 캐나다 의료 관광객을 유치하고 있다. 이러한 높은 수요는 의료 비용이 미국에 비해 약 40% 저렴하기 때문이다. 과거에는 성형수술과 치과 치료가 중심이었으나 최근에는 안과, 정형외과 등 다양한 의료 서비스 분야로 확장하고 있다. 특히 미국 시카고에 본부를 둔 국제의료기관평가위원회(Joint Commision International, JCI)의 인증을 받은 병원을 운영함으로써 의료 신뢰도를 높이는 전략을 추진하고 있다. 이러한 전략은 의료 관광 분야에서 멕시코의 경쟁력을 강화하고 고부가가치 관광산업을 활성화하는 데 기여하고 있다.

표 2-3. 멕시코, 사우디아라비아의 관광 정책

국가		내용
 멕시코	관광청 신설, 공격적인 테마 개발	• 개인 맞춤형 마케팅 위한 테마 다양화 - LGBT 축제, UNESCO문화 방문, 로맨틱 관광 • 가격경쟁력 기반 고부가가치 관광 홍보 - 북미 대상 의료 관광, 세컨하우스 등
 사우디아라비아	2030년 관광객 1억 명 목표	• 랜드마크 개발 - 3대 메가시티 프로젝트 (네옴 시티, 키디야 엔터테인먼트 시티, 홍해 휴양 도시) • 국제적인 스포츠 경기 및 행사 유치 - 2034년 월드컵 및 대회 외에도 복싱, F1 등

관광대국으로 진화한 일본

일본은 인바운드 관광의 규모와 관광산업의 경쟁력에서 뛰어난 성과를 보여주며 선진국형 관광대국으로 평가될 수 있다. 일반적으로 선진국형 관광대국들이 규모와 시장 점유율, 경쟁력 면에서 점진적인 성장을 보이는 것과는 달리, 일본은 이러한 경향에서 벗어나 높은 성장률을 유지하고 있다. 즉, 일본은 지난 10년 동안의 눈부신 성장을 통해 선진국형 관광국가의 기준에 부합하는 규모를 달성했다고 볼 수 있다.

그림 2-4. 선진국형 관광대국 vs. 일본

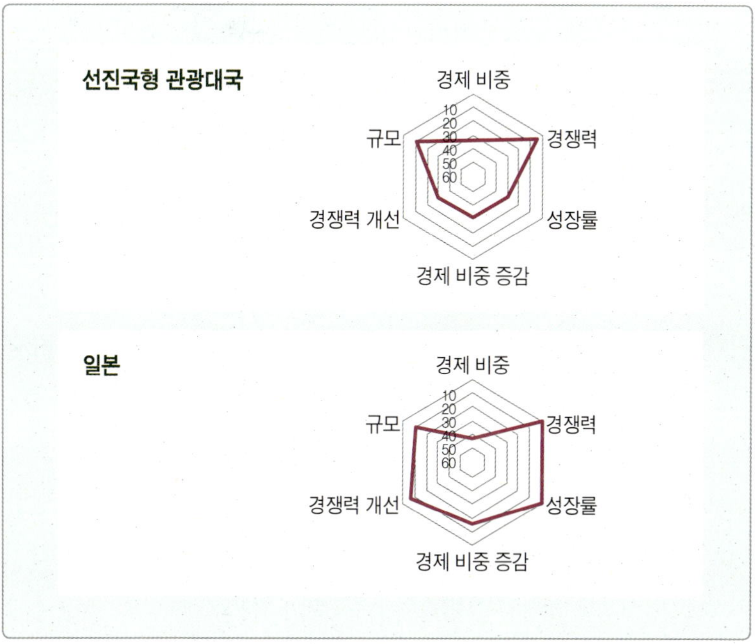

출처: 저자 공동 분석 결과

이러한 성과의 배경에는 정부의 적극적인 관광산업 육성 전략이 크게 기여했다. 1990년대 시작된 일본 경제의 침체기는 관광 정책의 변화와 산업 발전에 중요한 전환점을 제공하였다. 1960년대 이후 고도 경제 성장을 이어간 일본은 1980년대에는 세계 2위의 경제 대국으로 자리매김하였다. 이 시기 일본은 세계 최대의 무역흑자 국가 중 하나였으며, 이는 미국 등 주요 무역 파트너와의 통상마찰의 원인 중 하나였다. 이런 상황에서, 일본의 국제관광 정책은 통상 마찰을 완화하는 수단으로 사용되었기 때문에 일본은 인바운드 관광 유치에 적극적이지 않았다. 오히려 무역흑자를 완화시키는 목적으로 해외여행배증계획(1987년) 등의 정책을 추진해 자국민들의 해외여행을 촉진하고자 했다.

하지만 1985년에 진행된 플라자 합의와 이에 대응한 일본의 양적 완화 정책으로 야기된 버블경제가 1990년대 초 붕괴하며 일본 경제는 장기적인 침체에 빠졌다. 이전까지 고도성장을 지속해 온 일본 경제는 갑작스러운 부동산과 주식 시장의 붕괴로 큰 타격을 입었고, 일본 정부는 경제 활성화를 위해 다양한 분야에서 새로운 전략을 모색해야 했다. 관광산업은 이러한 상황에서 주목받기 시작했다. 일본 정부는 관광산업이 경제에 미치는 긍정적 효과를 인식하고, 경제 회복의 주요 방안 중 하나로 관광산업을 포함시키기 시작했다. 특히, 2000년대의 경기 침체가 지속되면서 인바운드 관광 진흥을 위한 노력을 더욱 강화해 나갔다.

이에 따라 일본 정부는 법률 제정, 사업 추진, 조직 개편 등의 다양한 전략적 노력을 기울였다. 법률과 관련해서는 인바운드 관광을 촉진하기 위한 주요 시책을 포함하는 관광입국추진기본법(2006년 제정)을 제정해 관광산업의 발전을 위한 기본적인 틀을 마련했다. 이 법은 관광 관련 인프라 확충, 콘텐츠 개발, 정책 수립과 실행을 포함하며, 관광진흥기금의 설립으로 관광사업과 인프라 개발을 위한 자금 조달을 지원했다. 또한, 비자 정책을 완화하여 인바운드 관광을 촉진하는 등 방문객 증가를 유도했다. 조직 개편 측면에서는 관광청을 설립하여 관광 정책을 수립하고 진흥 활동을 담당하는 전담 기구를 마련했고, 지역별 관광진흥기구를 활성화하여 각 지역의 특색에 맞는 관광 상품 개발과 마케팅 전략 수립을 지원했다. 나아가 국제협력과 파트너십을 강화하여 일본의 관광 콘텐츠를 해외에 소개하고, 외국인 관광객 유치에 힘썼다.

일본은 이와 같은 전략적 노력을 통해 점차 관광대국으로서의 위치를 굳건히 하기 시작했다. 1990년대 후반부터 인바운드 관광객 수가 꾸준히 증가하여 2019년에는 약 3,188만 명에 이르렀다. 비록 코로나19 팬데믹으로 인해 2021년에 관광객 수가 24만 명으로 급감했지만, 일본은 이를 빠르게 회복해 2023년에는 2,200만 명 이상의 외국인이 방문했다. 이 기

그림 2-5. 한국과 일본의 외래관광객 수

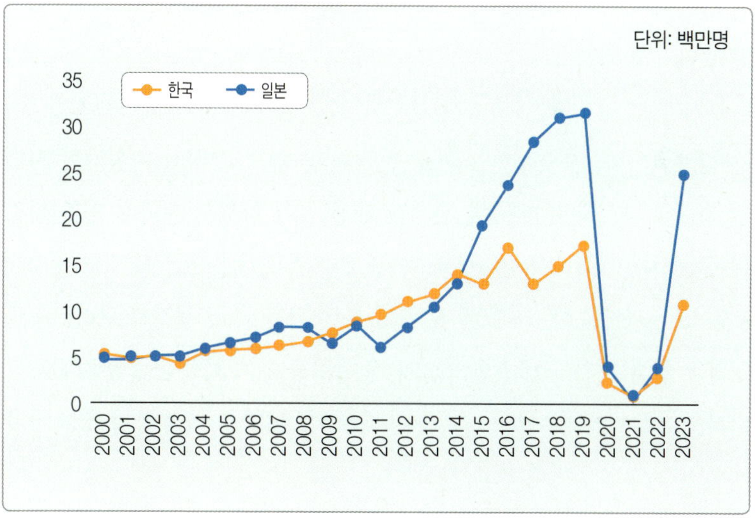

출처: 한국관광공사, JNTO statistics

간 동안 관광수입도 크게 증가하여 2010년대 초반 몇십억 달러에서 2019년에는 400억 달러로 상승했다.

현재 대한민국의 관광산업은 정부가 주도하는 관광을 국가 경제의 핵심 동력으로 삼은 일본 모델과, 경제 성장과 더불어 관광산업이 일정 규모에 도달한 후 정체기를 맞이한 스페인 및 이탈리아 모델 사이의 중요한 분기점에 서 있다. 분명한 점은 한국의 관광산업이 아직 서유럽 국가들의 수준에는 미치지 못하고 있기 때문에, 일본의 전략적 접근을 효과적으로 활용할 필요가 있다.

한국과 일본은 지리적 위치, 문화적 유사성, 관광 상품 및 서비스 등에서 많은 공통점을 갖고 있으며, 두 나라 모두 인구 고령화와 지방소멸 같은 비슷한 사회적 문제를 겪고 있다. 이러한 배경을 고려할 때, 일본의 성공적인 관광산업 정책을 벤치마킹하는 것이 합리적인 전략으로 보인다. 2000년대에 일본과 한국은 인바운드 관광객 수가 서로 엇갈리며 경쟁했지만, 2019년에는 일본이 한국보다 1.7배 더 많은 관광객을 유치하면서 앞서 나가게 되었다.

과거 10년 동안 한국의 인바운드 관광수입은 꾸준히 증가했지만. 이는 경제 성장의 부수적인 효과로 판단된다. 앞으로 경제 저성장이 지속될 것으로 예상되기 때문에, 관광에 대한 국가 차원의 전략적 방향 설정이 중요하다. 2011년부터 2019년까지 한국의 국내총생산 GDP는 연평균 3.5%씩 성장했으며, 외래 관광수입도 연평균 6.6%씩 성장해 왔다. 반면, 일본은 같은 기간 국내총생산 GDP가 연평균 2.4%씩 줄어들었음에도 불구하고, 외래 관광수입은 연평균 19.6%라는 가파른 비율로 증가해 국가 경제의 구조적 변화에 크게 기여했다. 서유럽의 주요 관광국인 이탈리아와 스페인은 GDP가 감소하는 가운데 외래 관광수입의 성장도 정체되어 있어, 관광산업의 저성장이 국가 경제의 쇠퇴와 맞물려 있는 상황이다. 이탈리아의 GDP는 연평균 1.6%씩 감소했고, 관광수입 성장률은 연평균 1.8%에 머물렀다. 스페인은 GDP가 연평균 0.7%씩 줄어들었고, 관광수입 성장률도 연평균 3.1%에 그쳤다.

그림 2-6. 국가별 GDP 성장 대비 관광수입 성장

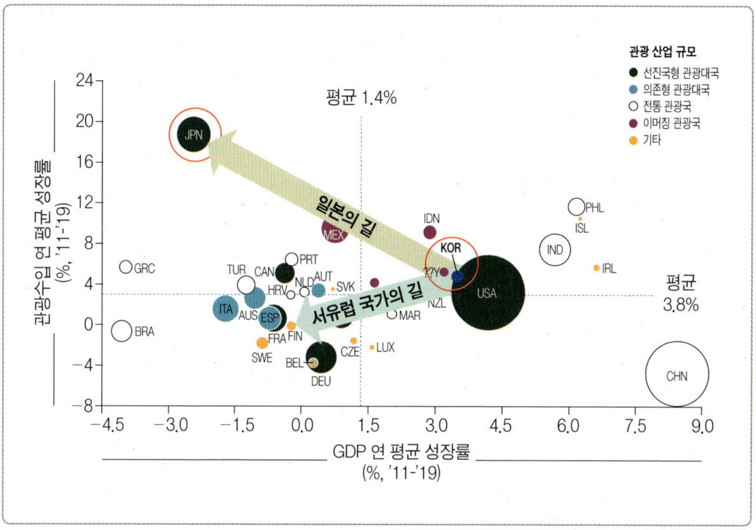

출처: 저자 공동 분석 결과

CHAPTER 3

대한민국 관광대국 전환의 필요성

1절 | 늙어가는 대한민국 경제

수출 중심의 제조업, 한계에 봉착하다

전쟁 폐허 이후의 한국은 농업 중심 사회에서 벗어나 소비재 중심의 경공업으로 발전을 시작했다. 이후 제조업과 중공업의 발전을 거쳐 정보통신기술 산업까지 성장하며 경이로운 경제 발전을 이룩했다. 그러나 세계화 이후에 보호무역주의가 강화되고 새롭게 부상하는 신흥공업국 대비 제조경쟁력이 약화되면서 우리나라의 수출 중심 성장은 한계를 드러내고 있다.

본래 농업 위주의 국가였던 한국은 일제 식민 지배와 한국 전쟁으로 인해 경제적, 사회적으로 어려움을 겪었지만, 정부의 적극적인 산업 육성과 수출 정책의 추진을 통해 비교적 짧은 시간 내에 선진국 대열에 합류할 수 있었다. 1960년대에는 경제 개발 5년 계획과 수출 관련 정책을 추진하여 10년간 연평균 41%의 수출 신장을 기록했고, 1964년에는 수출 1억 달러를 달성하였다. 1970년대 및 1980년대에는 주요 수출 품목이 1차 경공업 제품(섬유, 화장품, 제과류, 담배 등)에서 중화학공업 생산품(기계, 선박, 철강 등)으로 옮겨갔다. 이후 중화학공업을 계속해서 육성하여 1990년대에는 수출 1천억 달러를 달성했을 뿐만 아니라, 2011년에는 무역규모 1조 달러를 돌파하였다. 이러한 과정을 겪으며 한국은 1차산업 중심 사회에서 3차산업 중심 사회로 빠르게 변화했고 GDP 대비 수출 비중 또한 꾸준히 증가했다. 최근 들어서는 반도체, 배터리 등 첨단산업에서 높은 글로벌 시장 점유율을 기록하며 글로벌 첨단산업 강국으로 성장하였다.

이처럼 한국은 수출 중심의 제조업 분야에서 괄목할 만한 성과를 거두며 경제 발전을 이뤄왔으나, 글로벌 경제환경의 변화와 함께 수출 중심 성장은 점차 한계를 드러내고 있다. 전 세계적으로는 자국 산업을 보호하기 위한 움직임이 강해지고 있는 상황이다. 미국, 유럽연합, 일본 등 주요 국가들은 자국의 첨단기술산업을 육성하기 위한 법령을 마련하고, 외국 기업의 수출에 부정적인 영향을 미치는 산업 정책을 지속적으로 개발하고 있다. 이러한 조치들로 인해 세계 무역의 불확실성이 높아지고 있으며, 이는 수출에 크게 의존하는 한국 경제에 주요한 위협 요인으로 작용하고 있다. 또한, 제조업 분야에서 중국, 베트남과 같은 신흥 경제국들이 부상함에 따라 글로벌 경쟁도 극도로 심화되는 양상을 보이고 있다.

이러한 상황은 무역수지와 경제성장률을 통해 드러나고 있다. 대한민국의 무역수지는 2008년 서브 프라임 모기지 사태 이후로 2021년까지 계속해서 흑자 상태였고, 2017년에는 세계 5위를 달성하기도 했다. 하지만 2022년 무역수지가 적자로 전환하였고, 상황은 더욱 악화되어 2023년 상반기에는 누적 264억 6,700만 달러 규모의 적자를 기록하였다. 경제성장률 또한 점차 둔화하여, 2023년 한국의 경제성장률은 1.4%로 나타났다. 2024년은 일부 산업에서의 수출 회복으로 2% 초반대가 될 것이라 예상되지만, 이 수치 또한 낙관적인 기대치에 불과하다. 특히 잠재경제성장률을 견인하는 생산요소인 노동, 자본, 생산성 모두 부정적인 추세를 보이고 있어 안정적인 선진국 대열에 올라서기도 전에 저성장 기조로 빠져드는 모양새이다. 이를 반영하듯 IMF는 한국 경제 성장의 전망을 어둡게 보고, 경제 체질의 변화가 없다면 지속 가능한 성장이 이어지지 못할 것이라 경고했다.

한편 선진국으로의 이행 과정에서 나타나는 제조업 대비 서비스업의 비중 증가는 자연스러운 현상이다. 그러나 우리나라에서는 서비스업의 경쟁력 약화가 한국 경제 성장의 발목을 잡고 있는 형국이다. 현재 제조업의 부가가치 생산성은 OECD 국가 중 중상위권에 위치해 있으나, 서비스업의 부가가치 생산성은 최하위권에 머물고 있다. 이러한 상황은 우리나라가 서비스업의 생산성 향상 없이는 향후 드라마틱한 경제 성장을 기대하기 어렵다는 것을 시사한다. 이러한 상황에서 관광산업이 서비스업의 중심에 있음을 주목해야 한다. 영세한 도소매업, 숙박업, 음식업, 운수업은 서비스산업 성장의 발목을 잡는 주요 업종으로, 이들 모두가 관광산업과 밀접하게 연관되어 있다는 점이다.

그림 3-1. 대한민국 GDP 대비 제조업, 서비스업 비중

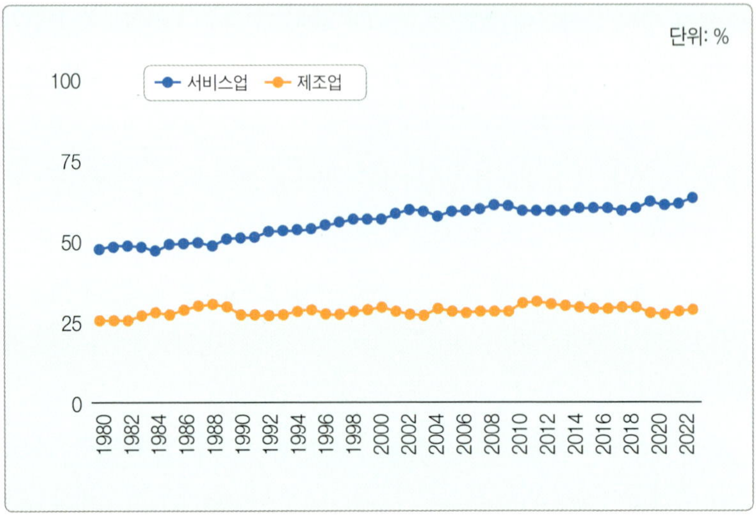

출처: 한국은행

인구 소멸과 지방경제 붕괴의 시작

출산율의 급감과 함께 대한민국은 현재 심각한 인구감소를 경험하고 있다. OECD의 분석에 따르면, 현재의 출산율이 극적으로 개선되지 않는 한 대한민국의 인구는 2040년 이후 4천만 명대로 감소할 것으로 예상된다. 특히 우려스러운 점은 대한민국의 미래를 책임질 15세 이하의 인구와 생산가능인구(15~64세)가 큰 폭으로 감소하고 있다는 것이다. 2023년 15세 이하와 생산가능인구가 전체 인구에서 차지하는 비중은 각각 11%와 70.5%였던 것에 반해 2050년에는 이들이 차지하는 비중이 각각 8%와 50%대까지 감소할 것으로 예상된다. 이러한 인구감소는 주로 저출산에 기인하지만, 저출산 현상에는 육아에 따른 경제적·정서적 부담, 가족 내

성 불평등, 자녀의 미래에 대한 불확실성, 한국 사회의 지나친 경쟁적 관계 형성 등 단기간에 해결할 수 없는 다양한 원인이 존재한다.

그림 3-2. 대한민국 인구감소 추이

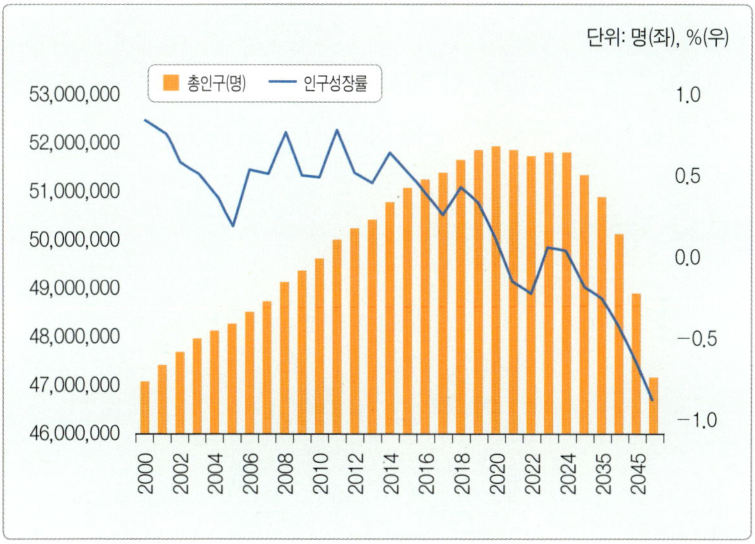

출처: 통계청

한편 또 다른 문제는 인구의 서울과 수도권 쏠림 현상이다. 대한민국의 인구는 수도권, 특히 서울에 집중되어 있는데 이는 전 세계 어느 나라보다 심각한 수준이다. 인구가 집중되면서 생활에 필요한 기초 인프라와 고용을 창출하는 사업체 모두 수도권을 중심으로 발달하게 되고, 이로 인해 한국 지방경제의 소멸 속도가 계속해서 빨라지고 있다. 2021년 기준 우리나라 국토의 12%를 차지하는 수도권이 인구의 절반 이상을 차지하는 것으로 나타났다. 구체적으로 전체 인구의 50.3%, 청년 인구의 55.0%가 수도권에 거주하고 있는 것으로 집계됐다. 특히 서울의 경우 1km²당

15,669명이 거주하고 있었는데, 이는 두 번째로 인구밀도가 높은 부산(4,320명/1km²)보다 3배 이상 높은 수치이다. 일자리 또한 수도권에 몰려있는 상황으로, 취업자의 50.5%, 사업체 수의 47.0%가 수도권에 분포하였고 특히 매출액 기준 천대 기업의 86.9%가 수도권에 집중된 것으로 집계됐다. 지방경제 소멸 문제의 심각성을 인지한 정부는 지방소멸 위기에 대응하기 위해 2021년부터 인구감소지역[1]을 지정하고 고시하기 시작했는데, 현재 총 89개의 시군구가 인구감소지역으로 지정되었다.

그림 3-3. 대한민국 인구감소지역

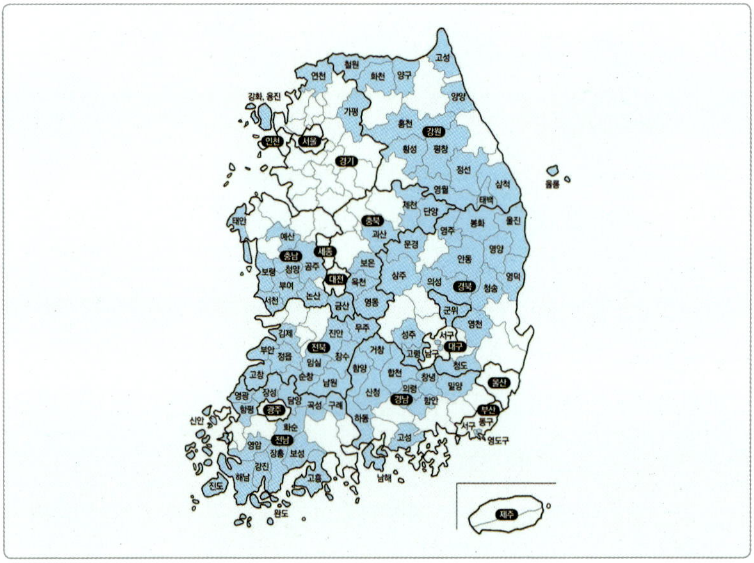

출처: 행정안전부

1) 인구감소지역은 '인구감소지수'를 토대로 선정된다. 이 지수는 정부가 2021년, 일본의 '지방소멸위험지수'의 단점을 보완하여 개발한 지수로, 연평균 인구증감률, 인구밀도, 청년 순이동률, 주간 인구, 고령화 비율, 유소년 비율, 조출생률, 재정자립도를 종합하여 계산된다.

공급과잉 상태에 빠진 서비스 자영업

한국은 주요 선진국 대비 경제 발전 수준에 비해 자영업자 비중이 높다. 2021년 기준 한국의 자영업자 비율은 23.9%로 콜롬비아, 멕시코, 그리스, 코스타리카, 칠레에 이은 6위이며, 주요 7개국(G7)과 비교 시 가장 높은 수치를 보이고 있다.

그림 3-4. 국가별 자영업자 비율(OECD 회원국 기준)

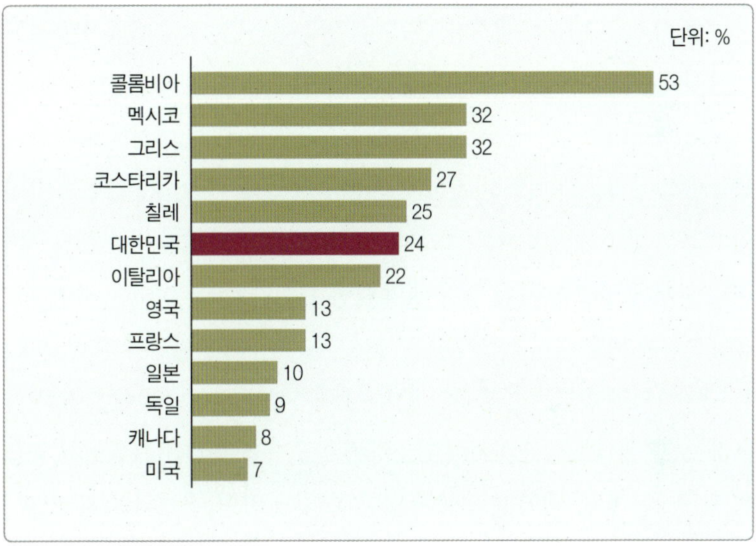

출처: 영국 통계청, OECD

국내 자영업자의 전체 규모는 2023년 말 기준 약 557만 명으로, 전체 취업자 2,800만 명 중 약 20%가 자영업에 종사하고 있다. 우리나라의 5대 자영업종은 도소매업, 숙박 및 음식점업, 운수업, 교육업, 기타서비스업 등으로 기술업, 건설업과 같은 다른 업종에 비해 부가가치생산성이 낮은 업종이 주류를 이룬다. 이러한 현상은 미국, 영국, 일본 등 선진국과는 사뭇 다른 업종별 분포인데, 이 선진국들은 기술업, 건설업 등이 자영업의 주류를 이루고 있다. 자영업 부문은 공급과잉의 문제뿐만 아니라 영세 업종에의 쏠림과 관련된 구조적 문제를 가지고 있는 것이다.

이렇게 자영업의 공급과잉 현상이 지속된 것은 1990년대 노동개혁과 함께 임금근로 시장으로 편입되어야 할 자영업자가 그대로 자영업 시장에 남아 있었기 때문이다. 1980년대 말과 1990년대에 걸친 노동비용의 급상승은 제조 대기업을 중심으로 노동생산단가를 낮추기 위한 생산자동화에 박차를 가하는 계기가 되었다. 결국 이는 그 당시 고용의 축소로 이어졌다. 즉, 1990년대 우리나라는 선진화된 경제 구조로 진화하고 있음에도 불구하고 임금근로 시장의 과소 고용으로 인해 여전히 자영업의 공급과잉 상태를 유지했던 것이다. 물론 2000년대 이후 자연스럽게 자영업 비중이 감소하는 추세를 보였지만, 여전히 현재 자영업 비중은 유사한 경제 규모와 구조를 가진 국가 대비 높은 편이다. 결국 이러한 자영업의 공급과잉은 해당 서비스업의 낮은 생산성을 유발하는 원인이 되고 있다.

또한 자영업자 및 소상공인의 종사 업종 특성상 내수 소비에 완전히 의존하고 있어, 앞으로 소비력이 감소하는 인구 구조 변화에 자영업자 중심 경제 구조는 더욱 취약할 수밖에 없다. 다시 말하면, 우리나라 자영업은 영세한 도소매업, 숙박음식업, 운수업 위주로 구성되며, 수출보다는 내수 경제 규모에 영향을 받을 수밖에 없기 때문에 국내 수요 감소에 따른 수익성 악화는 불을 보듯 뻔하다. 이런 상황에서 관광산업은 자영업자들에게 활력을 제공할 수 있는 매우 중요한 부문이고, 특히 인바운드 관광은 국내 경제에 외화를 유입시키는 효과적인 수출 상품으로 볼 수 있으며, 이는 자영업자들의 수익 증대와 직접적으로 연결될 수 있다.

표 3-1. 산업별 자영업자 및 소상공인 현황(2021년 기준)

산업	자영업자, 무급가족 종사자 수 (명)	전체 종사자 수 (명)	소상공인 수(명)	전체 종사자 대비 소상공인 비중 (%)
전체	5,299,885	24,931,600	8,630,602	35%
도매 및 소매업	1,431,644	3,668,167	2,073,315	57%
숙박 및 음식점업	1,028,394	2,108,073	1,350,498	64%
제조업	471,110	4,217,537	1,268,111	30%
건설업	392,776	1,987,478	845,537	43%
운수 및 창고업	581,890	1,361,418	692,466	51%
협회 및 단체, 수리 및 기타 개인 서비스업	377,191	903,839	577,938	64%
부동산업	170,254	702,920	360,134	51%
교육 서비스업	210,515	1,687,025	311,347	18%
기타	636,111	8,295,143	1,151,256	14%

출처: 통계청

2절 | 차세대 성장동력산업으로서의 관광산업

인바운드 관광을 통한 소비 확대

현 정부는 2027년 인바운드 관광객 3,000만 명 유치를 목표로 하고 있다. 한국방문의 해를 마감하는 2024년의 인바운드 관광객 목표는 2,000만 명이다. 목표 달성은 모든 국민과 정책 담당자의 공통된 바람이지만, 이러한 목표가 단순한 선언적 구호로 끝나지 않으려면 객관적으로 실현 가능한 목표를 수립하고 구체적인 전략을 마련해야 한다. 인바운드 관광객이 증가한다는 것은 이들로 인해 국내 소비가 증가한다는 의미이다. 인구가 소멸하고 지방경제가 붕괴하는 상황에서 더 많은 인바운드 관광객을 유치하고 이들의 소비를 유도하는 것은 내수 소비를 증가시키는 효과를 가져올 것이며, 또한 대한민국 서비스업의 하부구조를 차지하고 있는 자영업 부문에서 수요 창출 효과를 가져올 것이다.

한국을 방문한 인바운드 관광객 한 명은 평균적으로 6.73일을 머문다. 이는 1년의 1.8% 정도에 해당하는 기간이기 때문에, 인바운드 관광객을 한 명 유치하는 것은 시간 개념으로 볼 때 약 0.018명의 인구 증가 효과가 있다고 할 수 있다. 만약 현 정부가 2027년까지 목표로 삼은 인바운드 관광객 3,000만 명을 달성한다면, 약 55만 명의 인구 증가 효과와 동일하다. 또한 인바운드 관광이 성공적으로 진흥되어 5,000만 명의 외국인이 우리나라를 찾게 된다면 약 92만 명의 정주 인구 증가와 같다고 볼 수 있다.

한 가지 더 고려할 점은 인바운드 관광객이 내국인보다 더 많은 소비를 하는 경향이 있다는 것이다. 한국은행에 따르면 2019년 우리나라의 1인당 민간 소비 지출액은 연간 약 1,810만 원이었다. 같은 기간, 우리나라를 찾은 인바운드 관광객은 방문당 약 168만 원을 소비하였다. 세계은행(World Bank)에 따르면, 2019년 기준 한국을 방문한 인바운드 관광객들이 약 254억 달러를 소비한 것으로 나타났다. 이를 원화로 환산하면 약 29조 4,373억 원에 달하는 금액이다. 관광객 1인 기준으로는 평균 약 1,454달러, 즉 대략 168만 원을 소비한 것이다.

이를 토대로 계산해 보면, 인바운드 관광객을 한 명 유치하는 것은 약 0.093명 분의 소비가 대한민국에서 발생하는 효과를 불러일으킨다고 볼 수 있다. 이러한 가정하에 3,000만 명의 인바운드 관광객을 유치한다면 약 279만 명분의 소비가 발생하는 것이고, 5,000만 명을 유치한다면 465만 명분의 소비가 발생한다고 해석할 수 있다. 즉, 소비액을 기준으로 산

그림 3-5. 인바운드 관광객 유치에 따른 소비 증가 효과

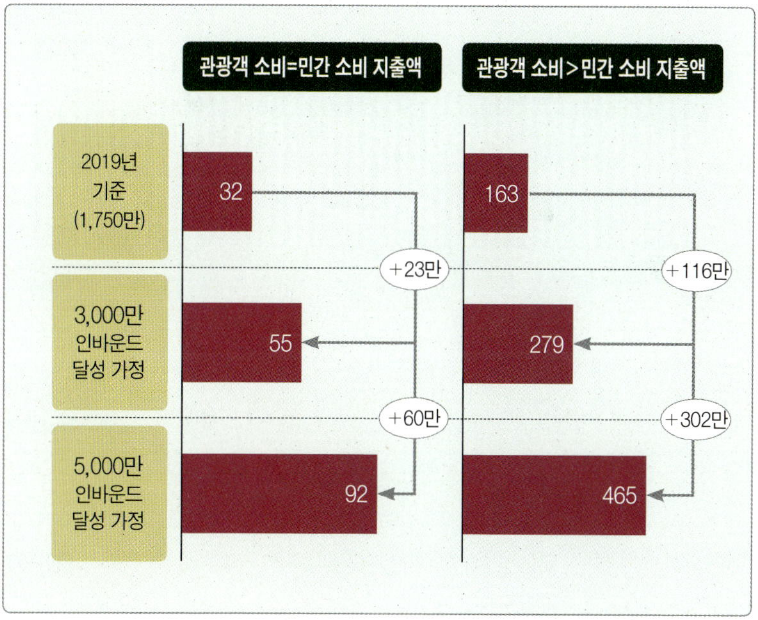

출처: 저자 공동 분석 결과

정하면, 5,000만 명의 인바운드 관광객은 465만 명의 소비인구 증가 효과로 평가될 수 있는 것이다.

GDP 측면에서 한국은 지속적으로 민간 소비의 감소 현상을 겪고 있다. 투자, 재정, 수출의 문제가 악화되는 상황에서 민간 소비의 감소세를 다소 완화하는 것은 한국의 경제성장률에 크게 기여한다고 할 수 있다. 이러한 상황에서 관광은 소비 증대 효과를 낼 수 있는 핵심적인 산업이다.

그림 3-6. GDP 대비 민간 소비 비중 추이

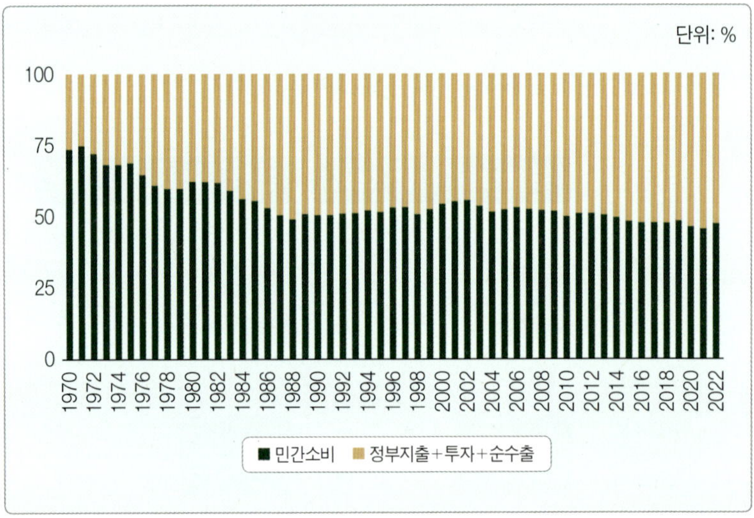

출처: 한국은행

관광산업이 미래 잠재 성장의 열쇠다

한국의 경제 성장이 장기적으로 둔화할 것이라는 사실은 정해진 미래라 해도 과언이 아니다. 이는 수출 중심 경제 성장의 한계가 드러나고 서비스업 중심의 경제 체질 개선이 제대로 이뤄지지 않으면서 나타나는 위기의 현상이다. 따라서 한국 경제가 새로운 성장동력을 찾지 않는다면, 경제성장률이 지속적으로 둔화될 것임은 자명하다.

그림 3-7. 대한민국 경제성장률 추이

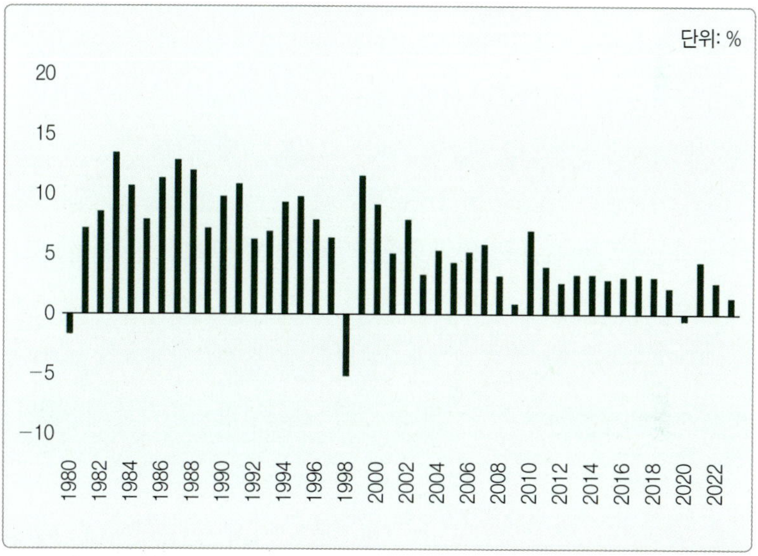

출처: 한국은행

한국 경제의 위기 상황을 극복하고 계속해서 경제 성장을 이룩하기 위해서는 반드시 서비스업 중심의 체질 개선이 필요하고, 그 핵심 성장동력은 아직 다른 국가 대비 성장이 취약했기에 역설적으로 성장의 잠재력을 크게 갖고 있는 관광산업에 있다. 우리나라와 유사하게 자동차, 전자제품 제조업에 의존해 온 일본은 관광산업을 새로운 성장동력산업으로 정하고 국가 차원의 육성 노력을 기울여 왔다. 특히, 아베 정부는 관광산업을 대대적으로 육성하여 연평균 14.7%의 높은 관광수입 성장률을 달성하였다. 만약 한국이 관광산업을 전략적으로 육성하여 일본이 달성한 지난 10년만큼의 성장을 실현한다면, 현재의 낮은 경제성장률 문제를 극적으로 개선할 가능성이 있다.

IMF는 2023년 10월 〈세계경제전망〉에서 한국의 2023년 경제성장률을 1.4%로 발표했다. 이러한 예상은 전 세계의 전반적인 성장률 예상치가 높아진 것과 대비되는 발표로, IMF는 한국 경제 성장의 전망을 어둡게 보며 새로운 경제 체질로의 탈바꿈 없이는 지속 가능한 성장이 담보되지 못하는 최악의 상황으로 치달을 수 있다고 경고하였다.

해외 기관뿐만 아니라, 한국개발연구원(Korea Development Institute, KDI) 역시 한국이 전반적인 경제 저성장 국면에 빠질 것으로 전망하고 있다. 2022년 11월 발표한 〈장기경제성장률 전망과 시사점〉 보고서에서 한국개발연구원은 한국의 장기경제성장률은 2023~2027년 사이에 2%를 소폭 상회하는 수준에서 2050년에는 0.5%까지 하락할 것이라고 전망했다.

표 3-2. 시나리오별 장기경제성장률 전망

시기	비관	기준	낙관
2023-2030년	1.5%	1.9%	2.4%
2031-2040년	0.9%	1.3%	1.8%
2041-2050년	0.2%	0.7%	1.1%

출처: KDI

향후 우리나라의 경제가 KDI가 발표한 장기경제성장률 전망치에 따라 성장한다고 가정하여, 위의 전망치를 코로나19 이전 10개년(2009~2019년) 동안의 한국 제조업, 서비스업, 기타 산업의 성장률에 적용하여 산업별 성장률을 계산한다면 다음 표와 같은 전망치를 얻을 수 있다.

표 3-3. 산업별 경제성장률 예상치

구분	2009-2019	2023-2030E	2031-2040E	2041-2050E
전체	3.3%	1.9%	1.3%	0.7%
제조업	3.1%	1.7%	1.2%	0.6%
서비스업	3.5%	2.0%	1.4%	0.7%
기타산업	3.0%	1.7%	1.2%	0.6%

우리나라가 관광산업을 집중적으로 육성하여 일본과 같은 성공을 이뤄낸다면 경제성장률을 개선할 수 있으리라 예상된다. 인바운드 관광산업을 집중적으로 육성한 일본은 2009년과 2019년 사이, 관광수입이 연평균 14.7% 수준으로 성장하였다. 만약 우리나라가 성공적으로 관광산업을 육성하여 이와 같은 성장률을 달성한다면, 우리나라의 장기경제성장률은 매년 0.2~0.6% 수준에서 개선될 것으로 보인다.

표 3-4. 관광산업 육성 시 장기경제성장률 예상치

구분	2023-2030	2031-2040	2041-2050
KDI 전망치 적용 결과	1.9%	1.3%	0.7%
일본 관광수입 성장률 적용 결과	2.1%	1.7%	1.3%

관광은 가장 효과적인 대한민국 마케팅 수단이다

관광산업의 성장이 가져올 수 있는 긍정적인 효과는 산업의 성장뿐만이 아니다. 외국인에게 관광은 해당 국가를 실제로 방문하여 음식, 숙박, 쇼핑 등을 하며 방문국의 문화를 경험하고, 더욱 깊은 이해를 쌓는 계기가 된다. 즉, 관광산업을 진흥시키는 것은 어떤 홍보와 세일즈 전략보다 대한민국의 문화와 제품을 알릴 기회를 마련하는 것이며, 제조업은 물론 문화산업, 첨단기술산업 등이 관광산업과 서로 영향을 주고받으며 같이 성장하는 시너지 효과가 발생할 수 있다.

관광은 한마디로 한국에 대한 좋은 이미지, 즉 한국의 브랜드자산이 증대되는 효과를 갖는다. 특히 K-콘텐츠는 국경 없이 한국을 즐기고 호감을 쌓을 수 있는 기회를 제공한다. 이를 통해 한국을 경험하고 싶은 계기가 마련되고, 한국 관광으로 이어질 수 있다면 한국에 대한 더욱 긍정적인 이미지를 쌓게 되는 것이다. 문화체육관광부의 2022년 국가이미지 조사 결과, 외국인이 한국 국가이미지를 긍정적으로 평가하는 요인 1순위로 현대/대중문화(65.6%), 2순위로 문화유산(45.4%)을 꼽을 만큼 K-콘텐츠가 국가이미지 인식 및 제고에 크게 기여하고 있음을 알 수 있다. 또한 한국 여행에 관심을 갖게 된 계기로는 한국 전통문화(35.6%) 및 한류 콘텐츠(30.5%)를 접한 것이 가장 높은 응답률을 보이는 등 K-콘텐츠에 대한 호감이 실제 관광으로 이어지는 현상을 확인할 수 있다. 한국에 대한 제품을 통해 얻어지는 국가이미지 상승보다 한국 방문으로 얻게 되는 국가이미지 상승효과가 월등히 크다. 이는 관광객이 얻게 되는 서비스의 효용이 다양한 경험을 통해 학습됨으로써 한국에 대한 지속 가능한 긍정적 이미지가 형성되기 때문이다. 한국에서 긍정적 경험을 한 관광객은 자국 내

그림 3-8. 관광 경험과 제품 및 서비스 구매의 선순환 시너지

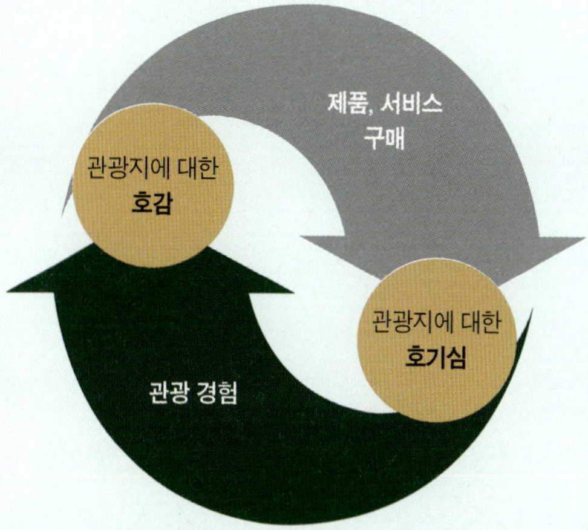

일본 관광 산업 활성화에 따른 부가 경제 효과 사례

외국인의 일본 상품 크로스보더 구매 중 관광 경험이 영향을 미쳐 구매로 이어진 비율

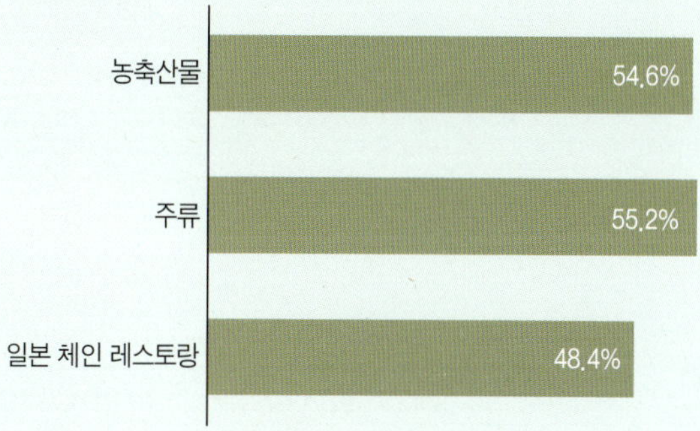

출처: 일본 국토교통성

에서 한국을 홍보하는 홍보대사 역할을 하며, 그들이 제공하는 소셜미디어 콘텐츠는 한국 마케팅의 중요한 수단이 된다.

일본의 경우 방일 관광이 국가 홍보 및 세일즈로 작용하여 인바운드 관광객이 일본 관광 이후에도 일본의 상품을 크로스보더로 구매하게끔 하는 요인이 되고 있다. 일본 국토교통성의 〈관광백서〉 보고서에 따르면 해외에서 외국인들이 크로스보더로 일본 상품을 구매하는 경우, 관광의 영향으로 구매한 비율이 농축산물에서는 54.6%, 주류에서는 55.2%이었다. 또한, 일본 체인 레스토랑 이용 시 관광의 영향을 받은 비율은 48.4%에 달했다. 특히, 크로스보더로 일본 제품을 구매한 한국인의 35.1%는 일본 관광이 그 계기였고, 45.1%는 지인의 일본 관광 선물로 받은 제품을 재구매하거나 관광 콘텐츠를 시청하고 구매하였다. 다시 말해, 한국인의 76.6%가 관광의 영향을 받아 일본 상품을 구매한 것이다.

CHAPTER 4

대한민국 관광산업 분석과 진단

1절 | 대한민국의 위상에 걸맞지 않은 관광산업

대한민국의 관광경쟁력은 인프라 성장에 기대하고 있을 뿐

2022년 3월 유엔 통계국은 대한민국의 국가발전 분류를 개발도상국에서 선진국으로 변경하였다. 대한민국은 UN, IMF, OECD, 다우존스, S&P, FTSE 러셀 등의 주요 국제기구 및 신용평가기관으로부터 선진국으로 평가받고 있으며, 세계은행은 한국을 고소득 국가로 분류하고 있다. 2021년 7월 UNCTAD는 한국의 지위를 개발도상국들이 주로 포함된 그룹 A에서 주요 선진국들이 포함된 그룹 B로 변경하였는데, 이는 유엔무역개발회의가 설립된 이후 처음 있는 일이었다.

그러나, 이러한 경제 성장의 성과와는 대조적으로 대한민국 관광산업의 규모와 글로벌경쟁력은 상대적으로 미흡한 실정이다. 대부분의 선진국들이 그들의 GDP 순위에 상응하는 규모의 관광산업을 자랑하는 반면 한국은 GDP 규모를 고려했을 때 관광산업의 규모가 그에 못 미치는 실정이다. 2019년도 대한민국의 GDP 규모는 1.6조 달러로 세계 12위의 수준이었지만, 관광산업의 GDP 기여도는 2.8%로 평가되고 있다. 스페인, 이탈리아, 중국, 미국, 일본 등 주요 선진국의 관광산업이 GDP에 기여하는 정도가 14.6%, 13.3%, 10.9%, 7.8%, 7.5%였고, 세계 200여 개 국가 관광산업의 평균 기여도가 10.4%인 것을 고려하면, 우리나라 관광산업의 기여도는 현저히 낮은 상황이다.

한국 관광산업이 갖고 있는 한계점 중 하나는 관광산업의 성장이 전반적인 국가경쟁력 수준의 향상에 따라 가능했다는 점이다. 세계경제포럼이 발표한 2021년 관광발전지수[1)] 평가 결과, 한국은 117개 조사 대상 국가 중 15위를 차지했다. 한국이 2007년에는 42위를 기록했던 걸 고려했을 때, 이는 주목할 만한 성과이다. 그러나 관광발전지수를 구성하는 세부 지수별로 한국의 순위를 살펴보면, 관광산업의 육성과 직접적으로 관련된 세부 지수에서의 순위는 종합 지수의 순위에 비해 낮은 상황이다. 예를 들어, 정부와 투자자가 관광산업의 발전을 위해 노력하고 투자하는 정도를 측정하는 여행관광산업 우선순위(Prioritization of travel and tourism) 지수를 기준으로 대한민국은 66위를 기록하였다. 방문객들에 대한 개방성을 측정하는 국제개방성(International openness) 지수에서는 31위를 기록했으며, 숙박 및 렌터카와 같은 주요 관광 서비스의 이용 가능성을 측정하는 관광자서비스인프라(Tourist service infrastructure) 지수에서는 29위를

1) 세계경제포럼은 2007년부터 격년 단위로 발표해 온 관광경쟁력지수(The Travel & Tourism Competitiveness Index)를 2021년부터 관광발전지수(The Travel & Tourism Development Index)로 확대 개편했다.

그림 4-1. 관광발전지수의 구성과 대한민국의 순위

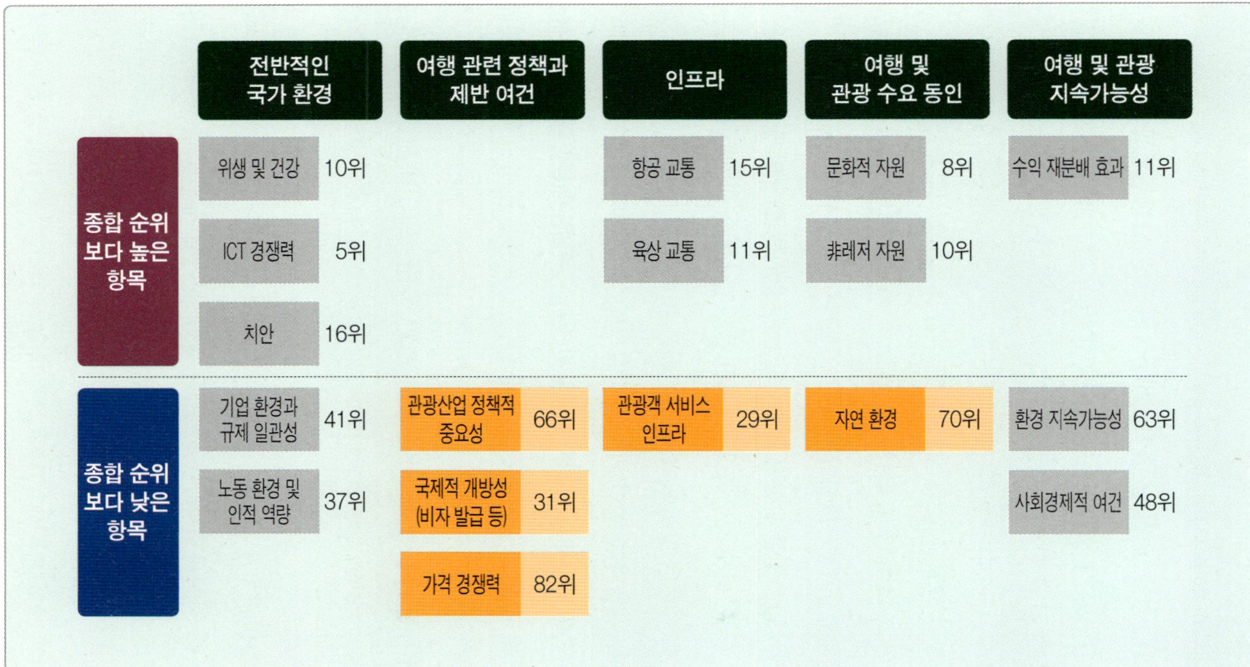

출처: WEF

기록했다. 자연 자원의 보호, 기후변화에 대한 취약성 및 대비 상태를 측정하는 환경지속성(Environmental sustainability) 기준으로는 63위를 기록하였다. 반면 높은 순위를 나타낸 세부 지수들은 관광산업과 연관은 있으나, 전반적인 국가경쟁력 수준의 향상에 따라 가능했던 것들이다. 우리나라는 통신 관련 인프라 보급률과 디지털 전환 수준을 나타내는 ICT준비성(ICT Readiness) 지수를 기준으로 5위를 기록했고, 항공 교통 인프라 수준을 나타내는 항공인프라(Air transport infrastructure) 지수와 육로 및 수상 교통의 인프라 수준을 나타내는 육상 및 항구 인프라(Ground and port infrastructure)를 기준으로 각각 15위와 11위를 기록하였다.

종합해 보면 현재 관광경쟁력의 높은 순위는 한국의 경제 성장, 인프라 개선, 국가 위상 상승에 따라 일정 수준 달성되었다. 그러나 관광과 직접적으로 연관된 항목에 대해서는 낮은 평가를 받고 있어 관광산업경쟁력 강화를 위한 실질적인 노력이 필요하다. 한국이 관광산업에서 지속적인 성장을 이루기 위해 취약한 점을 발견하고 이를 개선한다면 비교적 단시간 내에 관광선진국에 진입할 수 있는 가능성을 높이게 될 것이다.

대한민국의 만성적 관광수지 적자, 인바운드 관광 활성화가 필요하다

대한민국의 인바운드 관광산업은 1961년 관광사업진흥법이 제정된 이후 여러 정책과 주요 이벤트들을 통해 계속해서 성장해 왔다. 1968년에는 인바운드 관광객 10만 명을 유치하는 등 1970년대부터 대한민국의 본격적인 인바운드 관광 활성화가 이루어졌다. 1988년에는 서울 올림픽 개최와 함께 200만 명의 외래 관광객을 유치하는 놀라운 성과를 달성하였고, 1994년 한국 방문의 해 행사를 개최하여 국제적 관심을 더욱 증폭시켰다. 2000년대에 들어서며 인바운드 관광객 수가 1,000만 명을 넘어서는 등 한국은 급속도로 성장하는 글로벌 관광지가 되었다. 특히, 2019년에는 중국 관광객의 급증에 힘입어 인바운드 관광객 1,750만 명이라는 역대 최고의 기록을 세웠다.

그림 4-2. 대한민국 인바운드 관광객 수 추이

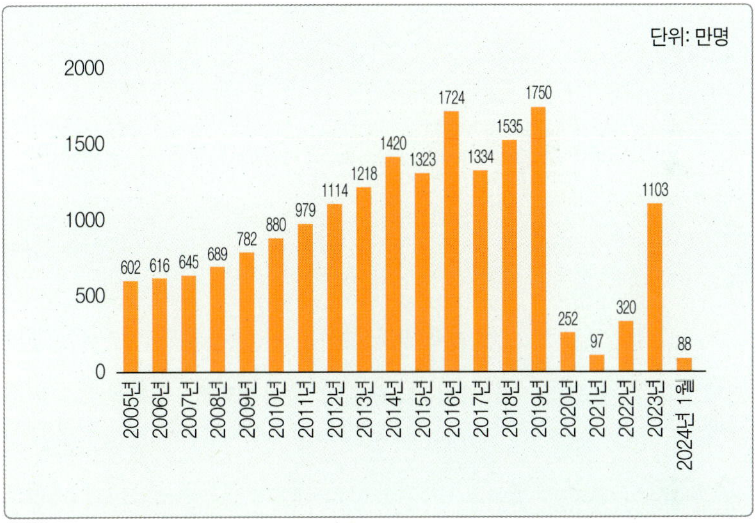

출처: 관광지식정보시스템

그러나 국가 경제의 급속한 성장과 함께 국민들의 해외여행 수요가 커지고, 국내로 들어오는 인바운드 관광산업이 정체를 맞이하며 관광수입과 지출 간 불균형이 발생하고 있다. 이런 상황이 2001년부터 계속되면서 우리나라의 관광수지는 만성적인 적자 상태에 빠져 있다.

그림 4-3. 대한민국의 관광수입과 지출 추이

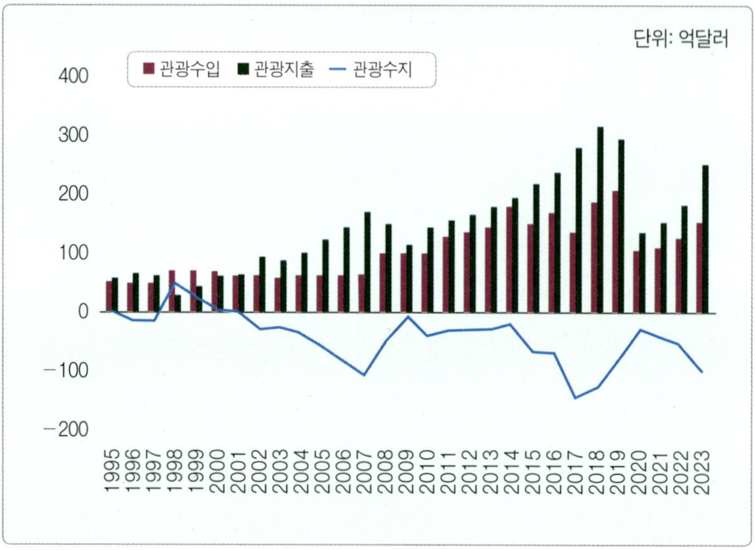

출처: 한국은행

우리나라 관광수지의 만성적 적자 상황을 단지 지정학적 또는 구조적 문제로만 볼 수 없는 이유는 일본, 홍콩과 같이 2000년대 초반까지만 해도 우리나라와 관광수지 상태가 비슷하거나 적자 규모가 더 컸음에도 이를 극복하여 흑자로 전환한 국가가 있기 때문이다. 2014년까지 관광수지 적자를 기록하던 일본은 국가 차원에서 관광산업을 적극적으로 육성한 결과, 2015년부터는 안정적으로 흑자를 기록하기 시작했으며 2019년에는 관광수입이 지출의 두 배가 넘는 460억 달러에 달했다. 홍콩 또한 2009년 이전까지 관광수지가 적자 상태였으나, 2009년에 흑자 전환을 기록한 이후로 코로나19 팬데믹 이전인 2019년까지 지속적인 관광수지 흑자를 기록했다. 인접국인 대만 역시 2011년에 관광수지가 흑자로 전환한 이후 2014년까지 흑자를 기록했으며, 현재는 관광수지가 적자이지만 그

폭이 대한민국에 비해 상대적으로 적은 상황이다. 대한민국 관광수지 적자의 주요 원인으로 해외여행을 선호하는 내국인 급증을 꼽는 경우가 있는데, 이러한 시각은 상황 개선에 도움이 되지 않는다. 해외 관광에 대한 수요가 증가한 것은 대한민국의 1인당 국민소득이 증가함에 따라 여가시간과 가처분소득이 확보되었기 때문이다. 이러한 해외 관광에 대한 국민들의 수요를 제도적으로 제한하기는 어렵기 때문에, 관광수지 적자를 완화하기 위해서는 대안으로서 외국인의 인바운드 관광을 확대하고 국내인에게는 해외여행의 대안이 될 수 있는 국내 관광의 활성화를 도모할 필요가 있다.

그림 4-4. **대한민국, 홍콩, 일본, 대만의 관광수지 추이**

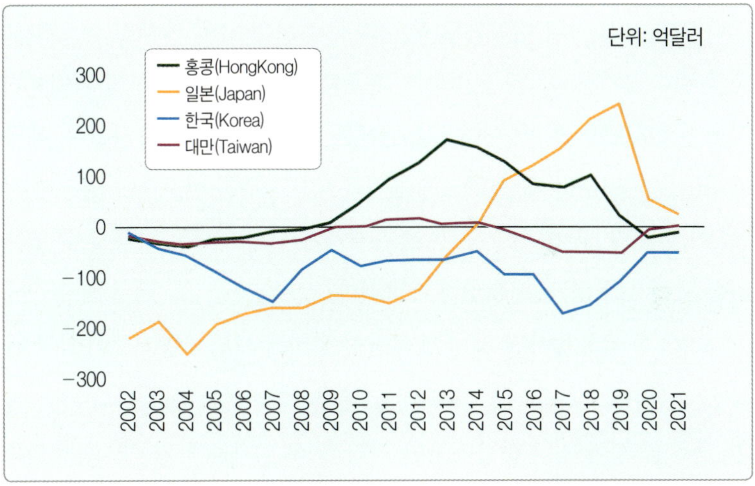

출처: 관광지식정보시스템

누구나 가고 싶은 서울, 하지만 여행하기 힘든 서울

K-컬처의 전 세계적 인기에 힘입어 서울은 전 세계 관광객들에게 주목받는 도시로 떠오르고 있다. 글로벌 시장조사기관인 유로모니터(Euromonitor)가 연례적으로 발표하는 가장 매력적인 100대 도시[2] 순위에서 서울은 14위를 차지했다. 이는 작년 26위에서 무려 12계단 도약한 결과이다. 비유럽 국가 중에서는 두바이(2위), 도쿄(4위), 뉴욕(8위), 싱가포르(11위)에 이어 5위를 차지한 것으로 나타났다. 또한, 글로벌 공유숙박 플랫폼 업체인 에어비앤비(Airbnb)가 조사한 결과에 따르면 서울은 2022년도 세계인이 가장 많이 검색한 여행지 4위에 선정됐는데, 이는 방콕(1위), 시드니(2위), 말라가(3위, 스페인)에 이은 순위로 에어비앤비는 이를 K-컬처에 대한 호기심 증가의 영향으로 분석했다. 글로벌 관광 매체인 글로벌 트래블러(Global Traveler)가 선정하는 최고의 아시아 레저 도시 순위에서는 서울이 2022년도 2위에 이어 2023년에는 1위로 선정되기도 하였다. 해당 매체는 2013년부터 매년 최고의 레저목적지 순위를 발표하고 있으며 서울은 남산타워, 롯데월드 등 주요 관광지에서 레저 활동을 즐길 수 있는 점을 고려하여 1위로 선정했다고 밝혔다.

그러나 한국의 높아진 전 세계적 관심에 비해 해외 관광객들이 한국 관광을 결심하고 실제로 오기까지는 많은 장벽이 존재하는 상황이다. 우선, 육로를 통한 입국이 불가능한 지리적 조건 때문에 외국인 관광객은 항공과 해상 교통만을 이용할 수 있다. 또한 유럽, 아세안처럼 여러 국가

2) Euromonitor는 6개 척도(경제경영 실적, 관광 실적, 관광 인프라, 관광 정책과 매력도, 위생 및 안정성, 지속 가능성)를 중심으로 한 57개 지수를 도시별로 산출하고 이를 종합하여 가장 매력적인 100대 도시를 선정한다.

를 묶어서 여행하는 것을 선호하는 관광객들에게 한국은 매력적인 선택지가 아닐 수 있다. 특히, 우리나라로부터 멀리 위치한 국가의 관광객들은 한국 관광을 결심하기 어려울 것이다. 또한, 외국인들이 서울을 곧 한국으로 인식하는 것과 글로벌 여행 플랫폼인 트립어드바이저(Tripadvisor)

그림 4-5. 대한민국에 대한 세계인의 관심과 관광 활성화의 제약 조건

전 세계인의 주목을 받고 있는 서울

2022년 에어비앤비 검색 도시 4위
(방콕 1위, 시드니 2위, 말라가 3위)

2023년 글로벌 럭셔리 관광전문잡지
글로벌 트래블러 선정 '최고의 아시아 레저 도시'

유로모니터 주관
'2023년 가장 매력적인 100대 도시' 14위

누구나 오고 싶어하지만, 여행가기는 힘든 대한민국

그러나, 관광하기에는 불친절한 나라

불편한 입국 교통편
(육로 교통을 통한 입국 불가)

다양하지 못한 관광지
(서울에 집중된 인바운드 관광 82%,
2위인 부산도 20% 수준)

갈라파고스적인 IT 서비스 환경으로 인한 관광 제약
(구글맵, 우버 등 전 세계적으로 통용되는
IT 서비스들의 제한적 사용)

출처: 에어비앤비, 글로벌 트래블러, 유로모니터

에 기록된 한국 인기 방문지 상위 10곳 중 9곳이 서울에 있다는 점은 한국 관광지가 다양하지 못하다는 것을 나타낸다. 뿐만 아니라 구글맵, 우버 등 글로벌 관광객들이 해외여행 중 필수적으로 사용하는 애플리케이션들을 사용하기 어려운 환경과 한국이 주요 언어(영어, 중국어, 스페인어) 사용권이 아닌 점은 외국인의 여행 결정에 부정적 영향을 끼칠 수 있다.

자유여행을 가로막는 ICT-대한민국, ICT-갈라파고스 환경

한국 관광의 많은 문제점은 ICT 강국으로 불리는 한국의 갈라파고스적인 IT 규제와 서비스 환경에서 비롯되고 있다. 전 세계 관광객들의 여행 필수 애플리케이션인 구글지도는 한국 내에서 정보 업데이트가 늦고, 위치기반 서비스의 정확도가 낮다. 또한, 우리나라에서는 구글지도의 대표적인 기능인 3차원 지도, 실내 지도, 차량 경로 찾기, 도보 경로 찾기를 사용할 수 없다. 이는 대한민국의 공간정보관리법에 의해 국내 지도 데이터의 국외 반출이 금지되어 있기 때문이다. 2016년에 한국 정부와 구글이 해당 규제를 완화하기 위해 지도 협상을 진행했으나, 구글이 우리나라 안보 시설을 흐리게 처리하는 것에 동의하지 않아 협상이 무산되었다. 이러한 IT 관련 규제와 서비스 환경은 한국의 인바운드 관광산업 육성에 큰 장애물로 작용하고 있다. 관광객들이 한국에서 편리하게 여행을 즐길 수 있도록 하는 환경의 개선은 한국 관광산업의 발전을 위해 반드시 필요한 조치이다. ICT 강국으로서 한국이 이러한 문제를 해결하고 관광객들에게 더 좋은 여행 경험을 제공하는 것은 우리나라 관광산업의 성장을 위한 중요한 과제로 남아 있다.

국내 플랫폼인 네이버와 카카오의 서비스를 사용하게 하라는 의견도 있지만, 이를 인바운드 관광객들이 요구하기에는 어려움이 있는 것이 사실이다. 가장 큰 어려움은 제공되는 외국어 서비스의 수가 한정적이라는 점이다. 카카오의 경우, 카카오T는 한국어, 영어, 일본어 서비스를 제공하지만 카카오맵은 한국어, 영어 서비스만을 제공하고 있으며, 네이버지도는 영어, 중국어, 일본어 서비스만을 제공한다. 글로벌 관광객들이 주로 사용하는 구글지도, 우버(Uber)가 각각 39개국, 44개국의 언어를 지원하며, 동남아시아 8개국에서 이용 가능한 그랩(Grab)이 9개국의 언어를 지원한다는 점을 고려해 보면 국내 플랫폼 기업이 제공하는 언어의 종류는 한정적이다.

인바운드 관광객들에게 불편한 국내의 상황과 대조적으로, 대부분의 국가에서는 글로벌 여행 플랫폼이 쉽게 작동한다. 일본의 경우 구글지도가 정상적으로 작동하여, 고객들은 여행 계획 과정에서 사전에 즐겨찾기 해놓은 방문지로 쉽게 이동할 수 있다. 또한, 택시 호출의 경우에도 글로벌 앱인 우버가 정상적으로 작동하여 긴급 상황에서도 빠르게 이동할 수 있다. 이러한 상황은 일본에서 글로벌 플랫폼 기업의 진입이 자유롭다는 것을 보여준다. 우리와 지리적으로 인접한 국가인 대만, 베트남, 필리핀 등도 글로벌 플랫폼 기업이 제공하는 서비스를 편하게 사용할 수 있으며 해외 카드 결제도 용이하다.

이러한 차이점은 한국 인바운드 관광산업의 경쟁력 강화를 위해 필수적으로 고려해야 하는 점이다. 한국이 글로벌 플랫폼의 활용에 더 개방적인 자세를 취한다면, 외국인 관광객들의 편의성 증대와 함께 관광산업의 성장에도 긍정적인 영향을 미칠 것이다.

표 4-1. 애플리케이션별 지원 언어 현황

애플리케이션	지원 언어
네이버지도	한국어, 영어, 중국어, 일본어
카카오맵	한국어, 영어
카카오T	한국어, 영어, 일본어
구글지도	영어를 포함한 39개국 언어
우버	영어를 포함한 45개국 언어
그랩	영어를 포함한 10개국 언어

가이드투어의 가치를 무색케 하는 질 낮은 패키지 상품

대한민국을 관광하는 중국이나 동남아시아 관광객들이 주로 이용하는 패키지 가이드 투어는 많은 경우 저가형 상품으로 구성되어 있어 만족스러운 서비스를 제공하지 못하고 있다. 한국을 찾은 인바운드 관광객 한 명이 지출하는 금액이 점점 감소하고 있다는 점에서, 우리는 한국의 관광산업이 전반적으로 저가화되고 있는 것은 아닌지 고민할 필요가 있다. 이러한 현상은 한국 관광이 질적으로 떨어지고 있음을 시사하며, 이는 장기적인 관점에서 한국 관광산업의 지속 가능한 성장에 부정적인 영향을 미칠 수 있다.

한국관광공사가 7년간 한국을 방문한 중국인 단체 관광객의 불편 신고를 분석한 결과, 80%가 가이드의 쇼핑과 옵션 강요 관련 신고로 나타났다. 구체적으로는 패키지 가격이 낮기 때문에 특정 판매점에서의 쇼핑을 강요하는 경우가 많았다. 이는 여행사들이 중국인을 대상으로 한 중저가

그림 4-6. 인바운드 관광객 1인의 평균 지출 경비 변화

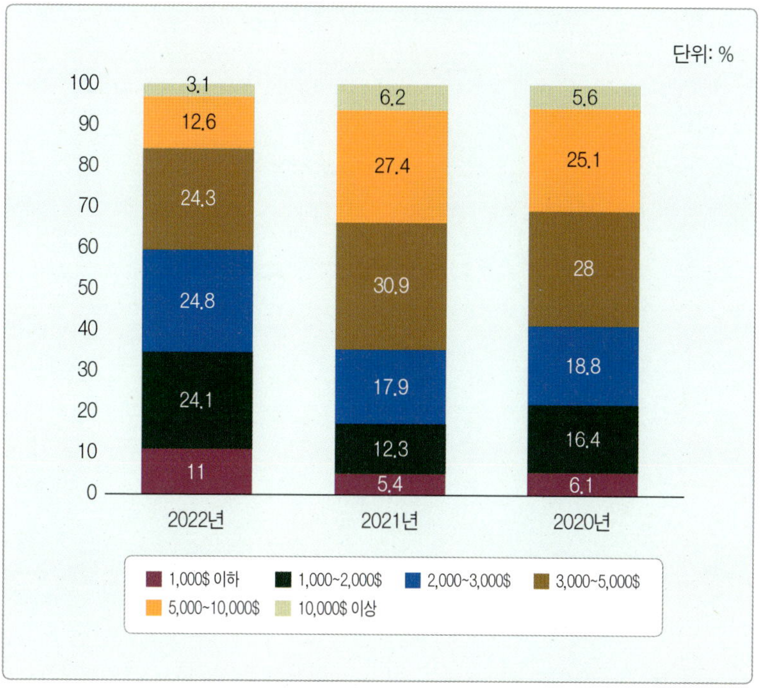

출처: 한국관광공사

여행 상품의 손실을 보전하는 주요 수단으로 쇼핑 옵션을 확대하는 전략을 사용했음을 보여준다. 이러한 현상은 코로나19 이전 한국관광공사가 진행한 〈2019 중국인 관광객의 방한여행 만족도 심층분석〉 보고서에서도 나타났는데, 한국을 방문한 중국인 단체 방문객의 여행 만족도는 점차 낮아지는 추세를 보였다.

그림 4-7. 중국인 단체 관광객 방한여행 만족도

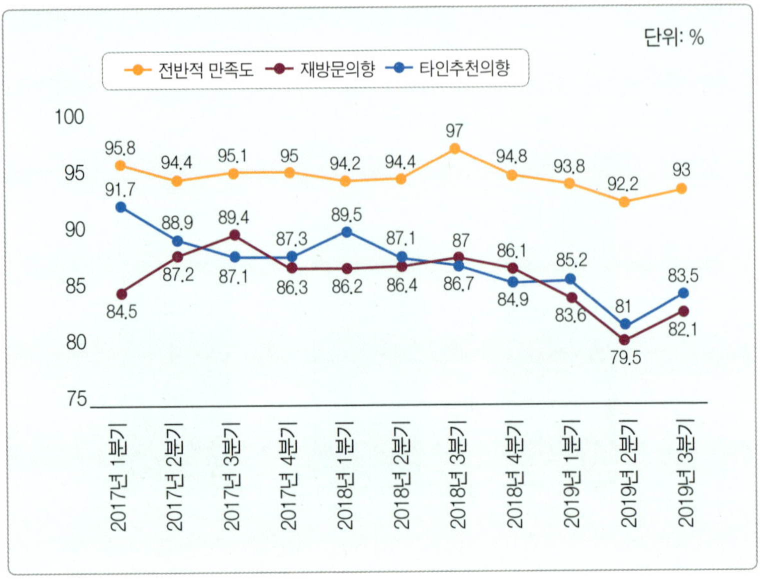

출처: 한국관광공사

상기 보고서에 따르면, 패키지 일정은 대부분 무료 관광지를 중심으로 구성되어 있으며 쇼핑몰이나 면세점 등에서의 체류 시간이 길게 배정되어 있는 것으로 나타났다. 이는 중국인 단체 여행객들이 한국에서 다양한 문화와 자연경관을 충분히 체험하기보다는 쇼핑 위주의 일정에 묶여 있음을 보여준다. 해당 보고서에서 진행된 포커스 그룹 인터뷰를 통해 나타난 주요 불만 사항은 다음과 같다. 첫째, 작은 매장에서 알지도 못하는 브랜드 제품을 비싸게 판매하고 둘째, 정해진 장소에서 정해진 물건만 구매해야 하며 셋째, 긴 쇼핑 시간과 불친절한 가이드의 구매 강요 등이다. 이러한 문제들로 인해 한국과 인접한 선진국인 일본과 비교했을 때 외국인 관광객이 한국을 재방문하는 비율이 낮은 것으로 추정된다. 2022년 기준 일본의 재방문율은 77.2%인 데 반해, 한국의 재방문율은 53.1%

표 4-2. 인천항/청주공항 입국 중국인 단체관광 패키지 사례

■ **인천항 입국 패키지 사례**

날짜	도시	일정	쇼핑
1일차	대련, 인천	–	–
2일차	인천, 서울	월미도 문화의 거리, 인천동화마을, 한국전쟁기념관	–
3일차		청와대, 경복궁, 남산공원/남산한옥마을, 그래피티쇼	–
4일차		옵션: 홍대 4D 트릭아이	김박물관, 한복체험
5일차		광장시장, 세븐럭 카지노	서울화장품샵, 호간보 전문점, 고려인산 전문점, 면세점 3곳
6일차		자장면 박물관	자수정샵, 일용품/식품 시장
7일차	인천 대련	–	–

■ **청주공항 입국 패키지 사례**

날짜	도시	일정	쇼핑
1일차	북경, 청주, 서울	청주 상수허브랜드, 청주 고인쇄박물관	–
2일차	서울	청와대외관, 경복궁, 북촌한옥마을, 남산공원, 난타쇼	한국 고려인삼 전문점, 한국 현지 화장품 판매점
3일차		인사동 문화의 거리, 청계천, 동대문시장	호간보 전문점, 김박물관, 한복체험, 면세점 3곳
4일차		자유일정	자유일정
5일차	서울, 청주, 북경	–	특산품 매장

출처: 한국관광공사

로 나타났다. 이는 한국의 일부 관광 사업자들이 단기적인 수익 창출에만 치중하고 관광객 만족도와 관광산업의 지속 가능성을 간과하고 있음을 시사한다.

'서울' 관광에 편중된 한국 관광

인바운드 관광객들의 한국 방문은 서울에 편중되어 있으며, 이는 지역적 분포의 다양성이 낮다는 점을 시사한다. 이러한 편중은 한국을 방문하는 관광객들의 재방문 수요를 저하시키는 동시에, 우리나라로부터 멀리 위치한 국가의 관광객들이 한국 장기 체류 여행을 계획하기 어렵게 한다. 또한, 다양한 테마를 통해 더 넓은 저변의 관광객을 끌어들이는 데에도 어려움을 초래한다.

인바운드 관광객들이 찾는 우리나라의 관광지가 수도권에 집중되어 있는 점도는 다른 나라에 비해 지나치게 높은 편이다. 이는 선진 관광대국들이 관광객을 국가의 다양한 지역으로 분산시키는 것을 핵심 전략으로 채택하고 있는 최근 추세와 대조적이며, 한국 관광산업이 지역적 다양성과 균형을 맞추는 데 더 많은 노력을 기울여야 함을 의미한다. 서울에 편중된 한국의 인바운드 관광산업과 달리 일본은 지역적으로 고른 분산을 이루고 있는데, 이는 방한/방일 관광객이 방문하는 도시의 비율을 통해 확인할 수 있다.

방일 관광객이 다양한 지역을 찾는 것은 일본이 지난 10년간 전략적으로 노력한 결과이다. 2014년 5월 일본창성회의가 출간한 <마스다 보고서>에서 지방소멸 문제를 제기한 이후 저출산, 인구감소, 지방인구 소멸이 일본의 가장 큰 국가 현안으로 다뤄지고 있다. 이에 대한 해결책으로

그림 4-8. 한국/일본 관광지 집중도 비교(2019년 기준)

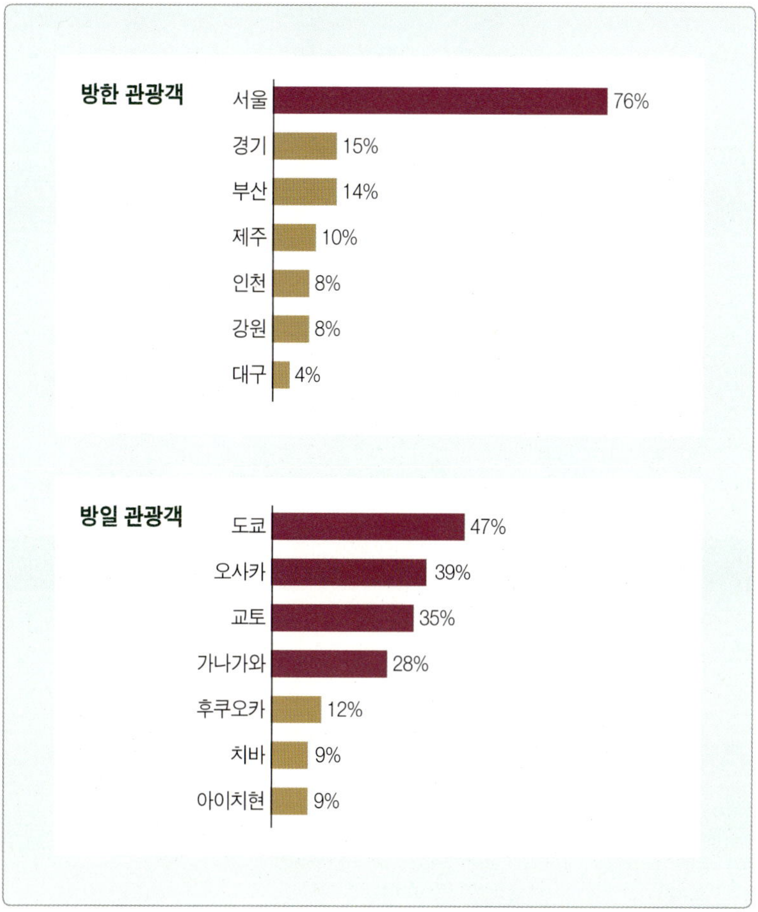

출처: 한국문화관광연구원, 일본관광청

서 인바운드 관광 육성이 주목받았고, 다양한 정책들이 추진되기 시작했다. 일본은 핵심 관광권역별로 차별화된 가치 제안을 설계하여 인바운드 관광객들의 다양한 취향을 아우르기 위해 노력을 기울였으며, 이러한 전략은 관광객들이 다른 관광권역을 찾도록 유도하였다. 또한, 관광객들이

표 4-3. 일본 광역관광 주유 루트 지정 내용

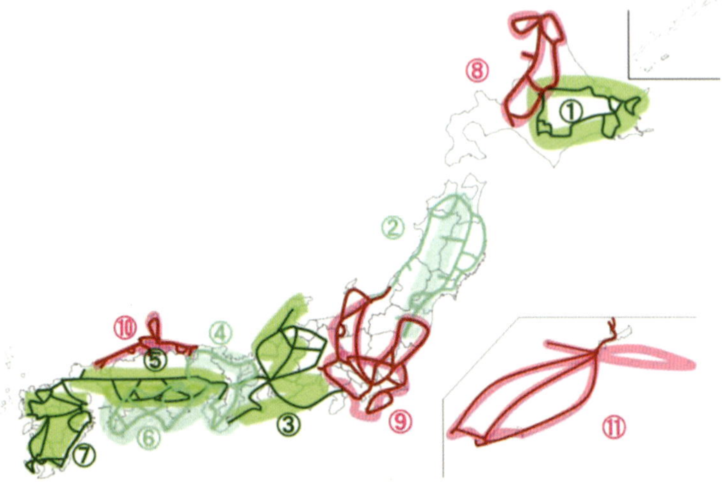

코스	슬로건 및 테마	공표 시기
동북해도	아시아의 보물, 유구한 자연	2016년
도호쿠	사계절이 빛나는 동북지방의 코스	
승룡도	명상, 세계유산, 알파인대자연, 사무라이 문화	
간사이	간사이 세계유산 및 전통의 미	
세토우치	서일본의 역사와 자연	
시코쿠	시코쿠 섬 순례. 대자연 드라이브.	
규슈	화산의 섬 규슈 일주	
홋카이도	일본 최고의 여름과 겨울	2017년
도쿄권	태평양/일본해 대회랑과에도문화코스	
산인	인연의 길과 내셔널파크액티비티	
오키나와	오키나와의 역사와 군도의 야생	

출처: 일본 국토교통성

오랜 시간 동안 일본에 머무르며 여러 거점을 묶은 관광을 계획하도록 했는데 이는 멀리 위치한 국가의 관광객들에게 일본을 방문할 이유를 제공하고 있다. 2015년 6월에는 인바운드 관광객을 지방으로 유도하기 위해 전국에 다양한 광역관광 주유 루트를 개발하기 시작했다 관광 주유 루트는 각 지역의 공모를 받고 국토교통 대신이 심사하여 발표했으며, 2016년 4월에 7개 코스, 2017년에 추가로 4개의 코스가 공표되었다.

2절 | 대한민국 관광대국 전환의 기회

아시아로 몰려드는 전 세계 관광객들

전통적으로 글로벌 관광객들이 선호하던 대륙은 유럽이었으나 관광지 개발, 항공편의 증설, 새로운 문화 콘텐츠의 등장 등 다양한 요소들이 복합적으로 작용하면서 아시아 지역을 찾는 관광객이 계속 증가하고 있다. 아시아태평양 지역은 2005년 이후 다른 지역 대비 인바운드 관광객 수의 증가율이 가장 높았는데, 코로나19 팬데믹 직전인 2019년에는 전 세계 인바운드 관광객의 25%가 아시아태평양 지역을 방문하여 유럽과 비슷한 수준의 관광 목적지로 자리 잡았다. 앞으로도 아시아를 찾는 관광객은 더욱 늘어날 것으로 전망된다. UNWTO의 보고서 〈Tourism towards 2030〉는 이러한 추세를 뒷받침하며, 2030년까지 아시아태평양 지역이 전 세계 관광 목적지 중 약 30%를 차지할 것으로 전망하고 있다. 국제항송운송협회(International Air Transport Association, IATA) 또한 아시아태평양 지역의 항공 여행에 대한 수요가 앞으로 크게 증가할 것으로 예측하고 있다.

아시아 지역으로의 관광객 증가는 여러 요인들에 기인하지만 중요한 몇 가지만 살펴보면 다음과 같다. 첫째로, 아시아 지역의 경제 성장은 소비자들의 구매력을 증가시켰고, 이는 여행 및 관광산업에도 긍정적인 영향을 미쳤다. 또한 항공 노선의 증가, 항공편 운항 횟수의 증가, 항공권 가격경쟁력 강화 등은 아시아 지역을 방문하기 위한 접근성을 크게 향상시켰다. 그와 더불어 여행의 편리성 향상에도 주목할 필요가 있다. 비자 발급 절차의 간소화, 디지털 기술을 활용한 관광 정보의 쉬운 접근, 다양한 언어로 제공되는 관광 가이드와 서비스 등이 여행자들에게 큰 편의를

그림 4-9. 대륙별 여행객 수 비중

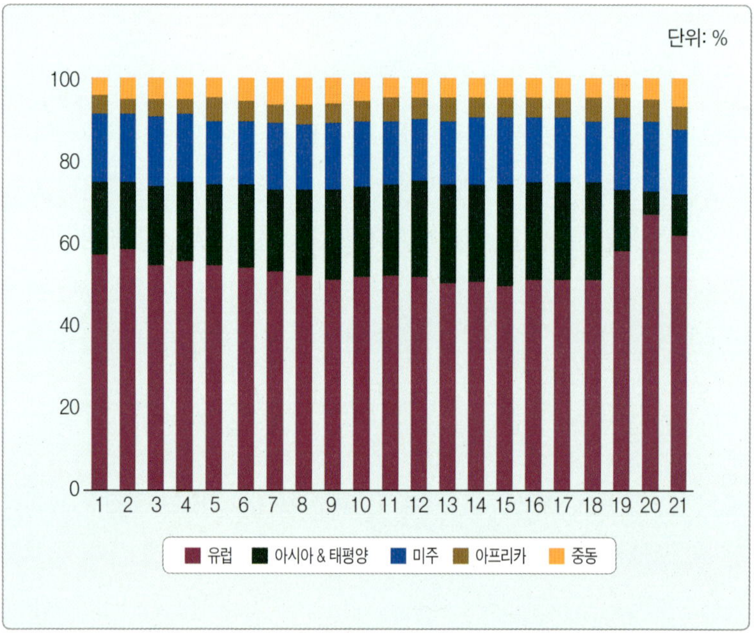

출처: 관광지식정보시스템

제공하고 있다. 이러한 요소들은 특히 아시아를 처음 방문한 사람이나 비영어권 관광객들에게 매력적으로 작용한 것으로 판단된다. 아시아 지역의 독특한 문화 콘텐츠 역시 중요한 요인이다. 아시아 지역의 문화적, 역사적 명소는 독특한 관광 경험을 제공하며, K-pop과 같은 새로운 문화 콘텐츠가 전 세계적인 관심을 끌면서 아시아 지역으로의 관광 유입이 증가하는 데 기여하고 있다.

외국인에게 어필할 수 있는 다양한 관광 자원

외국인 관광객의 눈에 한국은 이국적인 요소를 다양하게 갖춘 우수한 관광 국가로 인식되고 있다. 한국은 음식, 문화유산, 쇼핑과 같은 일반적인 관광 유발요소뿐만 아니라 한국만의 고유한 K-콘텐츠를 가지고 있다.

2022년 기준 한국을 찾는 인바운드 관광객의 67.6%는 미식 탐방을 목적으로 한국 방문을 결정했다고 한다. 이처럼 한식은 전 세계가 매력을 느끼고 있는 음식으로, 다른 나라와 비교했을 때 상대적으로 기름지지 않고 천연 재료를 많이 쓰는 특징상 외국인들에게 건강한 음식이라는 인상을 준다. 직화구이 문화와 다양한 반찬, 채식 위주의 건강식인 한정식의 인기가 특히 높으며, 막걸리와 같은 쌀 원료 발효주 등 이국적인 미식 문화가 존재한다.

한식을 넘어 한국이 만든 K-푸드는 이미 전 세계에서 인기가 높다. 한국 음식은 이미 많은 나라에서 대중화되어 가고 있으며, 전통적인 한식과 더불어 한국이 만든 라면과 같은 가공식품도 세계인들의 취식 비중이 높아지고 있다. 음식은 대표적인 관광 상품이다. 다른 관광 자원과 달리 한 번 먹어보고 학습되면 취식에 대한 퇴행성이 크지 않기 때문이다. 즉, 우리가 베트남 쌀국수나 태국의 똠양꿍처럼 처음에는 취식하기 편안하지 않아도 익숙해지면 자주 먹게 되는 것처럼 한식도 세계인이 많이 즐길수록 그 저변은 확대될 수밖에 없다. 프랑스, 이탈리아, 중국, 일본, 태국과 같은 관광 대국들의 음식이 함께 세계화되었다는 것은 관광에 있어 음식이 중요한 역할을 한다는 것을 시사한다.

한국의 쇼핑 문화도 외국인들에게 매력적으로 다가간다. 백화점, 편의점, 복합쇼핑몰 등 다양한 채널을 제공하는 한국의 쇼핑산업은 관광객들에게 높은 편의성을 제공한다. K-뷰티, K-패션과 같이 가격 대비 품질이 좋은 재화를 쇼핑할 수 있으며, 특히 패션과 관련해서는 유행을 빠르게 반영하는 동대문 쇼핑몰과 중저가 SPA 브랜드의 제품부터 백화점을 필두로 하는 명품까지 다양한 패션문화를 보유하고 있다. 자연 풍경 또한

그림 4-10. 한국 방문 선택 시 고려 요인

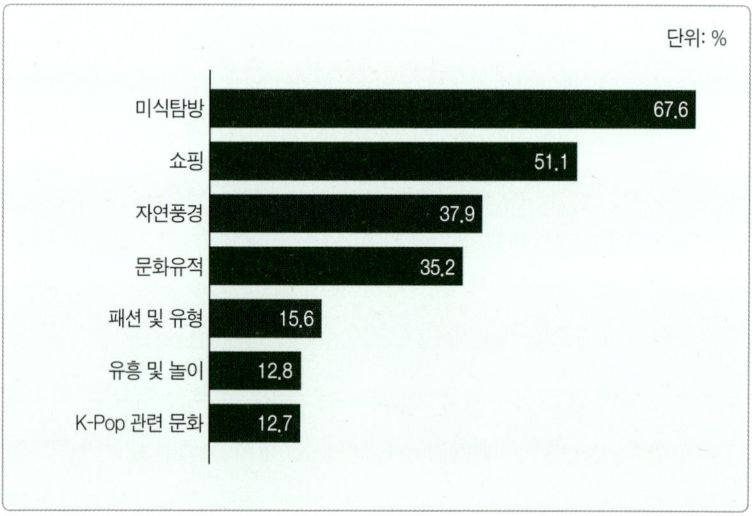

출처: 한국관광공사

매력적인데, 전국적으로 다양한 문화유산과 산과 강, 들을 포함한 자연경관이 있다.

서울의 경우, 첨단 건축물이 지어진 도심에서 산, 강, 고궁, 문화유산, 현대식 건물의 랜드마크가 조화를 이뤄 다른 나라에서 보기 힘든 독특한 모습을 갖추고 있다. 또한 ICT 및 게임강국으로 유명한 한국의 PC방 문화와 E-스포츠 경기 관람 문화에 대한 외국인의 관심도 증가하고 있다. 문화와 관련해서는 BTS를 필두로 한 K-pop 공연과 굿즈에 대한 관심이 높으며 넷플릭스 등 다양한 채널을 통해 해외에 소개된 한국의 문화 콘텐츠를 직접 체험하려는 외국인이 점점 늘고 있다.

K-pop으로 촉발된 K-컬처의 확산

2012년 싸이의 강남 스타일이 유튜브를 통해 전 세계 대중에게 큰 인기를 얻으며 K-pop은 아시아 시장에 국한되지 않고 전 세계로 퍼져 나가기 시작했다. 뒤를 이어 2018년에는 BTS가 빌보드200 1위를 거머쥐면서 전 세계 주류 문화를 휘어잡은 K-pop의 위상을 널리 알렸다. 코로나19로 인해 국가 간 이동이 제한되던 시기에도 K-pop은 디지털 세상에서 그 인기를 더해갔고, 2022년 데뷔한 FIFTY FIFTY는 데뷔 130일 만에 빌보드 핫100 1위에 등극하는 기록을 세우기도 하였다. 현재 K-pop은 싸이, BTS 등 일부 인기 가수들 위주로 영향력을 발휘하는 것이 아니라, 이제는 하나의 장르로서 전 세계적인 인기를 누리고 있다. 2018년 기준 하루 동안 트위터에 업로드된 K-pop 관련 콘텐츠는 약 53억 개였고, 음악 스트리밍 플랫폼 스포티파이(Spotify)에 따르면 2021년 K-pop 음원은 월평균 79억 7,000만 회 이상 스트리밍되었다.

현재 K-pop의 개념은 '한국인의 대중가요'를 넘어서서 특유의 음악, 의상, 무대, 댄스, 글로벌 멤버, 뮤직비디오, 연출, 스타일 등이 결합한 하나의 종합 예술 형태로 그 의미와 범위가 확장되었다. 최근에는 한국인 없는 K-pop 그룹도 소개되고 있는데, 이는 미국이 본고장인 힙합 문화가 전 세계로 확대되어 미국 요소가 없는 타국의 힙합도 힙합이라고 부를 수 있는 것과 같이 K-pop이 전 세계적으로 대중적인 장르가 되었음을 시사한다. 2020년에 데뷔한 K-pop 걸그룹 블랙스완은 멤버 전원이 외국인(벨기에인, 미국인, 독일계 브라질인, 인도인)으로 구성되어 있다. 2022년 한국에서 데뷔한 걸그룹 XG는 멤버 7명 전원이 일본인이며, 한국을 기반으로 음악 방송 활동을 이어 나가고 있다.

이처럼 한국 문화가 세계적으로 알려진 기폭제는 K-pop이었으나, 다양한 문화 영역으로 이러한 현상이 확산하면서 대한민국 국가 브랜드의 위상이 급격하게 높아지는 효과를 경험하고 있다. 미국 와튼스쿨의 글로벌 문화적 영향력 랭킹에 의하면 한국의 문화적 영향력은 2017년 기준 세계 31위에서 2022년 세계 7위까지 상승했다. 글로벌 한류의 열풍으로 24단계 급등한 것이다. 2018년을 시작으로 비영어권 가수로서는 최초로 5년 연속 글로벌 아티스트 차트 TOP 10에 진입한 BTS를 포함한 K-pop, 2021년 방영되어 94개국에서 시청률 1위를 기록한 드라마 《오징어게임》 등이 최근의 한류 열풍을 대변하고 있다.

이와 같이 K-pop을 비롯한 K-콘텐츠가 확산되면서 음악, 방송 등의 문화 콘텐츠 수출이 확대된 것은 물론, 국가 브랜드 또한 올라가면서 화장품(K-뷰티), 가공식품(K-푸드) 등 한류와 밀접한 소비재의 수출 역시 큰 폭으로 성장하고 있다. 2017년과 2021년 사이 한류와 관련된 소비재의 연평균 수출 증가율은 13.7%로, 같은 기간 국내 전체 수출액의 연평균 증가율인 5.4%보다 약 2.5배 높았다. 이는 한류 열풍이 국가의 경제 발전에 미치는 영향을 보여주는 수치이다. 또한 한류 품목 중 문화 콘텐츠의 수출 증가율이 15.7%(음악 11.9%, 방송 11.8% 등), 화장품의 수출 증가율이 16.6%, 가공식품의 수출 증가율이 7.8% 등임을 고려하면 한류를 통한 관광산업 육성이 현재 적기를 맞이하고 있다고 판단된다.

그림 4-11. 한국의 문화적 영향력

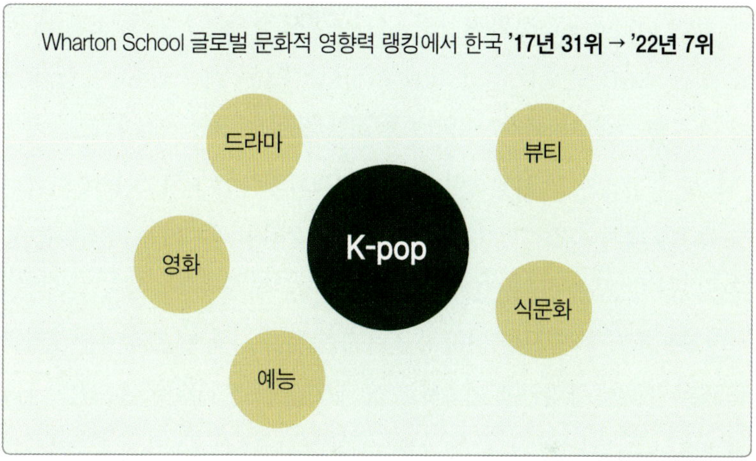

출처: 와튼스쿨

전쟁과 분단의 국가에서 ICT-강국으로 이미지 탈바꿈

과거 한국은 분단국가, 휴전 중인 국가라는 이미지가 존재했으나, 성공적인 코로나19 방역과 기술 및 의료, 각종 사회 인프라의 우수성이 다양한 사례를 통해 입증되면서 신뢰할 수 있는 국가로 도약했다. 글로벌 자산 자문 기업인 헨리앤드파트너스(Henley & Partners)가 발표한 여권 지수에 따르면 2023년 기준 한국의 여권은 전체 227개국 중 192개국에 무비자 방문이 가능한 세계에서 두 번째로 영향력 있는 여권이다. 이는 전 세계 각국에서 한국이 지니는 외교적 영향력을 보여준다. 또한 세계적으로 경제, 사회, 문화 방면에서 큰 어려움을 겪었던 코로나19 팬데믹 동안 한국은 경제 방어와 방역 측면에서 우수한 모습을 보이며 긍정적인 국가이미지를 쌓을 수 있었다. 이는 인바운드 관광을 활성화하는 데 있어서 중요한 자원이며 역량이다. 경제 방어 역량을 살펴보면, 코로나19의 타격이 컸던 2020년에 OECD 국가의 GDP가 평균적으로 7.6% 감소한 데 반해, 한국의 GDP는 0.8% 감소하였다. 방역의 경우, 이탈리아를 포함한 여러 나라가 코로나19 확산 초기에 큰 피해를 입은 것에 비해 한국은 전국적으로 방역 조치를 시행하여 피해를 최소화했다. 이에 UNDP는 한국의 코로나19 대처 사례를 공유하고자 별도의 온라인 세미나를 개최하는 등 우리나라의 방역 역량을 높게 평가하였다.

이러한 국가적 역량과 더불어 전반적인 국가 사회 인프라 측면에서도 한국은 글로벌 상위권을 기록하며 살기 좋은 나라, 신뢰할 수 있는 나라의 이미지를 만들고 있다. 국제경영개발원(International Institute for Management Development, IMD)이 2023년 발표한 〈IMD World Competitiveness Booklet 2023〉에 따르면 한국의 인프라경쟁력은 세계 16위로, 이는 세계 7대 선진국이라고도 불리는 G7 국가 중 프랑스(17위), 영국(22위), 일본(23위), 이탈리아(30위)를 웃도는 수치였다. 또한 외국인들이 체감할 수 있는 상징적인 국가 사회 인프라이자 마중물인 공항 인프라의 경우, 2023년도 세계 공항 중 인천공항이 4위를 차지하여 한국의 사회 인프라 수준을 세계에 알렸다.

관광대국으로 나아가기 위해 필수적인 사항 중 하나가 그 나라가 갖고 있는 디지털 기술 역량이다. 다행히 우리는 첨단 ICT 강국임을 자부할 정도의 기술력을 보유하고 있다. 통신 분야에서는 5G 기술을 세계 최초로 상용화했으며, 세계적인 반도체와 전자 기업인 삼성전자, SK하이닉스, 그리고 LG전자가 우리나라 기업이다. 영토 면적 면에서 나라의 크기는 작지만 기술력으로는 세계 강국이다. 또한 플랫폼 경제의 시대에 로컬 플랫폼 기업들 역시 글로벌 플랫폼 기업과 직접 경쟁할 수 있는 비즈니스 역량을 보여주고 있는 몇 안 되는 나라이기도 하다. 이 역시 ICT 강국이기에 가능한 것이다. 즉, 기술적 측면에서 볼 때 우리나라는 관광 대국을 위한 기초 인프라를 충분히 갖추고 있다고 할 수 있다.

코로나19 엔데믹이 본격화된 현재 시점은 인바운드 관광 활성화에 골든타임이다. 억눌렸던 글로벌 여행 수요를 매력적인 관광지와 경쟁력 있는 상품을 통해 끌어올림으로써 한국 관광을 활성화해야 한다. 모든 일에는 때가 있다. 국가 경제를 생각한다면 관광산업은 지금 국가 차원에서 적극 육성해야 하는 핵심 전략사업이다.

전략산업으로 육성하는 노력이 필요

대한민국 정부는 매 시기 관광 육성을 위한 노력을 기울여 왔지만, 이를 하나의 전략산업으로 바라보고 집중적으로 관리하는 데는 다소 미흡했다. 1954년 이승만 정부 시절, 육운국 산하에 최초로 관광과를 설치하며 관광 관련 조직을 설립한 것이 시작이었다. 그러나 경제가 고도로 발전하던 시기에는 다른 산업 대비 정책 및 예산 집행에서 관광은 차선순위로 다루어졌다. 1970년대 들어 제1차 국토종합개발계획에서 최초로 10대 관광권이 설정되었으나, 제조업 중심의 고성장 계획에 밀려 또다시 우선순위가 밀렸다.

1998년 김대중 정부는 21세기 국가전략산업화를 위한 관광 담당 행정 기구의 확대 개편을 추진했다. 이때 문화체육부의 명칭을 문화관광부로 변경하고 최초로 관광 관련 조직을 부로 승격시켜 국토교통부에서 문화관광부로 이관시켰다. 이러한 변화는 관광산업에 대한 인식의 전환을 의미했다.

1990년대 이전까지는 관광이 타 산업 대비 우선순위에서 밀렸으며, 국토교통 산하에서 경제적 관점의 국가 개발 수단으로 여겨졌다. 반면 1990년대 이후로는 삶의 질에 대한 논의가 활성화됨에 따라 관광산업이 문화산업의 하위 항목으로 다뤄졌다. 이는 관광산업이 일관적인 방향성을 갖고 개발되지 못했음을 의미한다.

향후 관광을 국가 개발의 중심산업으로 재조명하기 위해서는 관광 리더십을 재편하고, 다양한 정부 부처와의 협력을 통해 성장을 달성해야 한다. 이는 관광산업을 전략적으로 발전시키고 국가 경제에 기여할 수 있는 중요한 방향이 될 것이다. 관광산업을 전략적으로 육성하기 위해서는 제조업의 성공 방정식과는 다른 접근이 필요하다. 무엇보다 중요한 것은 롱테일(Long-tail)산업의 특성을 이해하고, 관련된 모든 역량을 끌어올리며 조율하는 정부의 역할이다.

수출 중심의 제조업 육성은 소수의 기업에 자원을 집중하고 시장 내 경쟁을 유도하여 세계 시장에서 인정받을 수 있는 대기업을 탄생시키는 데 유효한 전략이었다. 그러나 인바운드 관광의 경쟁력은 한국을 찾은 외국인 관광객 대상으로 국내 사업자들이 무한경쟁하는 것만으로는 높아지지 않는다. 관광객이 겪는 한국 여행 경험의 총합을 전반적으로 끌어올리기 위해서는 관광산업 전체 가치사슬의 수준을 높여야 한다.

또한 완제품을 수출하는 제조업과 달리, 관광은 관광 수요가 있는 글로벌 시민들에게 한국에서 할 수 있는 환상적인 경험을 제공하고 관광 사업자들이 이를 이행해야 한다. 실제 현장에서 관광객들에게 좋은 경험이 전달되고 있는지, 관광객들이 무엇을 선호하며 개선해야 할 점은 무엇인지 끝없이 관찰하고, 시장 혁신을 유도하는 것이 정부의 역할이다. 이는 관광산업의 지속적인 성장과 경쟁력 강화를 위한 필수적인 조건이다.

PART 2

대한민국 관광대국의 길 : UNLOCK Korea

기회는 이미 와 있다, 문이 활짝 열리지 않았을 뿐

팬데믹의 공포가 종식되고 전 세계로 향하는 하늘과 바닷길이 다시 열렸다. 국가 간의 관광과 교류가 단절된 시간 동안 역설적으로 대한민국에 대한 전 세계적인 관심은 그 어느 때보다 고조되었다. 한국 문화의 확산은 세계인들로 하여금 대한민국이라는 나라에 대한 궁금증을 불러일으켰다. 이러한 관심을 한국에 대한 실제 방문으로 연결시켜 한국으로 들어오는 문을 열 수 있게 만든다면, 폭발적인 관광산업의 성장 잠재력을 실현할 수 있게 되는 셈이다.

한국에 응축된 관광 콘텐츠와 역량이 폭발할 잠재력은 결코 무시할 수 없다. 할리우드가 만든 전 세계적인 블록버스터 영화들이 한국을 첫 개봉 국가로 선택하는 것, 여러 글로벌 브랜드들이 한국을 신제품 테스트베드로 점 찍는 것은 그만큼 까다롭고 수준 높은 소비자들이 있기 때문이다. 높은 소비자들의 눈높이와 치열한 경쟁이 낳은 우리의 소프트파워(soft power)를 외국인들이 경험할 수 있게 그 다리를 열어준다면, 국가의 미래 성장을 책임질 관광산업의 본격적인 성장을 목격할 수 있을 것이다.

책의 1부는 관광산업의 중요성과 필요성을 다각도로 조망하고 설명하였다. 또한, 치열한 국가 간 관광객 유치 전쟁 속에서 대한민국이 가진 위상과 활용할 수 있는 강점, 극복해야 하는 약점들을 다루었다. 제조업 기반의 성장이 완전한 성숙기로 접어든 선진국들이 새로운 성장의 대안으로 관광산업을 활용했던 사실은 많은 국가들의 사례를 통해 엿볼 수 있다. 한 국가가 관광산업을 새로운 국가 성장의 동력으로 삼는 것은 서비스업 중심의 경제 체질 개선은 물론, 외국인 관광객 유치를 통해 새로운 소비 시장을 창출하는 효과를 가져다준다. 특히, 관광산업은 인공지능이 인간의 육체노동은 물론 지식노동까지 대체하는 미래 사회에서 수적으로 두터워지는 전 세계 중산층의 여가 소비 트렌드에 편승할 수 있는 중요한 성장 수단이다.

한국 사회에서 관광산업 육성은 어떤 의미를 갖는가? 첨단기술 산업 성장의 한계가 조금씩 드러나는 지금, 관광산업이 우리의 미래 경제성장을 책임질 중요한 전략 산업임은 분명하다. 동시에, 관광산업 성장은 소수의 대기업에 집중될 수 없고, 대한민국 경제를 떠받치는 수많은 자영업자 및 소상공인 들에게도 일정 부분 경제적 과실이 돌아갈 것이기에 국가경영을 책임지고 있는 정부의 육성 노력이 필요하다. 서울 수도권 외 더 많은 지역의 관광자원을 발굴하는 노력이 병행된다면, 붕괴와 소멸을 앞둔 지역경제를 재생하는 데에도 관광산업만큼 좋은 대안이 없다.

그러나 대한민국 관광산업의 현실은 선진 관광대국 수준의 산업 규모를 채 이루지 못한 상태에서 이머징 국가들에 추격당하고 있다. K-컬처가 전 세계로 뻗어 나가고, 국가 위상과 경쟁력이 유례없이 높아진 오늘날의 기회를 놓친다면, 우리의 인바운드 관광산업은 이대로 정체되거나 약화될지도 모른다. 관광을 단순한 문화나 콘텐츠의 영역에만 가두지 않고, 국가가 직접 육성해야 하는 미래를 위한 전략 산업이라는 인식과 비전이 어느 때보다 절실히 필요하다.

한국에 관심을 갖게 된 전 세계인들을 어떻게 인바운드 관광객으로 연결 지을 것인가, 어떤 상품을 개발하고 어떻게 이들에게 한국 관광을 알릴 것인가, 한국 관광을 망설이게 하거나 막상 경험하더라도 그 경험의 품질을 떨어뜨리는 요소들을 어떻게 제거하고 개선할 것인가에 대한 질문들은 인바운드 활성화에 대단히 중요하다. 외국인 관광객의 입장에서 한국 관광을 인식하고, 탐색하고, 자유롭게 즐길 수 있게 하기 위해 어떤

'도구'를 그들에게 쥐어 줄 것인가에 대한 고민이 필요하다. 국가 발전을 위한 전략 산업으로서의 관광 육성 골든타임은 이미 시작되었다. 팬데믹 이후 세계는 분주하다. 이동의 경계는 없어지고, 잔뜩 웅크린 잠재적 관광객들이 자신들의 여행 목적지를 수도 없이 탐색한다. 이들을 어떻게 한국으로 오게 할 것인가? 우리는 이들을 맞이할 준비가 되어 있는가? 이들을 한국으로 오게 하기 위해서는 관광에 대한 국가 차원에서의 명확한 비전과 전략의 설계부터 시작해야 한다. 이에 저자들은 대한민국 관광대국으로 가는 길에 필요한 핵심적인 비전과 전략을 제안하고자 한다.

"한국의 문을 활짝 열자: 멈추지 않는 성공의 비밀", UNLOCK Korea: The Secret to Unstoppable Success

관광산업의 미래를 제시할 비전을 수립하기 위해서는 관광객의 관점과 관광의 산업적 잠재력 관점의 두 가지 시각을 고루 살펴볼 필요가 있다. 전 세계인들의 시각에서 대한민국은 어떤 나라이고, 어떤 관광지로서의 잠재력을 가졌는지 우리는 수요자의 입장에서 돌아볼 필요가 있다. 또한, 비전은 우리가 달성하고자 하는 미래의 모습이기에 관광을 전략 산업으로 육성했을 때 이것이 우리 사회에 어떤 영향을 미치는지를 비전 속에 압축적으로 담아내야 한다.

전 세계 잠재 관광객들에게 대한민국은 전쟁 폐허를 경험한 최빈국에서 단기간에 선진국 반열에 오른, 세계적으로도 독보적인 동시에 글로벌 기업과 K-pop으로 대표되는 새로운 문화 현상을 불러온 소프트파워가 강력한 곳이다. 문화체육관광부가 실시한 외국인 대상 국가 이미지 조사 결과 보고서에서도 이러한 결과를 찾아볼 수 있다. 설문에 참여한 1

만 2천 명의 외국인들은 한국에 대한 자유 연상 이미지로 '현대/대중문화(30%)', '성장/발전(25%)'을 떠올렸다. 한국에 어울리는 긍정적인 이미지로는 '현대적인', '선진국의', '성장하는' 등을 떠올렸다. 이는 한국이 관광으로 세계인을 끌어들이기에 충분한 토양을 마련하고 있음을 보여준다.

산업적인 잠재력 관점에서 볼 때도, 관광은 현재 우리나라가 당면한 많은 문제를 해소해줄 수 있는 전략 산업으로서의 의미를 갖는다. 경제 체질 개선, 지속 가능한 성장, 자영업자와 소상공인 들을 위한 수요의 창출, 지역경제 붕괴에 대응할 수 있는 새로운 소비인구의 탄생 등이 그것이다. 관광을 통해 우리가 보고자 하는 미래는 수출과 제조업 중심으로 성장해 온 우리의 경제가 이대로 멈추지 않고, 다시 한번 도약할 수 있는 체질 개선의 기회를 맞는 것이다. 멈추지 않는 성장의 비밀, 그 미래를 열 수 있는 핵심적인 열쇠는 관광산업에 있다.

저자들은 대한민국의 미래 관광산업의 청사진이자 비전으로서 'UNLOCK Korea: The Secret to Unstoppable Success(한국의 문을 활짝 열자: 멈추지 않는 성공의 비밀)'를 제안한다. 단군 이래 최고로 높아진 한국에 대한 관심을 놓치지 않고, 전 세계인들이 한국을 더 많이 방문할 수 있도록 문을 활짝 열어야 한다. 그러기 위해서는 관광객의 관점에서 상품을 만들고 홍보하는 한편, 관광객들의 망설임과 어려움을 해결할 수 있는 여러 도구를 제시하는 데에 자원을 집중해야 한다. 이를 통해 우리 사회는 성장의 정체가 아닌 재도약의 발판을 마련하고, 새로운 한국의 미래를 열어갈 수 있다.

비전의 달성은 어느 한 부분에 치우친 실행과 자원 배분으로는 이루어질 수 없다. 인바운드 관광객들이 한국으로 여행을 오는 의사결정을 하고, 관광을 편리하게 즐기며, 자신들의 좋은 경험을 널리 퍼뜨리는 관광객 경험 여정(tourist experience journey)을 종합적으로 설계해야 한다. 동시에 이러한 경험 여정을 수립하고 실행하기 위해 필요한 제반 여건이 갖춰져야 하며, 무엇보다 일관된 방향으로 연속성 있게 비전과 전략을 실행해 나갈 수 있는 조직과 운영 체계가 뒷받침되어야 한다.

경영학에서 말하는 고객 경험 여정(customer experience journey)과 마찬가지로 관광객 경험 여정도 잠재 관광객이 관광지의 정보를 탐색하고, 대안을 비교하는 단계에서 출발한다. 이 단계에 있는 잠재 관광객들에게 한국을 새롭고 매력적인 관광지 대안으로 인식시키는 포지셔닝과 마케팅 전략을 날카롭게 다듬어야 한다. 잠재 관광객들에게 한국을 알리는 '인바운드 관광 활성화'의 첫 단계가 이뤄지면, 다음으로 관광객들이 실제로 구매할 수 있는 '상품·서비스'를 제공해야 한다. 우리가 가진 상품 및 서비스들의 문제를 성찰하고, 관광객의 입장에서 재창조하거나 개선하는 작업이 이 단계를 위해 필요하다.

상품·서비스를 구매한 관광객이 실제로 한국에 방문했다면, 우리는 이 기회로부터 만족을 통한 재방문과 바이럴의 확산을 창출해야 한다. 관광객들이 여행하는 동안 친절하고 편리하며 안전한 환경을 제공하여 관광객의 만족도를 높여야 한다. 관광객이 그 국가의 매력을 충분히 즐길 수 있도록 하는 데에는 관광을 지원하는 '인프라'가 필수적이다. 여기서 말하는 인프라는 대중교통과 시설 환경 등의 하드웨어적 요소뿐만 아니라 관광객이 이용할 수 있는 디지털 요소를 포함한 소프트웨어를 의미하며, 이는 오늘날과 같은 디지털 시대에 특히 중요하다.

이처럼 관광객 경험 여정의 종합적인 혁신을 위해서는 관광산업의 근본적 역량 강화를 위한 '디지털 혁신'이 필수적이다. 관광산업에서의 디지털 혁신은 수많은 서비스 제공자로 구성된 롱테일산업의 효율화와 경쟁력 향상을 위해 반드시 필요하다. 특히 플랫폼 경제의 확산에 따른 경험 여정과 관련된 빅테크 플랫폼 기업은 디지털 혁신을 위한 최전선에서의 역할을 수행해야 한다. 이들과 더불어 많은 관광 솔루션 기업들 역시 관광의 편리성과 소비를 촉진하는 역할을 수행한다. 즉, 디지털 혁신은 관광 생태계에 속한 많은 기업들의 공동 노력이 모여 달성되는 것이다.

이러한 혁신의 과정을 촉진할 수 있는 '정부와 지자체의 거버넌스'도 중요하다. 관광산업의 육성은 특정 기업에 대한 몰아주기식 지원책으로는 달성할 수 없다. 항공, 교통, 숙박산업부터 외식업과 쇼핑, 투어 및 액티비티산업에 이르기까지 다양한 산업 간의 유기적 연계가 필수적이다. 정부와 지자체는 관광산업 성장에 지휘봉을 잡고 산업을 이루는 모든 이해관계자들의 콘텐츠가 최종 소비자인 관광객에게 효과적으로 전달될 수 있도록 전체 산업의 지형을 설계하고 조율해야 한다.

또한, 관광이 대한민국의 전략 산업으로 자리 잡기 위해서는 '관광산업 범위의 재정립과 KPI 수립'이 중요하다. 관광은 여러 산업들이 연계된 복합산업이다. 하지만 우리나라의 관광진흥법은 관광의존도가 높은 7개의 업종(여행업, 관광숙박업, 관광객 이용시설업, 국제회의업, 카지노업, 유원시설업, 관광편의시설업)만을 세부 시장으로 정의하고 있어, 관광의 중요성과 잠재력이 제대로 인식되지 못할 가능성이 존재한다. 관광산업의 발전을 촉진하고 이를 우리나라의 차세대 성장 동력으로 삼기 위해서는 그 가치를 정확히 측정할 수 있도록 산업의 범위를 재정립하여야 한다. 또한, 이를 바탕으로 관광산업 발전을 위한 전략별 실행 목표에 대한 KPI까지 수립할 필요가 있다.

비전 달성을 위해서는 A-to-Z 종합적인 전략이 필요하다

대한민국 관광산업 전략적 육성 2030 비전 체계

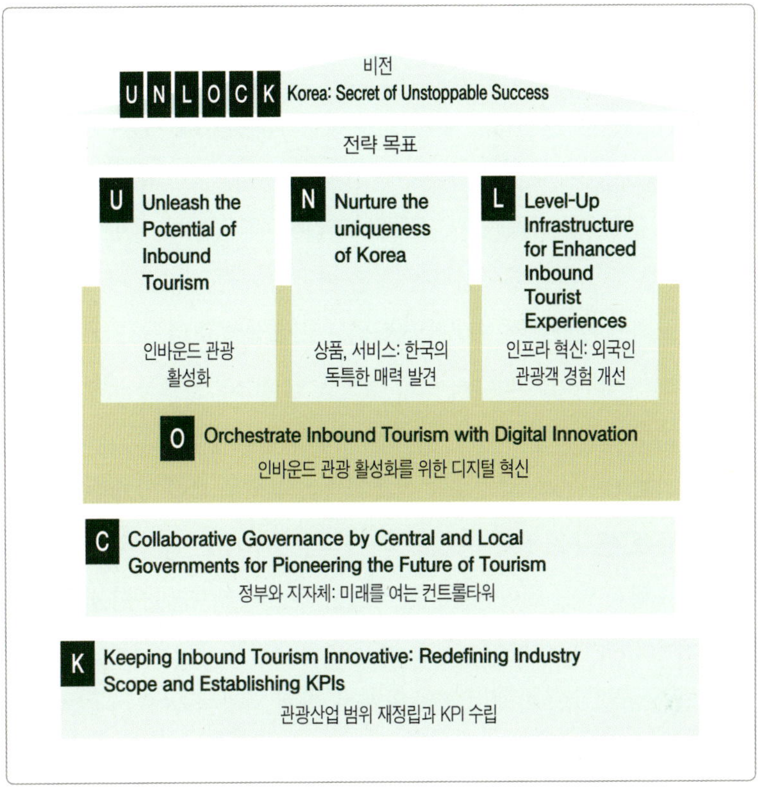

관광객 경험 여정의 측면에서 대한민국의 관광 경쟁력을 장기적, 지속적으로 높여가기 위해 우리는 어떤 요소들을 고민해야 하는가? K-컬처의 급성장과 함께 팽창한 외국인들의 대한민국에 대한 관심이 실제 한국 방문으로 이어지게 하려면, 다시 말해, 대한민국 관광의 문을 활짝 열어젖히려면 우리는 각 요소에서 어떤 전략을 추구해야 하는가? 그 문을 여는

(unlock) 열쇠인 대한민국 관광대국 핵심 전략은 관광 비전의 첫 단어이자 핵심 개념인 'UNLOCK', 그 여섯 개 알파벳에 각각 숨겨져 있다.

Unleash the Potential of Inbound Tourism: 인바운드 관광 활성화

대한민국을 더 매력적인 관광지의 대안으로 올려놓기 위해서는 구체적인 대상 국가에 대한 분석과 전략의 수립, 지속적인 마케팅과 CRM(Customer Relationship Management, 고객관계관리) 체계의 구현이 필요하다. 더 많은 관광객을 유치한다는 것은 이미 존재하는 다른 매력적인 관광 국가들과의 경쟁에서 우위를 점한다는 것을 의미한다. 그러기 위해서는 외국인 관광객이 우리나라 관광 정보를 탐색하고 구매를 결정하는 여정을 촘촘하게 관리할 수 있는 마케팅 역량을 길러야 한다.

해외 관광 대국들은 관광객을 집중적으로 유치할 핵심 국가를 정하고, 국가별 홍보 전략을 정부 주도로 제시한다. 정부가 큰 방향을 제시하고, 전략의 수행을 위한 데이터들을 준비하면, 민간과 지자체는 이 방향을 따라 일관된 커뮤니케이션을 한다. 국가의 브랜딩도 중요하지만, 지역 관광 거점은 자체적인 마케팅 전략을 통해 잠재 관광객들에게 더 많은 선택지, 더 다양한 경험의 가능성을 알릴 수 있어야 한다. 이 관광객의 구매 여정을 둘러싼 치열한 마케팅 활동은 디지털 플랫폼을 활용한 CRM, 국제적인 파트너십 네트워크 등의 역량과 결합되어야 한다.

Nurture the Uniqueness of Korea: 상품, 서비스: 한국의 독특한 매력 발견

관광은 결국 관광지에서 제공되는 다양한 관광 상품과 서비스를 통해 전달된다. 소비자에게 선택받는 좋은 상품의 조건이 그 상품만이 갖는 독특한 가치라면, 관광상품도 마찬가지로 다른 곳에서는 경험할 수 없는 특별함을 줄 수 있어야 한다. 그것이 진정한 로컬에서의 경험이다. 한국은 세계의 어떤 다른 관광지와 비교해도 뒤지지 않는 매력을 갖추고 있다. 외국인 관광객의 시각에서 볼 때 대한민국은 어떤 나라보다 시대에 앞서 있고, 시시각각 변화하는 역동성을 지니고 있다. 외국인 관광객들에게 오늘날 이곳에서 살며 우리가 즐기는 첨단의 K-컬처를 즐길 수 있게 하는 방법은 무엇인가? 한국이 가진 다양한 콘텐츠를 어떻게 브랜드화하고, 지역 관광과 연계시킬 것인지에 대한 고민이 중요하다.

Level-Up Infrastructure for Enhanced Inbound Tourist Experiences: 인프라 혁신: 외국인 관광객 경험 개선

ICT 인프라는 관광산업에 있어서 중요한 요소이다. 그리고 우리나라는 국민의 대다수가 문제없이 인터넷을 사용할 수 있고, 초고속 인터넷과 모바일 인터넷 접속 가능 가구 비율이 세계 최고 수준인 ICT 강국이다. 그러나 이런 장점이 무색하게도 한국을 찾은 외래 관광객들은 여행하면서 많은 애로사항을 겪고 있다. 국내에서는 제한적인 기능만 사용할 수 있는 구글맵과 국내 사용자에게 집중해 서비스를 제공하는 탓에 다양한 언어를 제공하지 않는 국내 지도 서비스들은 외국인들이 한국을 마음 편히 돌아다니지 못하게 방해하고 있으며, 외국인들에게 불친절한 인증과 결제 시스템은 이들이 한국의 문화를 체험하는 데 큰 장벽이 되고 있다. 외국인들이 한국에서 쾌적하게 여행하고, 다시 한국을 찾거나 지인들에게 추천하게 만들기 위해서는 인프라 혁신을 통해 이들의 관광 경험을 개선시켜야 한다.

인프라와 관련하여 한 가지 더 고려해야 할 점은 관광 서비스에 대한 수요는 탄력적이지만 공급은 비탄력적이라는 것이다. 관광에 대한 수요는 글로벌 경기와 시기, 계절, 심지어 국가 간 외교 관계에 이르기까지 다양한 변수에 영향을 받는다. 그러나 공급은 어떠한가? 지어진 숙박 시설은 쉽게 사라질 수 없으며, 관광산업에 의존하는 자영업자도 마찬가지다. 우리가 목표로 하는 관광산업 성장을 이루려면 증가하는 관광 수요에 대응할 수 있는 인프라의 확충이 불가피하다. 단, 과거의 비탄력적인 공급 방식을 경계하며 가볍고 탄력적으로 대응할 수 있는 형태로 대응해야 한다. 린(lean)한 접근 방식을 채택하여, 이미 존재하는 유휴 시설들을 관광과 연결하고, 이미 존재하는 관광 콘텐츠들을 관광객들의 수요와 연결하는 자원 최적화 전략이 필요하다.

Orchestrate Inbound Tourism with Digital Innovation: 인바운드 관광 활성화를 위한 디지털 혁신

ChatGPT를 비롯한 생성형 인공지능의 등장은 모든 산업의 지형을 AI를 통해 재편하는 AI 혁명의 시대를 낳았다. AI는 관광산업에서도 빼놓을 수 없는 키워드가 될 것이 자명하다. 인공지능은 모든 콘텐츠를 소비하는 사용자들의 행태를 바꾸어 놓을 것이며, 당연히 관광도 이에 포함된다. 관광객들이 여행지를 결정하고, 일정과 경로를 설계하며, 관광을 위한 상품과 서비스를 탐색하고 선택하는 모든 과정은 인공지능을 중심으로 변화할 것이다. 이 과정에서 어쩌면 우리가 흔히 관광을 계획할 때 사용하는 지금의 모든 온라인 서비스들이 과거의 유물로 도태되어 버릴지도 모른다.

인공지능이 관광을 설계하는 시대, 모든 관광객들이 실시간으로 인공지능의 도움을 받아 관광하는 시대가 도래할 것이다. 대한민국은 관광객들에게 인공지능이 결합된 관광 경험을 어떻게 제공할 것인가? 그리고 관광산업을 이루는 수많은 자영업자와 소상공인들은 이 인공지능 혁명으로부터 어떤 도움을 받을 수 있게 할 것인가? 우리는 인공지능이 결합된 관광의 미래 모습에 대한 전략뿐만 아니라, 이를 준비하기 위한 데이터 전략과 이를 위한 정책 방향성을 면밀하게 설계해야 한다.

Collaborative Governance by Central and Local Governments for Pioneering the Future of Tourism: 관광 거버넌스: 컨트롤타워로서의 정부와 지자체

관광산업은 수많은 참여자로 구성된 복잡계이다. 정부는 문제해결자(problem-solver)로서 이 복잡한 이해관계 속에서 풀리지 않는 문제를 해소하고, 모든 이해관계 주체들이 하나의 방향으로 달려갈 수 있도록 조율해야 한다. 정부 조직 안에서도 관광과 연결된 여러 부처들과 긴밀하게 협조할 수 있어야 하는 것이 관광 주무 부처의 역할이다. 그러기 위해 관광을 다루는 정부 부처의 위상은 현재에 비해 비약적으로 향상될 필요가 있다. 그렇게 향상된 위상과 리더십을 통해 민간과 지자체의 참여를 촉진하고, 지속 가능한 관광산업 발전을 위한 기반을 확립해 나가야 한다.

Keeping Inbound Tourism Innovative: Redefining Industry Scope and Establishing KPIs: 관광산업 범위 재정립과 KPI 수립

앞에서 언급한 대로 관광은 다양한 산업이 연계되어 있는 복합산업이다. 관광산업을 전략적으로 육성하기 위해서는 이러한 특성을 고려하여 관광의 가치와 잠재력이 반영될 수 있도록 산업의 범위를 세밀하게 정립해야 한다. 숙박업, 여행업과 같이 관광과 직접적으로 관련되어 있는 산업뿐만 아니라 간접적으로 관련된 산업들까지 관광의 범위에 포함시켜 관광의 실질적인 가치 측정을 가능케 해야 한다. 정립된 기준에 따라 관광산업의 범위를 정의했다면, 관광산업 육성을 위한 전략 수립과 관리를 체계적으로 해야 한다. 우선, 산업 육성을 위한 장기 계획과 그에 맞는 성과 목표를 장단기 수준에서 수립해야 하며, 계획에 따라 성과가 달성되고 있는지 관리해야 한다. 정확한 관리를 위해 적절한 핵심성과지표(KPI)를 설계하고 이를 점검 및 관리해야 하며, 이때 결과뿐만 아니라 과정까지 관리할 수 있도록 지표를 설계할 필요가 있다. 앞서 말했듯이 관광산업은 여러 분야의 다양한 이해관계자가 얽혀있는 복잡계이기 때문에 지표 점검을 통한 성과 관리를 위해서는 정부, 지방자치단체, 정부 출연 기관 및 유관 민간 조직의 협의체가 종합적으로 운영되어야 한다.

CHAPTER **5**

인바운드 관광 활성화

1절 | 투트랙 전략: 재방문 유도와 관광국가 저변 확대

인접국에서의 재방문은 마케팅 ROI를 극대화한다

관광 수요에서 인접 국가의 비중이 높은 것은 물리적인 거리의 제약을 받는 관광의 본질적 특성 때문이다. 사람들이 이동해야 하는 거리가 짧고 국경을 넘기 용이할수록 관광 활동은 더 활발해진다. 이는 한국뿐만 아니라 다른 주요 관광 대국에서도 마찬가지로 나타나는 현상이다. 따라서, 인접 국가로부터의 관광 수요가 높은 것은 국제적으로 관광산업이 갖는 보편적인 경향 중 하나로 볼 수 있다.

한국의 경우, 비록 육지로 이어져 있지는 않지만 중국, 일본과 같이 지리적으로 인접한 국가들의 관광객 유입이 높은 편이다. 예를 들어, 유럽의 국가도, 예를 들어 프랑스, 독일, 이탈리아 등은 서로 인접해 있으며 각국 사이의 관광객 이동이 활발하다. 또한 미국, 캐나다, 멕시코 같은 북미 국가들 사이에서도 비슷한 경향이 관찰된다. 이러한 사례들은 관광산업이 물리적 거리에 상당 부분 영향을 받는다는 것을 확인시켜 준다.

표 5-1. 2019년 국가별 Top 5 방문 관광객 출신 국가 비중

국가	Top 1	Top 2	Top 3	Top 4	Top 5	Top 1~5 비중
한국	중국 (33.6%)	일본 (18.3%)	대만 (7.0%)	미국 (5.8%)	홍콩 (3.9%)	합계 (68.6%)
일본	중국 (32.5%)	한국 (18.9%)	대만 (16.6%)	홍콩 (7.8%)	미국 (5.8%)	합계 (81.5%)
미국	캐나다 (26.1%)	멕시코 (23.1%)	영국 (6.0%)	일본 (4.7%)	중국 (3.6%)	합계 (63.5%)
스페인	영국 (21.6%)	독일 (13.4%)	프랑스 (13.3%)	이탈리아 (5.4%)	벨기에 (3.0%)	합계 (56.7%)
베트남	한국 (26.4%)	미국 (8.7%)	태국 (5.5%)	캄보디아 (5.5%)	싱가포르 (4.9%)	합계 (51.0%)

출처: 관광지식정보시스템, OECD, JNTO, ITA, gso

특히 아시아권을 중심으로 대륙 내 인접 국가에 관광 의존도는 더욱 심화되는 현상을 보이고 있다. 이는 전 세계적인 중산층의 성장에 따라 아시아권의 관광 수요가 증가하고 있으며, 가격 경쟁력이 높고 여행 일정에 대한 여유로움이 높은 인접국으로의 재방문이 증가하기 때문이다.

표 5-2. 인바운드 관광객 소속 대륙 비중

국가	대륙	2009년	2019년	증감(%p)
한국	아시아	77.1%	81.9%	4.8%
일본	아시아	72.8%	85.1%	+12.3%
미국	아메리카	65.4%	60.5%	△3.9%
	아시아	10.7%	15.3%	+4.6%
스페인	유럽	92.4%	85.5%	△6.9%
	아시아	1.0%	3.6%	+2.6%
베트남	아시아	64.6%	81.3%	+16.7%

출처: UNWTO Statistics

국내 여행처럼 한국에 올 수 있도록 유도해야

인접국에서의 재방문은 인바운드 관광 활성화 목표 달성 관점에서 볼 때 낮은 고객 획득 비용으로 높은 고객당 생애가치를 달성할 수 있는 핵심 활동이다. 역사적으로 문화나 경제적인 교류가 많은 인접국은 비인접국에 비해 인지도가 높고, 높은 문화적 동질성으로 방문에 대한 심리적 거부감이 적다. 또한 항공권 구매에 소요되는 비용이 낮고, 항공 이동 거리와 시간이 짧아 여행 일정 계획의 부담이 상대적으로 낮다. 이러한 이유로 인접국에서는 한 번 방문했던 국가를 재방문할 확률이 높으며, 재방문이 지속적으로 이뤄진다는 것은 새로운 고객을 획득하기 위한 마케팅 비용의 큰 증가 없이 추가적인 관광산업 증대 효과를 꾀할 수 있다는 것을 의미한다.

다른 나라의 예를 들어보면, 미국의 'National Travel & Tourism Strategy Update(2019)'와 호주 New South Wales 주 정부의 'NSW Visitor Economy Strategy 2030', 그리고 Queensland 정부의 'Cape York Tourism Development Action Plan(2016-2021)' 모두 재방문을 중요한 전략으로 채택하고 있다. 이는 선진국에서도 관광객의 재방문을 중요시하고 이를 달성하기 위한 전략적 방향성을 보여주는 것으로, 한국 역시 이러한 접근을 도모할 필요가 있다.

구체적인 관광 활동면에서는 재방문을 유도하는 데 있어 쇼핑, 미식 등 일상적이고 반복적인 소비가 가능한 활동에 대한 만족도를 높이는 것이 중요하다. 인접국에서 온 관광객들의 경우, 이동시간과 여행기간이 짧아 자국 내 여행과 같은 체감 비용으로 해외 관광목적지를 반복 방문할 수 있는 잠재력을 가지고 있다. 서울을 재방문하는 외래 관광객들이 가장 선호하는 활동은 쇼핑, 음식 탐방 등 관광의 가장 기본적인 관광 목적과 관련된 활동인데, 이는 장소를 중심으로 한 특정 관광지를 방문하기보다는 쇼핑, 음식 탐방 등 해외에서의 기본적인 관광 활동에 매력을 느낄 때 재방문이 활성화된다는 것을 의미한다.

따라서 한국 관광산업이 재방문을 유도하기 위해서는 쇼핑, 음식 탐방과 같은 기본적인 관광 활동에 대한 만족도를 높이고, 이를 통해 관광객들에게 기본 활동과 관련된 매력을 지속적으로 제공하는 전략을 강화해야 한다. 이는 마치 지방에 거주하는 내국인이 서울을 자주 방문해 새로운 문화를 경험하고 쇼핑을 즐기는 것처럼, 주변국 외래 관광객들이 한국을 마치 자기 나라처럼 방문하는 것과 같은 일상적인 여행으로 인식하도록 해야 한다. 이러한 목표를 달성하기 위해서는 인접 관광객들에게 괴리감 없이 여행의 즐거움을 제공할 수 있는 문화, 엔터테인먼트 상품 등이 지속적으로 개발되고 소개되어야 한다. 관광객들이 한국 방문을 관광지 탐방 이상의 경험으로 인식하게 만듦으로써 재방문의 동기를 강화할 수 있다.

그림 5-1. 외국인 관광객 서울 재방문 이유(좌) 및 선호 활동(우)

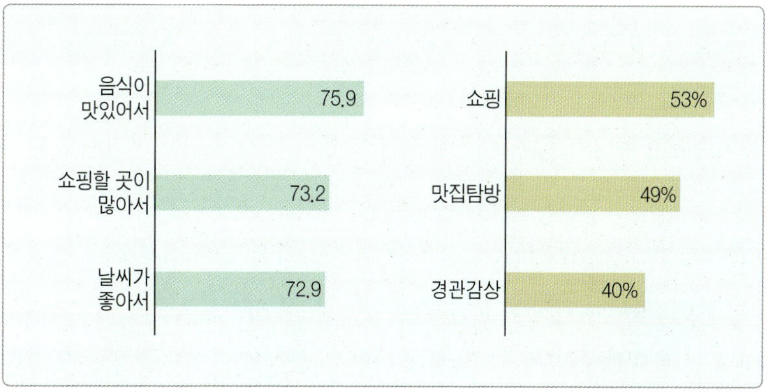

출처: 서울관광재단

재방문 유도를 위한 대한민국만의 혁신적인 CRM 체계를 마련해야 한다

고객관리 플랫폼 분야 글로벌 1위 업체인 세일즈포스에 따르면, CRM(Customer Relationship Management)은 고객과의 모든 커뮤니케이션 및 인터랙션 데이터를 수집, 기록, 관리하는 모든 프로세스를 의미한다. 이를 통해 고객의 생애가치(life time value)를 키우고 관련 파급력을 확대할 수 있다. 특히 CRM을 통해서는 고객의 여정 관리, 초개인화된 서비스 제공, AI를 활용한 의사결정 및 생산성 향상, IoT를 통한 실시간 고객 정보 획득, 그리고 고객 지향적 프로세스를 통한 재방문율 향상 등 다양한 마케팅 효과를 거둘 수 있다. 또한 이러한 CRM을 외래 관광객 대상으로 적용한다면 일상적인 미식과 쇼핑 소비의 촉진, 팬덤의 자유로운 소비 경로 마련에 중요한 역할을 할 수 있을 것이다.

예를 들어, 한국을 방문한 관광객이 로컬 플랫폼에서 숙박, 액티비티 상품 등을 결제하거나 오프라인에서 소비한 내역을 확인하여 재방문 시 사용할 수 있는 보너스 포인트를 제공하는 민관 합동 CRM 체계를 구축한다고 가정하자. 여기서 적립된 포인트는 한국 로컬 플랫폼의 글로벌 서비스를 통해 자유롭게 사용될 수 있으며, 이메일 주소나 전화번호 기반의 간단한 회원가입을 통해서도 개인화된 타깃 마케팅을 실행할 수 있을 것이다. 민간 업체는 해당 정보체계 내에서 CRM 활동 시 외래 관광객에게 다양한 재방문 혜택을 제공할 수 있으며, 정부는 시스템을 관리하면서 실제 외래 관광객의 재방문율을 관리하고, 분석된 데이터를 민간과 공유하여 정보시스템의 효율성을 지속적으로 높여 나갈 수 있다. 이러한 외래 관광객에 대한 데이터적인 접근은 한국 관광산업의 경쟁력 강화와 지속 가능한 성장에 크게 기여할 수 있을 것이다. 이러한 CRM적 성과를 달성하기 위해서는 하나의 플랫폼이나 솔루션 형태로는 불가능하며, 정부와 민간을 포함한 다수의 참여자가 법적 테두리 안에서 고객 정보를 공유하며 활용할 때 가능하다. 개별 기업 차원에서는 식별된 고객정보를 활용하는 것이 가능하지만, 다수의 참여자는 고객의 개별 정보를 공유하는 데 한계가 있다. 그래서 정부나 민간기업이 가지고 있는 고객 데이터를 효과적으로 취합하여 비식별된 고객군으로 통합하고 이러한 정보를 정부는 정책적으로, 민간은 마케팅적으로 활용할 수 있는 일종의 CRM 기반의 정보시스템을 구축할 필요가 있다.

그림 5-2. 한국 재방문 유도 CRM 체계 개요도

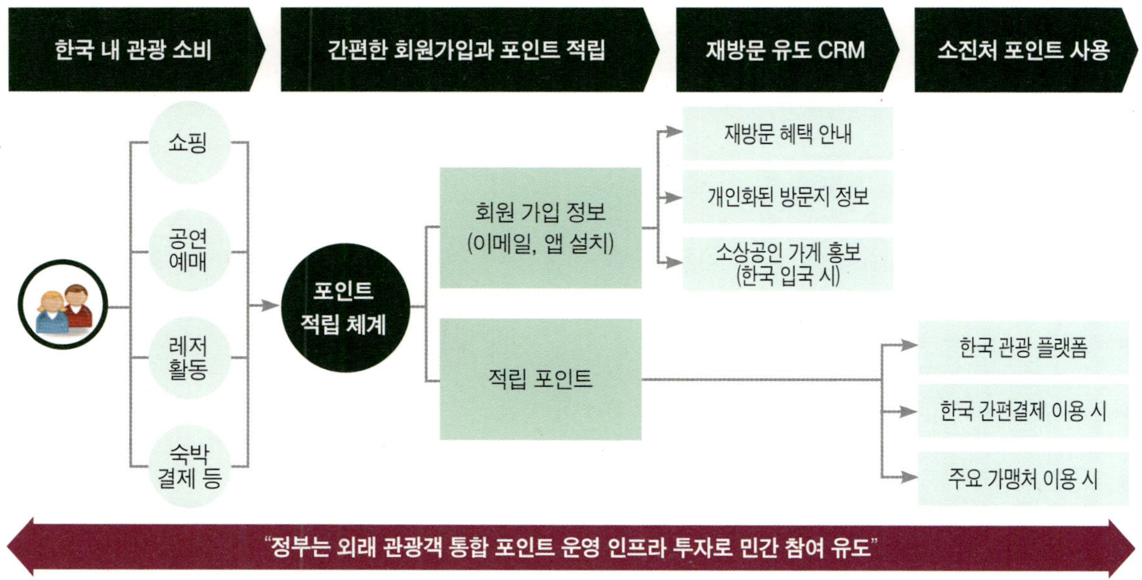

비인접국 관광객들에게는 더욱 강력한 XOI(Experience On Investment)가 필요하다

장기적인 성장을 위해서는 외래 관광객 다각화 관점에서 비인접국으로의 저변 확대에도 노력해야 한다. 이는 비인접국의 외래 관광객이 한국으로의 관광 의사결정 과정에서 겪는 단계적 문제들을 정부가 적극적으로 해소하여 줄 때 실현될 수 있다. 한국을 인지하고, 관광지의 대안으로서 고려하며, 수많은 전 세계 관광지들과의 비교 과정에서 최종 목적지로 확신을 갖고 의사결정할 수 있도록 필요한 여러 정보가 제공되어야 한다. 소비자행동론에서 말하듯이 관광 역시 소비되는 상품이며, 소비자가 상품을 선택할 때에는 그와 관련된 정보처리와 의사결정 과정을 거치게 된다. 한국 관광에 대한 인지와 확신을 줄 수 있는 다양한 정보가 각종 미디어를 통해 확산되기 위해서는 정부와 지자체의 노력이 별도로 필요하다.

비인접국 관광객들은 상대적으로 먼 거리를 이동하고, 여행에 긴 시간을 할애하며, 항공권 기준으로 높은 비용을 부담해야 한다. 이러한 장거리 여행에 대한 결심은 관광국가가 이를 합리화할 수 있는 경험요소를 제공해야만 가능하다. 한국 관광객들이 상대적으로 먼 지역인 서구권 여행지를 선택할 때는 주로 이국적인 풍경이나 해당 국가만의 독특한 레저 활동, 문화 체험 등을 위해 여행지를 선택하는 경향이 있다. 반면, 가까운 일본이나 대만 지역을 방문할 때는 상대적으로 일상 체험에 가까운 음식, 쇼핑과 관광지의 가격경쟁력을 중요한 고려 요소로 삼는다.

이와 반대로 외래 관광객이 한국을 방문하는 경우를 분석해 보면, 문화 및 환경의 차이가 큰 서구 관광객일수록 한국의 자연경관, 풍경, 전통 및 K-컬처 등을 경험하기 위해 한국을 선택하는 경향이 있다. 반면에 거리

표 5-3. 한국인의 해외 여행지별 선택 이유

구분	한국과의 거리(km)	자연풍경 감상	레저/체험	음식/미식 탐방	이동거리/시간	쇼핑	여행 비용
전체	-	43.9	17.7	36.7	19.5	19.4	16.2
미국	11,047	43.2	20	28.4	5.3	38.9	5.3
캐나다	10,506	58.1	29	16.1	19.4	16.1	3.2
뉴질랜드	10,014	83.7	24.5	18.4	6.1	6.1	4.1
스페인	9,991	59	12.8	48.7	5.1	12.8	5.1
스위스	8,767	90.3	9.7	25.8	3.2	6.5	0
호주	8,409	92.4	28.8	30.3	3	7.6	3
싱가포르	4,668	27.6	9.2	27.6	19.7	22.4	13.2
태국	3,507	35	16.3	56.3	18.8	23.8	23.8
베트남	2,740	56.6	22.9	39.8	26.5	6	37.3
필리핀	2,619	32.4	30.9	25	29.4	11.8	41.2
홍콩	2,091	23.6	18.2	47.3	29.1	43.6	14.5
대만	1,643	19.5	14.6	48.8	36.6	39	26.8
일본	1,147	27	11.7	48.6	32	25.2	18.5
중국	953	36.9	27.7	13.8	26.2	4.6	12.3

출처: 빅데이터를 활용한 2022년 관광트렌드 분석

* 평균인 전체 대비 높은 항목에 대해 음영 처리

가 가까운 인접 국가들은 일상적인 경험인 음식, 쇼핑을 선호하는 경우가 높다. 서구 관광객일수록 아무래도 한국음식이나 쇼핑상품에 익숙하지 않기 때문이다. 이러한 경향은 한국 관광산업이 다양한 국가의 관광객들에게 맞춤형 관광 경험을 제공해야 함을 시사한다. 서구 국가에서 오는

표 5-4. 외국인 관광객의 한국 여행 선택 시 주요 고려사항

구분	한국과의 거리(km)	음식/미식	쇼핑	자연풍경	전통문화	패션 유행
전체	–	67.6	51.1	37.9	35.2	15.6
미국	11,047	55.5	29.3	33.6	41	8.5
캐나다	10,506	63.1	34.5	35.5	37.9	6.9
프랑스	8,965	61.1	28.7	40.7	58.1	24.5
영국	8,854	60.2	22.8	42.3	59.8	13
호주	8,409	62.1	44.5	30.3	43.4	14.1
독일	8,124	57.3	22.1	41.9	60.8	19.1
중동	6,781	38.8	48.9	40.6	46.1	15.1
러시아	6,603	48.5	43.9	28.8	42.4	15.2
인도네시아	5,291	71.3	65.1	38.3	28.4	24.9
인도	4,685	29.6	44.4	63	51.9	11.1
싱가포르	4,668	77.6	73.9	55.2	23.3	16.8
말레이시아	4,612	66.4	64.2	52.2	40.1	6.5
태국	3,507	82.2	74.6	41.4	16.7	20
베트남	2,740	75.6	64.6	54.9	23.2	12.2
필리핀	2,619	71.2	56.8	42.4	32.8	8.8
홍콩	2,091	85.8	80	38.7	13.5	18.7
몽골	1,992	28.6	57.1	47.6	23.8	23.8
대만	1,643	79.6	70.1	37.8	22.9	26.6
일본	1,147	82.6	75.5	8.2	7.6	15.8
중국	953	64.5	59.6	41.4	15.4	17.9

출처: 2022 외래 관광객 조사

* 평균인 전체 대비 높은 항목에 대해 음영 처리

관광객들에게는 한국의 독특한 자연풍경 및 문화를 강조하는 전략이 요구되며, 인접 국가의 관광객들에게는 일상적인 경험을 제공하는 데 초점을 맞출 필요가 있다.

즉, 상대적으로 거리가 멀고 여행 기간이 긴 경우에는 자국에서 경험하지 못한 보다 이국적이고 특별한 체험 요소가 중요하다는 점이다. 따라서 한국은 고유 문화 등 차별화된 경험을 제공할 수 있는 여러 관광 거점들을 엮어 포지셔닝하는 전략이 요구된다. 또한 여행자에게 어필하기 좋은 유인 요소를 갖추는 것이 필요하지만, 이를 전략적으로 브랜딩할 수 있는 능력 역시 관광객의 성공적 유치에 결정적인 역할을 한다.

일본의 경우, 2016년 맥킨지가 발표한 〈The Future of Japan's Tourism: Path for Sustainable Growth toward 2020〉에 따르면, 일본은 아시아에서의 관광객 대상으로 '브랜딩 → 유입 → 재방문'으로 이어지는 퍼널(funnel) 효과를 통한 관광객 유치가 성공적으로 나타났지만, 서구 관광객 유치는 상대적으로 부진한 것으로 나타났다. 맥킨지는 일본 관광산업의 지속 성장을 위해서는 비인접국 유입에 대한 노력이 필요함을 지적했

표 5-5. 맥킨지의 방문객 소스에 따른 퍼포먼스 Funnel 분석

구분	인식	전환율→	고려	전환율→	방문	전환율→	재방문
중국	98%	90%	88%	70%	62%	83%	51%
태국	92%	96%	89%	61%	54%	81%	44%
호주	95%	82%	78%	38%	30%	86%	25%
미국	96%	89%	86%	44%	38%	85%	32%
영국	93%	85%	79%	41%	32%	76%	25%

출처: The Future of Japan's Tourism Path for sustainable toward 2020

다. 이에 일본은 서구 관광객의 적극적인 유치를 위해 다양한 정책적 노력 및 국가 브랜딩을 시도하여 결과적으로 성공적인 성장을 실현하게 되었다.

일본은 국가 관광비전 수립 시, '관광산업을 국제경쟁력을 갖춘 산업으로의 육성'이라는 두 번째 목표에서 서구 관광객을 우선순위 타깃으로 명시했다. 이에 따른 세부 전략은 다음과 같다. 첫 번째 전략은 마중물이 되

그림 5-3. 2019 럭비 월드컵 메인 포트서 및 친일 서양 인사 활용 브랜딩 캠페인

출처: 일본 럭비 풋볼 협회, 일본 관광청

그림 5-4. CNN에서 송출한 JNTO 브랜딩 콘텐츠

출처: CNN travel (https://edition.cnn.com/specials/travel/discover-japan)

는 글로벌 이벤트를 유치하는 것이다. 일본은 2020 도쿄 올림픽에 앞서 2019 럭비 월드컵을 유치하고, 이를 활용해 서양권 국가에 일본을 적극적으로 홍보했다. 두 번째 전략은 2016년 국가 예산 수립 시 국가 홍보 예산을 서양권 국가 대상으로 우선 배정하고, 친일 서양 유명인사를 활용한 콘텐츠를 글로벌 자문단과 함께 제작하는 것이었다. 이러한 전략은 일본이 서양권 관광객 유치에 있어서 전략적이고 체계적인 접근을 취해 왔음을 보여준다.

그 결과, 일본은 지리적 이점을 가진 아시아 권역 외에도 상대적으로 먼 거리에 있는 서양권 관광객의 유입에 있어 성장효과를 거둘 수 있었다. 일본의 이러한 성공으로 알 수 있는 것은 세계 여러 나라의 관광객을 대상으로 한 체계적이고 전략적인 접근, 그리고 관광객이 호의적으로 인식할 수 있는 국가 브랜딩 전략을 지속적으로 구사하고 있음을 시사한다.

표 5-6. 2009-2019 관광객 대륙별 유입 CAGR

대륙	일본CAGR	한국CAGR(참고)
전체	16.7%	8.4%
아프리카	11.1%	8.4%
아메리카	**9.7%**	**6.0%**
동아시아	18.6%	9.0%
유럽	**9.6%**	**7.2%**
중동	19.4%	10.8%
남아시아	12.1%	7.1%

2절 | 관광 거점 육성 전략

관광 거점 육성은 어떤 의미를 갖는가?

한국의 관광산업 발전 전략에서 관광 거점 육성은 간과할 수 없는 요소이다. 현재 서울에 편중된 관광 패턴을 극복하고, 전국적으로 거점 육성을 추진하는 것은 지역 관광의 활성화와 균형 잡힌 지역 경제 발전을 이룬다는 의미를 갖는다. 특히, 외래 관광객의 방문 비율이 10%를 넘는 지역이 서울 외에 단 세 곳에 불과한 현 상황에서, 다양한 지역의 거점을 육성하는 것은 시급한 과제이다. 이를 위해서는 정책적으로 관광지 육성에 있어서 선택과 집중을 통해 효과적으로 거점을 마련할 필요가 있다는 것이다.

각 지역의 독특한 매력과 자원을 기반으로 한 거점 육성은 관광객들에게 새로운 경험과 선택의 폭을 넓혀준다. 제주도와 강원도의 독특하고 아름다운 자연, 전라도의 풍부한 미식 문화, 경상도와 충청도의 역사적인 문화유적 등 각각의 지역이 가진 독특한 매력을 활용하여 관광 거점을 개발할 수 있다. 이러한 거점들을 연계하여 관광 코스를 구성하면, 관광객들은 한 지역을 넘어서 다양한 권역의 관광자원들을 경험하게 되며 이는 재방문을 유도하는 단초가 될 수 있다. 더 나아가 이러한 거점 육성은 관광객들의 체류 기간을 늘리고, 관광을 통한 경제적, 사회적 이익을 증대시킨다. 즉, 각 지역의 관광 거점이 강화될수록 관광객들의 만족도와 재방문율은 높아지기 마련이다.

결국, 서울을 벗어난 지역 거점 개발은 종국에는 지방 경제에 새로운 활력을 불어넣을 수 있는 중요한 관광사업 전략이다. 거점을 중심으로

그림 5-5. 한국 관광 거점 방문비율(2015-2022)

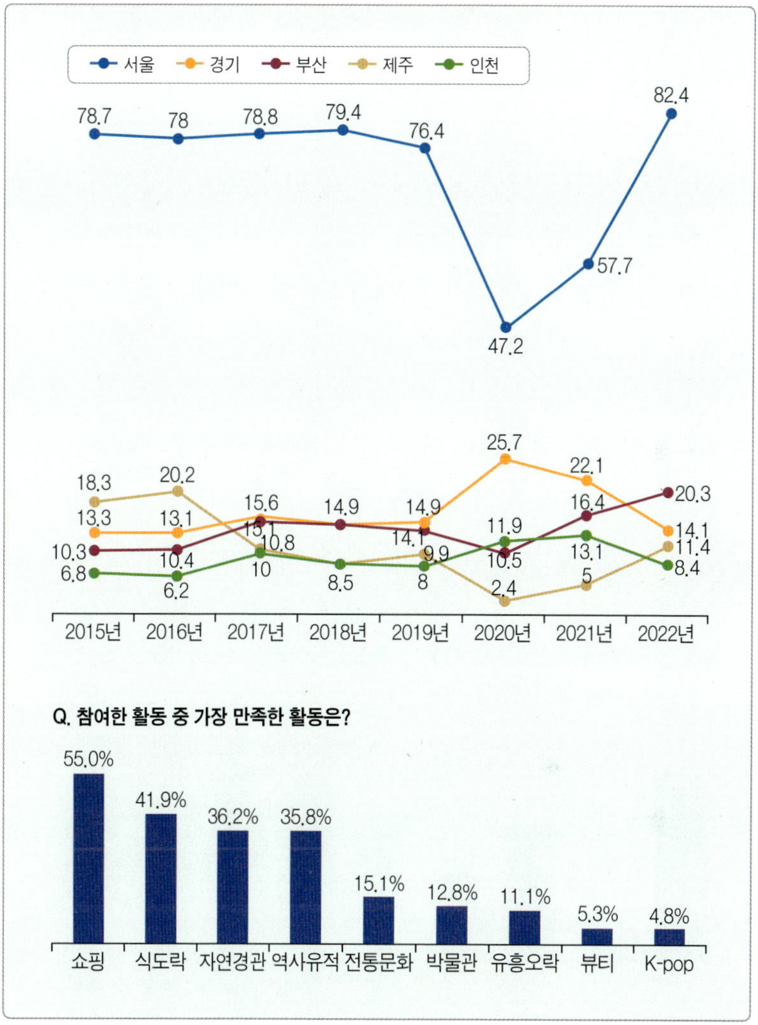

출처: 2022 외래 관광객 조사

한 관광의 육성은 굳이 지역산업연관효과분석을 해보지 않더라도 해당 지역의 경제발전에 크게 기여한다. 관광은 단순히 해당 지역에 경제적으로 신규 수요를 창출할 뿐만 아니라 기존 유휴 인프라 활용과 세수 적자 해소에도 기여할 수 있다. 참고로 지역 관광이 활성화되지 않았다는 것은 지역 공항 이용실태에서 여실히 나타난다. 현재 한국에는 총 15곳의 공항이 있으나 이 중 인천, 김포, 김해, 제주를 제외한 11곳은 지속적인 적자 구조를 벗어나지 못하고 있다. 이 중 국제공항으로 운영되는 대구, 청주, 무안, 양양 등이 인접한 관광 거점과 연계될 경우, 공항 가동률 증가로 세금 누수를 방지하고 지역경제 활성화에 기여할 수 있을 것으로 보인다.

또한 관광 권역의 다양화는 오버투어리즘 문제를 근본적으로 해결할 수 있는 방안이다. 최근 한국 내에서도 오버투어리즘 문제가 점점 더 부각되고 있다. 예를 들어, 북촌 한옥마을은 실제 주민들이 거주하는 곳으

그림 5-6. 북촌 젠트리피케이션 현황

북촌 한옥마을 주거·상업 시설 현황

단위: 곳, 괄호 안은 비율

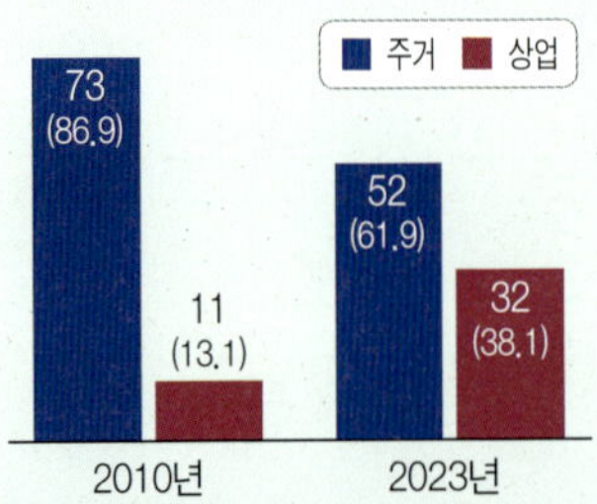

• 관광객이 많이 찾는 가회동 5통 일대 한옥 84채 대상 조사, 숙박시설, 갤러리, 공방, 음식점 등은 '상업' 분류.

북촌 한옥마을 오버투어리즘 일지

2001년	서울시, '북촌 가꾸기 기본계획' 시행
2008년 10월	서울시, 북촌의 아름다운 경관 8곳(북촌8경) 선정
2010년 9월	TV예능 프로그램 '1박2일' 북촌 한옥마을 방영
2016년 3월	북촌 한옥마을 주민, 비상대책위원회 구성해 서울시에 관광객 대상 화장실, 쓰레기통 확충 요구
2018년 5~6월	'북촌 한옥마을 운영회' 회원 30여명, 마을 입구서 시위, 서울시와 종로구청에 관광 피해 최소화 대책 요구
2018년 7월	종로구, 마을 방문시간 지정 등 '북촌 주민피해 최소화를 위한 8대 대책' 발표 및 시행

출처: 한국일보, 고스트타운 북촌한옥마을

로서 그 정체성이 유지되어야만 의미가 있다. 그러나 TV 예능 프로그램을 통한 소개와 이로 인한 관광코스화, 상업화는 원주민의 이탈을 초래하고 있다. 이는 관광으로 인한 지역 공동체의 파괴를 의미한다. 더 중요한 점은 한옥의 정수를 느낄 수 있는 관광지가 서울의 익선동, 남산골뿐만 아니라 전주, 안동 등 전국에 다양하게 분포해 있다는 것이다. 외래 관광객의 관점에서 관광지의 분산이 이루어지지 않는 것이 현재 한국 관광산업이 직면한 문제 중의 하나이다. 관광객들이 한 지역에 집중되어 발생하는 문제를 해결하기 위해서는 전국적인 관광지 분산 전략을 통한 지역 거점 육성이 필요하다.

관광객 경험 관점의 권역 테마를 갖고 있는가?

문화체육관광부가 2021년 8월 발표한 <제4차 관광개발기본계획 전략환경영향평가 결정내용>은 국내 관광산업의 새로운 이정표를 제시하였다. 이 계획은 수도/강원/제주권, 충청권, 전라권, 대경권, 부울경권 등 5개의 권역을 기반으로 각 지역의 독특한 자원을 활용한 차별화된 전략 방향성을 명확히 한다. 이러한 접근은 각 권역이 보유한 특색과 잠재력을 극대화하고, 국내외 관광객에게 새로운 경험을 제공하려는 목적에서 비롯된다. 아래에 그 내용의 골자를 소개한다.

수도/강원/제주권은 '글로벌 K관광 미래 선도지대'로서의 전략을 채택함으로써, 세계적인 관광 목적지로서의 지위를 강화하고자 한다. 이는 글로벌 관광 트렌드에 부합하는 한국만의 독특한 관광 상품과 서비스를 개발, 제공함으로써 달성될 수 있다. 충청권은 'ICT 기반의 백제 중원문화 관광지대' 전략을 통해, 고대 백제 문화의 본질을 현대 기술과 접목시켜 새로운 관광 경험을 창출하려고 한다. 이 지역의 역사적, 문화적 자산을 ICT 기술과 결합함으로써 관광객들에게 과거와 현재가 공존하는 독특한 체험을 제공할 것이다. 전라권은 '다도해 새만금을 품은 문화예술 콘텐츠 관광 중추지대'로의 발전 전략을 강조한다. 이는 전라권의 풍부한 자연경관과 문화예술 자원을 활용하여 관광객들에게 다채로운 문화예술 체험을 제공할 수 있다. 대구광역시, 경상북도를 아우르는 대경권은 '유교문화 기반 역사문화 생태관광지대'로서, 유교문화와 연관된 역사적 장소들을 중심으로 한 생태관광을 촉진하려고 한다. 이를 통해 방문객들이 대경권의 풍부한 역사와 문화를 직접 체험하고, 자연과 함께하는 힐링의

그림 5-7. 제4차 관광개발기본계획

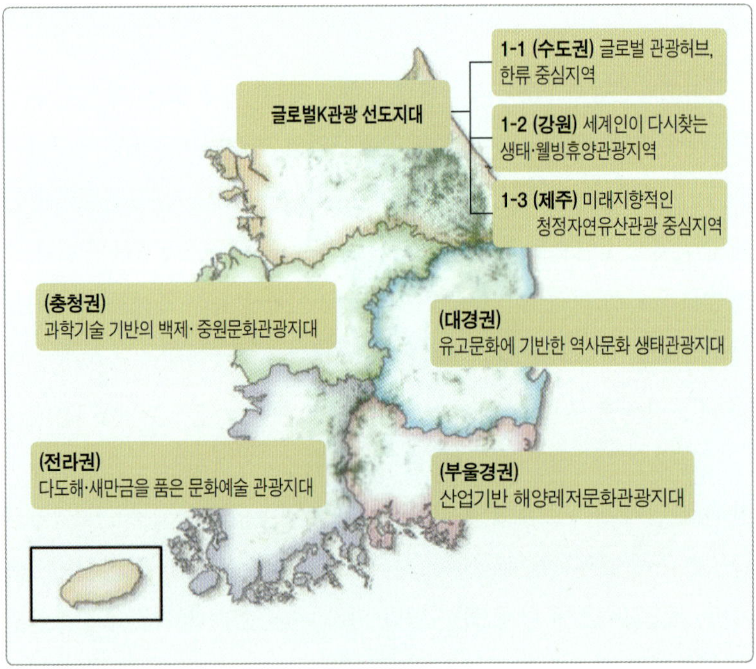

출처: 문화체육관광부

기회를 가질 수 있도록 한다. 부산광역시, 울산광역시, 경상남도를 일컫는 부울경권은 '산업기반 해양레저 문화 관광지대' 전략을 통해, 지역의 산업적 배경과 해양 자원을 결합한 새로운 관광상품 개발에 주력한다. 이는 관광객들에게 산업과 해양 레저가 어우러진 독특한 경험을 제공하여, 지역 관광의 새로운 면모를 드러내고자 한다.

이처럼 문화체육관광부의 제4차 관광개발기본계획은 각 권역의 특성을 살린 전략적 접근을 통해 국내 관광산업의 발전을 도모하고 있다. 이와 같은 기본 계획이 각 권역별로 제시된 전략이 해당 지역의 자원을 명확히 반영하고, 차별화된 경험을 관광객에게 제공할 수 있는지는 지속적인 검토와 평가를 통해 확립될 필요가 있다.

국내 관광개발 기본계획은 각 지방자치단체 차원에서의 미래 지향적인 비전을 제시하는 메시지 중심으로 구성되어 있다. 이는 각 권역의 상위 개념을 활용한 슬로건을 통해 전략적 방향성을 모색하는 데 초점을 맞추고 있다. 현재의 국내 관광개발 기본계획은 관광지와 권역의 선택을 고객 관점에서 보는 것이 아니라 행정적 관점에서 관광지의 특성과 권역을 설정한다. 전라권, 충청권, 대경권 등의 표현이 행정 편의주의적인 것이다. 관광에 있어서 행정 권역은 단순한 '선'에 불과하다. 매력적인 관광상품이 존재하면 행정적인 '선'은 의미가 없다. 서울에 포스트를 친 관광객이 강원도를 방문할 수도 있으며, 충청도에 포스트를 친 관광객은 전라도 지역을 방문하는 데 제한이 없다. 부산에 포스트를 친 관광객이 순천만 습지를 방문하는 것도 종종 있는 일이다. 외래 관광객들의 방대한 통신 데이터와 카드 데이터를 확보한다면, 외래 관광객의 동선이나 관광지 연관성(association)은 쉽게 파악할 수 있다. 이러한 자료에 기반하여 방문 상승지역, 방문연관지역, 해당지역의 관광자원, 관광객의 관광목적과 어행기간 등 다양한 변수들을 고려하여 거점과 권역이 설정되고 육성되어야 한다. 결국 우선 고려할 것은 관광객의 니즈에 맞는 테마를 중심으로 한 관광지의 연관성을 중심으로 권역과 루트를 설정하고 육성하는 것이 중요하다.

우리나라와 대비되는 사례로 아시아의 이웃 국가인 베트남과 일본을 들 수 있다. 이들 국가는 각 관광 거점별로 구체적인 자연 및 문화 관광 자원을 명확한 테마에 근거하여 정의하고, 해당 권역에서 관광객이 직접 체험할 수 있는 관광자원을 직관적으로 제시하는 접근 방식을 취하고 있다.

베트남의 경우 북부, 중부, 남부로 구분된 3개의 권역에서 각각의 차별화된 특성을 명확한 브랜딩으로 정의한다. 북부는 "Gate to Treasure to North"라는 슬로건 아래, 세계 7대 경관 중 하나로 꼽히는 하롱베이를 포함하여 베트남 전통을 느낄 수 있는 권역으로 포지셔닝한다. 중부는 "Photogenic riverside towns, national parks and long sandy beaches"라는 슬로건으로 유네스코 세계유산인 호이안을 포함한 해안가 리조트 중

그림 5-8. 베트남 관광 권역 설정

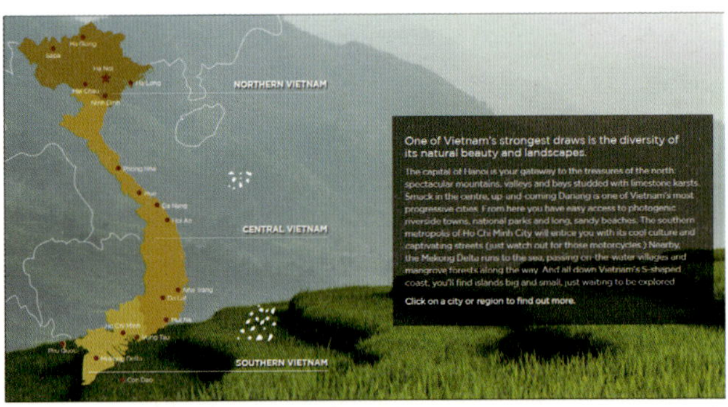

출처: Vietnam.travel

심의 아름다운 휴양 도시로 자리매김한다. 남부의 호치민은 "Metropolis"라는 슬로건으로 남부 경제수도의 역할과 함께 식민지 문화가 발달한 베트남의 현대적 도시로의 면모를 드러낸다. 베트남은 이렇게 각 권역별로 세계 문화유산 등을 슬로건에 명시하며, 방문객들에게 제공할 수 있는 베트남만의 독특한 테마 경험을 직관적으로 제안한다.

일본은 관광경쟁력에서 세계 선두를 달리고 있는 국가로, 각 권역별로 특화된 전략 테마를 선정하고 해당 지역이 보유한 자원과 관광객이 체험할 수 있는 콘텐츠를 명시함으로써 성공적인 관광 거점 개발과 관광객 유입을 실현하고 있다. 이러한 일본의 접근 방식은 각 지역의 독특한 매력과 체험 가능한 요소를 분명히 제시하는 것이 관광산업 발전에 있어 중요한 열쇠임을 보여준다.

일본의 각 권역은 자신들만의 독특한 자연경관, 역사적 유산, 문화적 특성을 바탕으로 관광객에게 구체적이고 명확한 체험을 제공한다. 이를 통해 방문객들은 일본 각 지역의 특색을 깊이 있게 이해하고, 그 지역만의 독특한 문화와 역사를 경험할 수 있다. 이와 같은 방식은 관광객들에게 각 권역별로 '해야 할 것'과 '볼 수 있는 것'을 명확히 하여, 방문 결정 과정을 용이하게 만들고, 관광 만족도를 높이는 것이다.

따라서 일본의 사례는 관광 거점 개발과 관광객 유치에 있어 구체적이고 명확한 체험 가능 요소의 전달이 얼마나 중요한지를 보여준다. 이는 다른 국가들에도 시사하는 바가 크며, 관광개발 전략을 수립할 때 각 지역의 특색과 가능성을 명확히 드러내는 것이 성공적인 관광산업 발전의 핵심임을 강조한다. 이를 통해 각 국가와 지역은 관광객들에게 더욱 매력적이고 기억에 남는 여행 경험을 제공할 수 있을 것이다.

세부적으로, 일본 규슈 지역은 그 독특한 슬로건 아래, 지자체에서 구

표 5-7. 일본의 관광주유루트사업

코스	슬로건 및 테마	강조 내용
1. 동북해도	아시아의 보물, 유구한 자연	자연
2. 중부 도호쿠	사계절이 빛나는 동북지방의 코스	계절성
3. 승룡도	명상,세계유산,알파인대자연,사무라이 문화	세계유산,자연
4. 간사이	간사이 세계유산 및 전통의 미	세계유산,전통
5. 세토우치	서일본의 역사와 자연	역사,자연
6. 시코쿠	시코쿠 섬 순례, 대자연 드라이브	자연
7. 규슈	화산의 섬 규슈 일주	자연
8. 북부 홋카이도	일본 최고의 여름과 겨울	계절성
9. 도쿄권	태평양/일본해 대회랑과 에도문화 코스	자연,문화
10. 시마네현	인연의 길과 내셔녈파크 엑티비티	자연,액티비티
11. 오키나와	오키나와의 역사와 군도의 야생	역사,자연

출처: 일본관광청

체적인 테마를 제안하고 관련 코스를 소개하는 데 앞장서고 있다. 이러한 노력의 일환으로 선보인 규슈 루트는 관광객들에게 다양한 체험 기회를 제공함으로써 규슈 지역의 매력을 한층 더 부각시킨다. 구체적으로 세 가지 주요 코스가 소개되었는데, 첫 번째로 '화산섬 규슈 일주 코스(6박7일)'는 규슈의 아름다운 화산섬을 둘러보는 여정을 제안한다. 두 번째 코스인 '철도 및 버스로 순회하는 규슈의 매력 만끽 코스(7박8일)'는 대중교통을 이용하여 규슈의 다채로운 매력을 체험할 수 있는 방법을 제시한다. 마지막으로 '규슈의 역사 및 자연을 렌터카로 돌아보는 코스(7박8일)'는 개인적이고 자유로운 여행을 선호하는 이들을 위해 마련되었다.

그림 5-9. 주유루트 중 규슈의 역사 및 자연 렌터카 코스 사례

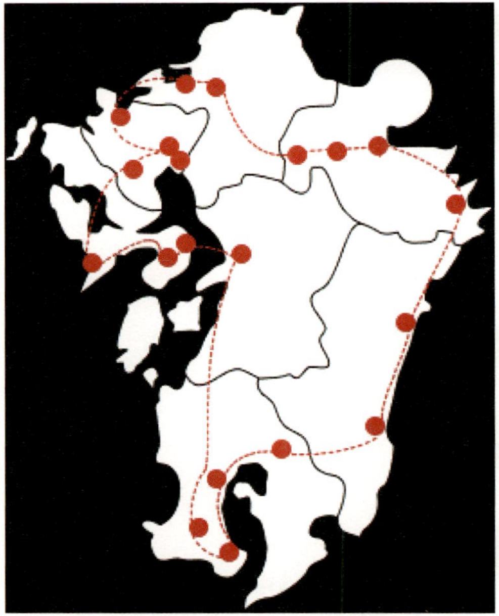

DAY 1

사가 국제공항 ▶ 우레시노 온천 ▶ 평화공원 ▶ 구라바엔 ▶ 군함도 ▶ 이나사야마(세계 신 3대 야경) ▶ 나가사키에서 숙박

DAY 2

나가사키 ▶ 운젠 온천 ▶ 시마바라성 주변 마을 ▶ 구마모토성 ▶ 스이젠지 조주엔 ▶ 스나유(이부스키) ▶ 이부스키에서 숙박

DAY 3

이부스키 ▶ 치란부케야시키 ▶ 사쿠라지마 ▶ 흑돼지 샤브샤브 ▶ 기리시마 신궁 ▶ 아오시마 신사 ▶ 아오시마 도깨비(오니)의 빨래 바위 ▶ 미야자키에서 숙박

DAY 4

미야자키 역 ▶ 크루스(십자가)의 바다 ▶ 사이키 초밥 ▶ 벳푸 지옥 순례 ▶ 벳푸 온천 ▶ 벳푸 온천에서 숙박

DAY 5

벳푸역 ▶ 고코노에 "꿈"의 대현수교 ▶ 히타성 주변 마을 ▶ 다자이후 텐만구 ▶ 후쿠오카 쇼핑

DAY 6

후쿠오카 ▶ 가라쓰성 ▶ 가라쓰 도자기 공방 ▶ 사가에서 숙박

출처: 규슈 관광 공식 사이트 ONSEN ISLAND KYUSHU

각 코스의 시작은 지역 내 로컬 교통 인프라와의 연계로부터 시작한다. 예를 들어 가고시마 중앙역에서는 배편으로, 후쿠오카 공항에서는 택시로, 사가 공항에서는 리무진 버스로 이동하는 방법이 제안된다. 이러한 접근 방식은 관광객들이 규슈 지역 내에서의 이동을 편리하게 하며,

표 5-8. 유네스코 문화 유산 현황

구분	유산	소재지
문화	종묘	서울
문화	창덕궁	서울
문화	석굴암, 불국사	경북
문화	동궁월지	경북
문화	하회마을	경북
문화	도산서원	경북
문화	해인사 장경판전	경남
문화	교동고분	경남
문화	건원릉	경기
문화	수원 화성	경기
문화	남한산성	경기
문화	고인돌	강화
문화	무령왕릉, 미륵사지	충남
자연	갯벌	충남,전남
문화	법주사	충북
자연	한라산, 성산일출봉	제주

출처: 대한민국 국가지도집, 유네스코 등재 유산

지역의 교통 인프라를 적극 활용하도록 유도한다.

더욱이 규슈가 보유한 풍부한 역사, 자연, 음식 등을 코스화하여 관광객들이 해당 지역에서만 느낄 수 있는 경험을 제공한다. 이러한 경험은 지역 슬로건에 적극 반영되어 규슈 지역의 독특한 매력을 더욱 강조한다.

한국 역시 인접 국가들의 권역별 관광 테마 제안 전략을 벤치마킹할 수 있는 잠재력을 갖추고 있다. 서울을 넘어서 각 지방 거점 권역에는 특별한 문화 및 자연 유산이 존재하며, 이러한 유산들은 미래를 위한 전략적 비전보다 실질적으로 관광산업을 이끌어갈 수 있는 중요한 자산이다. 따라서 해당 지역이 보유한 유산을 전면에 내세우고, 이를 기반으로 한 테마 구성 및 관광객이 체험할 수 있는 구체적인 콘텐츠를 직관적으로 제시하는 전략이 중요하다.

한국은 유네스코 문화유산 14곳과 자연유산 2곳을 보유하고 있다. 이러한 유산들은 어떠한 관광 콘텐츠보다도 더 강력한 매력을 지니고 있으며, 특히 많은 유산들이 국제공항 및 대도시와 인접해 있어 관광 거점으로 패키지화할 수 있는 잠재력을 내포하고 있다. 이에 따라 교통 인프라와 문화, 자연 유산을 활용한 관광 거점 개발을 우선적으로 고려할 필요가 있다.

관광 권역은 허브앤스포크 모델로 만들어진다

권역별 전략 거점 도시의 선정과 집중 투자를 통한 개발은 관광산업의 새로운 지평을 열 것이다. 이러한 거점 도시들을 관광객이 메인으로 머무는 지점으로 육성하고, 이를 중심으로 주변 소도시들이 낙수 효과를 통해 함께 성장하는 전략은 지역경제 활성화에 필수적이다. 이 과정에서

교통망의 연결과 연계 관광상품의 개발은 방문객들에게 다양하고 풍부한 경험을 제공할 것이다.

허브앤스포크 모델은 바퀴의 중심(hub)과 바퀴살(spoke)을 모방한 모델로, 주로 교통 및 물류 분야에 널리 적용되고 있다. 하지만 이 모델은 수십 개의 소도시가 한 개의 허브와 연결되며, 이러한 허브들이 서로 연결되는 방식으로 관광산업에 적용할 수 있다. 포인트투포인트 모델의 경우 여러 개의 지역을 산발적으로 옮겨다니면서 여행을 해야 하므로 상대적으로 이동의 비효율이나 숙박의 비효율이 발생할 수 있다.

그림 5-10. 허브앤스포크 모델 개념

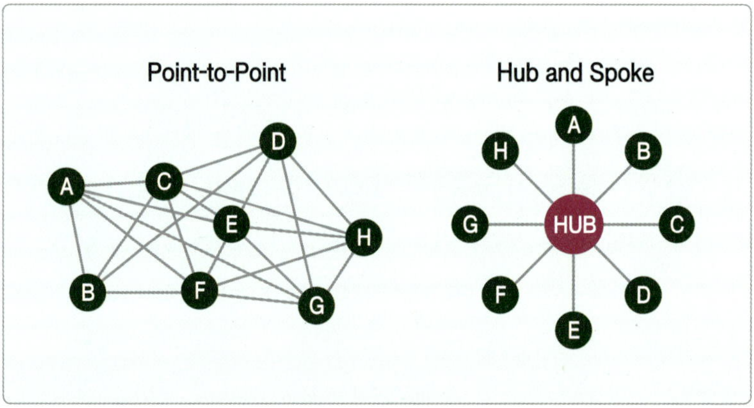

도쿄의 사례는 이러한 전략의 성공적인 적용을 보여준다. 도쿄 도심을 중심으로 한 관광 활동이 주된 축을 이루면서도 요코하마, 하코네, 가마쿠라와 같은 인근 도시들을 연계한 투어 프로그램을 소개하고 있다. 이는 단순히 수도나 거점 관광지에 국한되지 않고 근교 지역까지 아우르며 관광산업을 통합적으로 발전시키고자 하는 의지의 표현이다.

그림 5-11. 도쿄 중심의 허브앤스코프 관광지 사례

출처: livejapan.com

베트남에서도 하노이를 중심으로 하노이 근교 지역을 연계하여 관광 산업이 발달하는 현상이 두드러진다. 하노이는 베트남 관광의 핵심 축으

그림 5-12. 하노이 근교 여행 소개

출처: 트리플

로 자리 잡고 있으며, 관광객들은 기본적으로 2~3박을 방문하고 근교 도시마다 현지 여행사 투어 프로그램을 통해 1~2박씩 추가로 경험하는 구조를 취하고 있다.

영국에서도 근교 여행을 중심으로 한 투어 프로그램이 잘 발달해 있음이 주목된다. 런던은 물론, 영국의 수도에서 관광객들이 흔히 방문하는 런던아이, 버킹엄궁전, 대영박물관 등이 기본적인 투어 코스로 자리 잡고 있다. 그러나 이러한 도심의 명소들을 넘어, 영국은 근교 지역에서의 다양한 관광 프로그램을 통해 더욱 풍부한 관광 경험을 제공하고 있다. 예를 들어, 브라이튼과 세븐시스터스 지역에서는 대자연의 아름다움을 체험할 수 있으며, 옥스퍼드와 케임브리지 지역에서는 명문 대학들과 전통적이며 역사적인 매력을 탐방할 수 있다.

그림 5-13. 영국 런던 추천 여행 코스

출처: 트리플

이와 같이 관광산업의 발전은 허브앤스포크 모델을 기반으로 한 교통과의 긴밀한 연계로 인해 상당한 이익을 얻고 있다. 이 모델에 따라 각 지역의 수도나 주요 도시는 거점으로서의 역할을 수행하며, 이러한 거점으로부터 연계 가능한 근교 지역으로 관광산업이 확산되는 형태가 일반화되고 있다. 이 과정은 교통망의 발달과 더불어 해당 지역의 관광 자원을 효율적으로 활용하고, 더 넓은 범위의 관광객을 유치하는 전략으로서의 기능을 한다. 허브앤스포크 모델을 통한 관광산업의 발달은 수도나 주요 도시를 중심으로 관광의 중심지 역할을 강화하고 있다. 이 모델은 관광객들에게 다양한 문화적·역사적 명소를 제공하는 동시에, 이들 지역을 기점으로 한 근교 지역 여행을 통해 더욱 다양하고 풍부한 경험을 가능하게 한다. 또한 허브가 되는 곳이 도시일 가능성이 커 도시가 주는 혜택을 아울러 누릴 수 있다. 이러한 전략은 관광산업을 통해 지역경제에 새로운 활력을 불어넣고, 지역 간 균형 있는 발전을 촉진하는 데 중요한 역할을 한다.

2019년 대통령 주관으로 열린 〈대한민국 관광 혁신전략〉 발표를 기점으로 한국의 관광산업 발전 방향도 허브앤스포크 모델을 기반으로 할 것으로 전망된다. 이전의 지역균형발전과 관광산업의 공적 지원 확대를 목표로 하는 방식에서 벗어나, 관광 거점을 우선적으로 육성하는 방향으로 전략이 수정되었다. 이후 3년간의 재검토를 거쳐 2022년에는 국제관광도시 1곳(부산)과 지역관광거점도시 4곳(강릉, 안동, 전주, 목포)을 2024년부터 집중적으로 육성하기로 결정하였다. 그 한 예로 국제관광도시로 선정된 부산은 인근 도시인 부울경(부산, 울산, 경상남도)의 콘텐츠와 연계한 허브앤스포크 모델을 적용하고 있다. 즉, 부산을 중심으로 해양 관광 활성화뿐만 아니라 주변 지역의 산업화 관광 등 다양한 콘텐츠를 결합함으로써,

그림 5-14. 관광거점도시 비전 및 목표(2024년 이후 추진)

■ 본 사업의 비전 및 목표

현황(2019년)	계획(2024년 이후)
• 방한 관광객 서울 집중 및 지역방문 미약	• 지방공항 등 입국경로 다양화 및 관광거점도시로 방한 관광객 방문 확대 • 관광거점고시 중심으로 인접 지역 파급효과

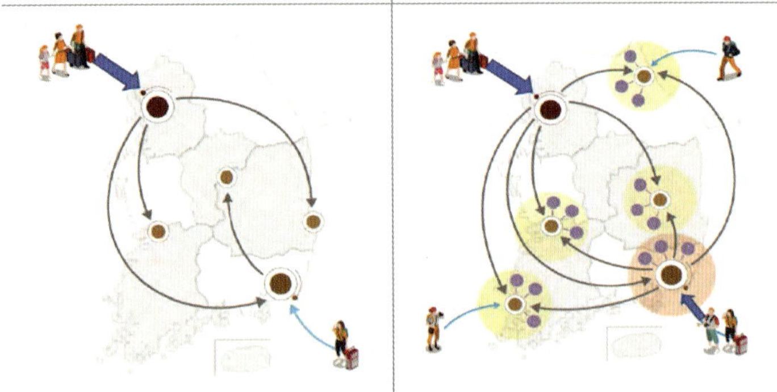

[방한 관광객 시도별 방문율] → 0.8~14%	[방한 관광객 시도별 방문율] → 2~20%

■ 본 사업 추진방향

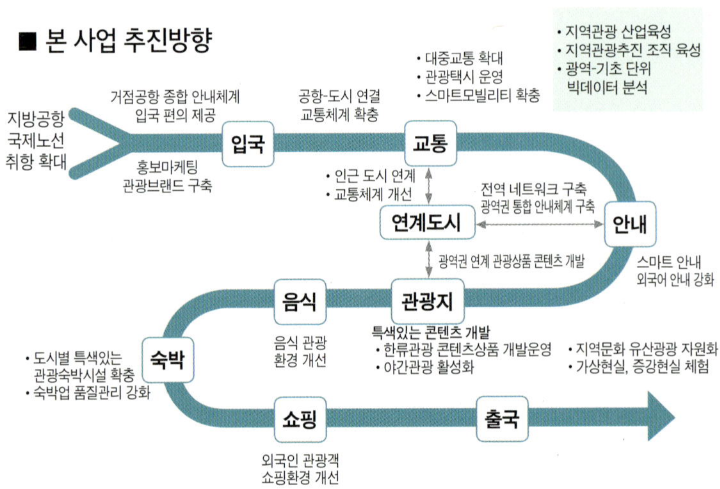

출처: 대한민국 관광 핵심전략

■ 부산광역시 사업계획

	부산광역시
추진목표 및 비전	• 부산 관광자원개발 및 홍보/마케팅을 통한 인지도 강화 • 영화와 축제, 여행의 자유가 있는 해양문화도시
사업개요	• 총사업비: 1,442.7억 원(국비 500억 원, 지방비 942.7억 원) • 핵심사업: 세계적인 관광도시 브랜드 육성사업(43개) • 전략사업: 외국인 관광객 여행장벽 해소 및 관광산업 역량강화 사업(21개) • 연계협력 사업: 타 지자체 및 관련 사업과의 연계협력 사업(11개)
주요내용	• 광안대교, 부산항대교 등 해안교량에 레저시설, 야간경관시설, 보행로 설치 • 각종 영화 관련 행사·상품 연중 운영 및 불꽃축제 등 기존 축제 규모 확대 • 부산 산복도로 예술계단 조성, 주민참여 콘텐츠 개발 등 골목 생활관광자원화 • 해상버스·수륙양용버스 등 해상교통체계 및 콘텐츠 구축 • 을숙도 등 대중교통이 취약한 서부산권 투어버스 운영 • 벡스코 내 국제회의산업(이하 MICE) 지원센터 설치, 특화 회의 개발 등 MICE 활성화 • 부산항 등 크루즈 기항지 여행상품 개발, 홍보 • 부산·울산·경남 등 동남권 협력 사업 추진

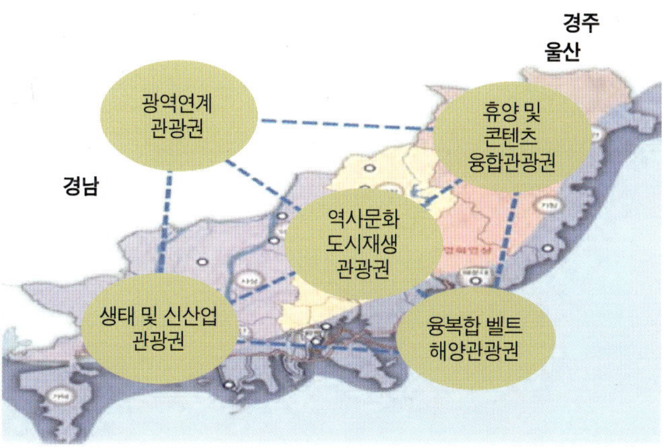

출처: 부산시 관광거점도시 육성사업 기본계획

관광객들에게 보다 풍부하고 다채로운 경험을 제공하는 것이 목표다.

이러한 방향성은 해당 5곳의 관광 거점(hub)을 육성하고, 이를 거점으로 근교(spoke)를 발전시키는 전략을 포함한다. 구체적으로 지방공항의 활성화를 통해 인근 권역과의 연계를 강화하는 방식을 채택하고 있다. 이는 글로벌 도시들이 추진하는 방향과 일맥상통하며, 한국 관광산업의 국제적 경쟁력 강화에 기여할 것으로 기대된다. 이러한 전략적 접근은 한국 관광산업의 지속 가능한 발전을 도모하고, 국제 관광 시장에서의 입지를 강화하는 데 중요한 역할을 할 것이다. 이러한 사업의 추진은 2024년도 이후에도 효과적으로 이루어질 것으로 보이는데, 관광허브인 거점 지역에의 우선 투자가 선행되는 것이 전략의 핵심과제이다.

한국을 넘어, 서울을 넘어, 거점 단위 마케팅 강화

관광산업의 초기 발전 단계에서 한국 전반과 특히 서울 중심의 관광마케팅은 불가피한 전략이었다. 그러나 향후 각 거점 전략에 따른 개발이 활성화됨에 따라 독자적인 권역별 마케팅을 추진하는 것이 필요하다. 관광선진국의 전략에서 보듯이 제2의 도시나 지방 거점도시들이 자체적인 마케팅을 통해 관광을 활성화시킨 사례는 이제 한국에서도 중요한 교훈이 될 수 있다. 이는 서울만으로 대변되던 한국 관광이 이제는 관광객 다변화 차원에서 다양한 도시 및 지역으로의 분산 관광을 통해 관광자원의 공급을 확대하는 전략이 필요하다. 이는 관광 대국으로 성장하기 위한 필수 조건이다.

우리나라의 각 권역 도시는 경쟁적으로 외래 관광객을 유치하기에 각자의 노력을 경주하여야 한다. 이를 위해 해당 각 권역을 대표하는 도시와 인근 지역은 차별화된 마케팅 활동이 필수적이다. 목표 고객을 정의하고, 경쟁력 있는 관광자원 개발과 동시에 다양한 프로모션 활동이 필요하다. 특히 해당 도시나 인근 지역의 브랜딩 전략은 필수적이다. 즉 도시의 인지도를 높이고 브랜드 연상을 강화하면서 브랜드 자산을 구축하는 것이다.

실제로 선진국에서는 수도를 제외한 도시들도 자체적인 브랜딩을 통해 경쟁력 있는 도시로 포지셔닝하는 사례가 늘고 있다. 예를 들어, 스위스의 바젤은 인구가 20만 명에 불과하지만, 'City Marketing for Basel the first step'이라는 자체 브랜딩 프로젝트를 1999년부터 실행하였다. 이는 5년간의 준비 끝에 도시 브랜딩을 자체적으로 이끌 도시마케팅 부서의 설립으로 이어졌다. 특히, 이 부서의 발족 목적은 일관성 있는 브랜딩을 추진하기 위함이었다. 그 결과, 2021년 바젤은 '아트 바젤(Art-Basel)'로 불리며 세계에서 가장 큰 시계보석박람회 'Basel World'가 열리는 럭셔리 주얼리의 도시로 성공적인 포지셔닝을 하게 되었다.

포르투갈의 포르투는 2천 년의 역사를 자랑하는 제2의 도시로, 유네스코 문화유산만 15개를 보유하고 있음에도 불구하고 과거에는 가진 자원에 비해 도시 브랜딩이 활성화되지 못했다. 이에 2014년 시민의 의견을 반영하여 도시 리브랜딩을 추진하기로 결정했다. 이 리브랜딩 작업은 디자이너 에두아르도 아이리스가 이끄는 화이트 스튜디오에 의해 전담되었다. 포르투의 시민들로부터 트램, 루이스 1세 다리, 도루 강, 포트와인 등 도시를 대표하는 다양한 시그니처 22개를 선정하여 아이콘 및 패턴으로 제작했다. 이를 통해 아이콘마다 의미는 다르지만, 같은 브랜딩 콘셉트하에 일관되게 도시를 홍보하는 전략을 택했다.

이러한 도시 브랜딩 전략은 우수사례로 평가받으며, 관광뿐만 아니라

그림 5-15. 포르투 도시 브랜딩 사례

출처: White Studio

도시 전반의 활성화를 이끌어낸 우수 사례로 소개되고 있다. 포르투의 리브랜딩 사례는 단순히 도시 이미지를 새롭게 하는 것을 넘어 시민과의 소통을 통해 도시의 정체성을 재정립하고, 이를 바탕으로 한 통합적인 마케팅 전략을 통해 도시 브랜딩의 성공 모델을 제시하고 있다.

한국 역시 글로벌 관광도시로의 도약을 위해 각 거점의 브랜딩 사례를 참고해야 한다. 정부가 추진하는 5대 권역을 중심으로 한 도시 브랜딩 전략을 심도 있게 고민하고, 서울을 넘어서는 관광권역의 포지셔닝을 적극적으로 확대해 나가야 한다. 이는 국내 관광산업의 다각화와 지역경제의 활성화에 기여할 뿐만 아니라, 한국을 글로벌 관광시장에서 더욱 경쟁력 있는 나라로 만들어 줄 것이다.

3절 | 정부 주도의 국가 브랜딩

국가 차원의 한국 관광브랜딩 강화

인바운드 관광 활성화의 출발점은 대한민국을 매력적인 관광지 후보로 세계인의 마음속에 자리매김하게 만드는 국가 차원의 브랜딩 활동이다. 이러한 활동은 투자 대비 단기적인 효익이 불명확하나, 국가 단위에서 마케팅할 수 있는 주체는 중앙 정부이다. 따라서 정부 주도로 마케팅 전략을 수립하고 각 부처, 지자체 및 민간이 협동하여 일관된 브랜딩 활동이 수행되어져야 한다. 기본적으로 브랜딩 활동은 관광 차원에서 한국에 대한 브랜드 인지도를 높이고 이미지를 좋게 만드는 것이다. 또한 많은 연상을 통해 한국 관광에 대한 브랜드를 지속적으로 상기케 하는 것이다. 이 활동은 다분히 공적이고 국가적인 활동으로 수행되었을 때 관광 관련 공공부문과 민간기업에 직간접적 혜택이 돌아갈 수 있다.

관광대국들은 정부 주도하에 관광객 유치 우선순위 국가를 정하고 대상 국가들에 대한 철저한 환경 분석에 근거한 전략 수립을 먼저 실행한다. 이어지는 과정에서 이러한 전략에 맞춰 일관된 관광 주체들의 세부 실행과제들이 이루어질 수 있도록 한다. 예를 들어 미국의 경우, 관광 관련 국가 마케팅 및 브랜딩을 담당하는 별도 기관인 'Brand USA'를 운영하고 있다. 'Brand USA'는 2012년 〈China, Office of Travel and Tourism Industry〉 보고서를 발간하여, 중국인들이 선호하는 관광 형태와 관광 특성에 대한 상세한 분석 내용을 제시했다. 이는 중국인들이 관광 관련 정보를 어떻게 취득하는지, 주로 방문하고 싶어 하는 관광지가 어디인지 등을 자세히 분석한 것이다.

이를 바탕으로 미국 'Brand USA'는 2014년 <2014 회계연도 중국 대상 Brand USA 비즈니스 계획(China in Brand USA's Fiscal 2014 Business Plan)>이라는 이름으로 중국 관광객 유치를 위한 계획을 발표했다. 이와 같은 사례는 글로벌 관광시장에서 경쟁력을 갖추고 인바운드 관광을 활성화하기 위한 국가 차원의 브랜딩과 마케팅 전략 수립의 중요성을 시사한다.

국가별로 차별화된 전략과 실행과제를 설계해야 한다

이러한 정부 주도적인 마케팅 전략은 대상 국가별로 차별화될 정도로 상세하고 구체적인 분석에 기초하여 수립되어야 한다. 즉, 인바운드 관광 활성화를 위한 핵심 대상 국가의 우선순위를 정하고, 타깃 국가의 관광객 니즈를 파악하여 가치명제(value position)를 구체화해야 한다. 그리고 이러한 가치를 구현하기 위한 전략과 실행과제를 만드는 것이 핵심이다.

EU의 사례를 보면, 타깃 국가 및 관광 경쟁국가의 목표 고객에 대한 분석 리포트를 발간하고 이를 기반으로 인바운드 관광 활성화 전략을 만든다는 점에서 시사점을 얻을 수 있다. 해당 리포트는 EU가 유치하고자 하는 중국, 일본, 브라질, 캐나다, 러시아, 미국 시장에 대해 해당 국가의 특성과 주요 경쟁자들의 활동을 분석한 것이다.

호주는 성장세를 보이는 중국 관광객 유치를 목표로 2011년 <2020년 호주-중국 관광 전략 계획(Tourism Australia-China 2020 Strategic Plan)>을 발표하였다. 이 계획은 중국 관광객 유치를 위한 상세한 분석과 앞으로의 추진 계획을 포함하고 있다. 호주 정부는 이 리포트를 통해 중국 시장 내에서 호주의 장점과 가능성을 분석하였으며, 해당 전략을 기반으로 실제로 추진했던 내용들을 소개하고 평가하였다.

표 5-9. EU의 Marketing Strategies for Tourism Destinations. Target Market: China 구성

분류	내용
중국의 아웃바운드 여행 시장	• 크고 빠르게 성장하는 시장 • 유럽에 대한 중국의 관광산업 • 중국인 여행객의 특징 • 성장 동력 • 성공적인 관광지 전략
중국 시장에서의 여행 목적지	• 비자 요건 • 항공편 • 정치적, 경제적, 사회문화적 연결고리 • 고객 평가
중국 시장 내 유럽의 주요 경쟁자	• 목적지 마케팅 조직 • 호주/한국/말레이시아/뉴질랜드/러시아/태국/미국
경쟁국가들의 마케팅 전략	• 호주의 중국 대상 마케팅 전략 • 미국의 중국 대상 마케팅 전략
중국 내 마케팅의 핵심 요소	• 마켓 인지 • 마케팅 성과와 기회

출처: EU

표 5-10. 중국인 관광 시장에서의 경쟁력을 갖기 위한 전략

전략	내용
전략 1	중국인 관광객 특성 분석
전략 2	호주의 지리적 전략
전략 3	양질의 호주 관광 경험 제공
전략 4	항공 개발 환경을 건전하게 유지
전략 5	정부와 민간의 강력한 파트너십 기반 추진

일본은 2016년에 발표한 <일본 경제 활성화를 위한 새로운 관광 전략>에서 관광산업을 국제경쟁력을 갖춘 산업으로 육성하기 위한 두 번째 비전을 제시하였다. 이 비전에서 일본은 핵심 타깃 권역으로 미국, 유럽, 호주를 직접적으로 언급하며, 이들 지역을 대상으로 한 구체적인 활동을 연결시켰다.

표 5-11. 일본의 서구 지역 관광객 타깃 전략

전략1	2020년 도쿄 올림픽뿐만 아니라, 일본에서는 인기가 낮지만 해당 권역에서 인기 있는 스포츠인 럭비 올림픽을 2019년 개최하는 등 해당 국가 관광객들이 관심을 가질 만한 메가(Mega) 이벤트 개최에 초점을 맞춤
전략2	미국, 호주, 유럽을 우선으로 관광 활성화 예산을 배정한다는 원칙을 밝힘. 이와 관련된 콘텐츠를 글로벌 자문단과 연계하여 제작. 글로벌 광고 대행사 활용 및 유명 외국인들을 섭외해 일본을 체험하는 영상을 제작
전략3	해당 국가들에 가장 영향력 있는 매체와 협력하여 브랜딩 콘텐츠를 제작
전략4	해당 국가들의 인플루언서 및 오피니언 리더들을 초대하고, 일본에서의 경험을 담은 영상을 해외 주요 방송사에 송출

국가 단위 마케팅은 해외 비즈니스 파트너십이 중요하다

다른 국가를 대상으로 한 국가 마케팅에 있어서는 자국의 비즈니스 네트워크에만 의존하는 것이 아니라 국제적인 파트너십이 필수적으로 수반되어야 한다. 인바운드 관광 활성화를 위한 마케팅 대상 국가의 정부, 지자체, 관광 단체뿐만 아니라 로컬 항공사와 여행사를 포함한 광범위한 비즈니스 협업 체계의 마련이 요구된다. 이는 국가 간 공식적인 업무뿐만 아니라, 해당 지역의 예비 관광객의 특성을 파악하고 맞춤형 브랜딩 전략을 구사하는 데에도 효과적이다. 또한 해당 국가의 국적 항공사, 여행사, 여행 플랫폼 기업, 언론사 등과의 마케팅 협업은 현지화된 홍보 활동을 하는 데에 효과적이다.

호주의 경우, 〈Tourism Australia China 2020 Strategic Plan〉을 통해 고객을 분석한 후 현지 정부, 지자체, 항공사, 여행사, 금융사와 협업하여 홍보 활동을 추진하였다. 특히 정부 및 지자체와의 협력을 통해 현지에서 가장 유효한 채널인 로컬 여행사들에게 호주 관광상품의 특징을 교육할 수 있는 기회가 되어, 성공적으로 호주 브랜딩 캠페인을 추진할 수 있었다.

표 5-12. Tourism Australia China 2020 Strategic Plan

활동	내용
중국어 관광사이트 개설	현지 정부의 도움을 통해 중국 소비자 그룹에 의한 컨설팅을 받음. 이를 적용하여 중국 SNS와 연계하여 트렌드를 반영한 관광 콘텐츠를 게시하는 사이트로 운영.
중국 주정부+로컬관광단체+항공사+여행사+금융사 파트너십 마케팅 추진	China Southern Airlines, Air China Union-pay, China Travel service 등 정부 외에도 민간 주요 채널과 협동하여 마케팅. 해당 마케팅은 중국 소비자 2천2백만 명에게 도달.
중국 지역 관광공사 협력 통한 여행사 교육	전략리포트 中 현지에서는 "Travel Agents are Key"라는 내용이 있었고, 이에 따라 현지 4,700여 개 지역 여행사에 호주 관광 관련 교육 진행.

출처: 호주 정부

국가 단위의 마케팅은 민간 스스로 하는 데 한계가 있다. 그러므로 국가의 국내기업 그리고 해외 네트워크를 활용한 유기적인 비즈니스 협업

시스템을 구축하고, 이를 여러 나라에 카피하듯이 실행하는 해외시장 개척 및 확대 전략이 시급하다.

4절 | 플랫폼을 활용한 마케팅 전략

국가 차원의 관광 마케팅을 위해 플랫폼과의 협력은 필수적이다

플랫폼 경제가 확산됨에 따라 국가 마케팅에 있어서도 국내외 플랫폼과의 협력은 필수적이다. 관광객들이 여행의 준비 과정에서 영감을 얻는 순간부터 정보 습득, 비교 및 예약에 이르기까지 플랫폼을 통해 가장 많은 정보를 획득하고 관광상품과 서비스를 구매한다. 그러므로 현실을 고려할 때, 국가 차원의 전략적인 메시지가 일관되게 관광객에게 전달될 수 있도록 글로벌 플랫폼을 이해하고 활용하는 전략이 필요하다.

2014년 미국은 중국 내에서 AVAREPS와 Brand USA 캠페인을 추진할 당시 다양한 플랫폼 파트너와 협력하였다. 중국 최대의 소셜 네트워크인 웨이보와 Wechat 운영사 Weixin과의 협력을 통해 8주간 Brand USA 캠페인을 전개하였으며, 해당 기간 내 노출 수는 약 400만 건에 달했다. 추가적으로 Authorized Brand USA 마케팅 파트너로 글로벌 및 중국 로컬 OTA들을 지정하였으며, 글로벌 사업자로는 Expedia, TripAdvisor, Orbitz Worldwide 등과 로컬 사업자로는 Elong과 같은 OTA와 협력하여 캠페인을 진행하였다.

여행과 밀접한 OTA의 활용도 중요하지만, 매 시기 Next Generation이 활발히 사용하는 플랫폼을 관광 브랜딩에 접목시키는 것도 중요하다. 스위스는 2020년 리오프닝을 맞아 유튜브를 통해 자국의 저명인사를 활용한 알프스 로드트립 홍보 영상을 릴리즈하였으며, 조회수 1억 뷰를 기록했다. 특히, 단순한 국가 브랜드 홍보가 아니라 '로드트립'과 같은 차별화된 콘텐츠를 MZ세대가 많이 사용하는 플랫폼에 홍보하고 뷰어들의 반응을 이끌어낸 점에서 의미가 있다.

그림 5-16. 유튜브 투어리즘 브랜딩 사례(스위스)

출처: 유튜브 MySwitzerland 공식계정

유튜브뿐만 아니라 TikTok과 같은 숏폼 콘텐츠를 통한 특정 국가 및 관광지의 아름다움 홍보 전략도 활성화되고 있다. 이는 단순히 특정 플랫폼의 유행을 따르는 것을 넘어서, 대중의 플랫폼 사용 트렌드를 미리 파악하고 이를 브랜딩에 활용할 수 있는 역량의 중요성을 강조하는 것이다.

그림 5-17. 틱톡을 통한 Tourism Branding

출처: tiktok_uk 공식계정

K-컬처의 확산은 글로벌 소셜미디어와 플랫폼 덕분

K-pop, 영화, 드라마의 제작은 한국의 전통적인 환경에서 전통적인 국내 제작자와 아티스트 들에 의해 이루어졌으나, 전 세계적인 유통은 유튜브, 넷플릭스를 필두로 한 글로벌 플랫폼 없이는 불가능했다. K-pop 글로벌화의 선두 주자인 싸이의 '강남스타일'은 현재 누적 조회수 50억 회 이상을 기록하며, 2012년 7월 공개 이후 단기간 내에 유튜브 역대 최다 조회수 10억 뷰를 달성했다. 이후 2014년 5월 말 유튜브 역사상 최초로 20억 뷰를 넘어섰다. 싸이에 이어 2018년 발매된 블랙핑크의 'DDU-DU DDU-DU'가 누적 조회수 21억 회, 2019년 발매된 BTS의 '작은 것들을 위한 시'가 누적 조회수 17억 회를 기록하며, K-pop은 유튜브라는 동영상 플랫폼을 통해 쉽게 글로벌 시장에 알려지게 되었다. 또한, 《오징어 게임》은 넷플릭스 채널에서 모두 최초이자 최고의 기록을 가진 콘텐츠이

며, 비영어 드라마로는 넷플릭스 첫 1위를 기록했다. 공개 후 28일 동안 글로벌에서 16.5억 시간 재생되며, 55일간 전 세계 모든 국가의 넷플릭스 순위에서 1위를 기록하기도 하였다.

글로벌 플랫폼을 통한 콘텐츠 유통은 국내 제작사의 이익이 제한되고, 유통 플랫폼이 수익의 상당 부분을 가져가는 등 한계도 존재한다. 그럼에도 불구하고 과거의 콘텐츠 유통 구조에서는 불가능했던 전 세계 시장을 대상으로 한 K-컬처의 획기적인 확산은 글로벌 플랫폼의 존재에 기인한다고 해도 과언이 아니다.

예를 들어, 원더걸스는 2009년 미국 진출 초기에 미국의 메이저 매니지먼트사 CAA와의 전략적 제휴를 통한 진출을 추진했으나 계약이 불발되었다. 이후 현지 매니지먼트 없이 직접 진출하여 미국의 미디어 산업에 도전했다. 당시 미국 시장은 소수의 대형 매니지먼트가 음악 시장의 80%를 장악하고 있었으며 방송, 공연 기획, 광고 등 여러 분야를 통제하고 있었는데, 이러한 폐쇄적인 구조 때문에 성공하기 어려웠다.

그러나 넷플릭스, 유튜브와 같은 글로벌 플랫폼 전성시대에는 제작한 콘텐츠를 글로벌 콘텐츠 제작자들과 동일한 조건에서 전 세계에 배포할 수 있으며, 콘텐츠만 경쟁력이 있다면 지역과 국가에 상관없이 콘텐츠에 대한 대중들의 선호도로만 평가받을 수 있는 환경이 형성되었다. 즉, 콘텐츠 제작 역량만 있다면 이미 만들어진 유통 프레임을 활용하여 글로벌 시장에 진출할 수 있는 여건이 마련되었음을 의미한다.

글로벌 플랫폼을 통한 한국 관광 마케팅이 필요하다

관광도 콘텐츠와 유사한 속성을 지니고 있다. 대부분 관광상품과 서비스의 제공은 로컬 환경에서 이루어지지만, 인바운드 관광의 성공을 위해서는 글로벌 소비자들에게 효율적으로 홍보되고 전달될 필요가 있다. 관광산업은 규격화된 제품을 제공하는 것이 아니라 소비자들에게 경험을 소비하게 하는 산업으로, 소비자들의 취향과 시간을 점유하기 위한 글로벌 무한 경쟁 체제 안에서 운영된다. 이러한 상황에서는 관광산업이 단순히 지역적인 매력에 의존하는 것을 넘어서, 전 세계 소비자들을 대상으로 한 자국의 관광상품과 서비스를 알리는 마케팅 전략이 중요하다.

또한, 관광상품을 소비자에게 전달하는 플랫폼이 글로벌 차원에서도 과점 시장을 형성하고 있다는 점 역시 관광산업과 콘텐츠산업 간의 중요한 공통점으로 드러난다. 글로벌 관점에서 볼 때 구글, 유튜브, 아마존, 넷플릭스, 메타(전, 페이스북), 부킹홀딩스 등의 초거대 플랫폼 기업들이 각각의 사업영역에서 독과점 구도를 형성하고 있으며, 국내에서도 네이버, 카카오, 쿠팡과 같은 플랫폼 기업들이 각각의 분야에서 유사한 양태를 보이고 있다. 이는 소비자들에게 정보와 서비스를 제공하는 주요 경로가 특정한 플랫폼에 집중되어 있음을 시사하며, 이러한 플랫폼들을 통해 상품과 서비스를 효율적으로 홍보하고 유통하는 전략이 효과적일 수밖에 없다. 특히 글로벌시장을 타깃으로 하는 크로스보더 플랫폼들의 전 세계적 시장 지배력이 커질 것으로 예상되기 때문에, 인바운드 관광을 활성화하는 데 있어서 이들 플랫폼들을 적극 활용하는 방안이 필요하다.

즉, 한국의 관광 콘텐츠와 자원을 글로벌 잠재 관광객들에게 널리 알리기 위해서는 글로벌 플랫폼과의 긴밀한 협력이 필수적이다. 이는 글로벌 플랫폼들이 제공하는 콘텐츠 유통경로와 전 세계 소비자 접점을 활용할 수 있는 기회를 제공한다. 특히, 슈퍼앱이라 불리는 몇몇 플랫폼들은 금융, 음식 배달, 티켓 예매, 쇼핑, 게임 등 다양한 라이프스타일 서비스를 통합하여 제공함으로써 사용자들에게 원스톱 솔루션을 제공하고 있다. 이러한 해당국의 주요 플랫폼이나 글로벌 플랫폼을 통해 한국의 관광 콘텐츠를 전 세계 사용자들에게 효과적으로 전달할 수 있는 서비스 설계는 관광산업의 글로벌 경쟁력을 강화하는 데 결정적인 역할을 할 수 있다.

이 과정에서 글로벌과 국내의 민간 사업자들이 유기적으로 협력할 수 있는 여건과 인센티브를 제공할 수 있는 정부의 정책 방향성이 중요하다. 특히, 국내외 민간 플랫폼 및 솔루션 사업자들의 협력을 유도하고 지원하는 정책은 한국의 관광 콘텐츠가 글로벌 시장에서 경쟁력을 갖출 수 있는 데 도움을 줄 것으로 생각된다. 결국, 한국 관광 콘텐츠의 글로벌 시장진출을 꾀하고 한국 관광자원을 알리기 위한 전략적 접근과 협력은 한국 관광산업의 성장과 글로벌 경쟁력 강화에 핵심적인 요소가 될 것이다.

CHAPTER **6**

상품·서비스: 한국의 독특한 매력 발견

1절 | 한국행 티켓으로서의 K-pop

K-pop, 황금알을 낳는 오리가 나타났다

K-pop의 전 세계적 확산은 아시아 국가들을 넘어선 문화 현상으로 자리 잡고 있다. 이는 단순히 지역적인 인기에 그치지 않고, 세계 곳곳으로 뻗어나가고 있다. K-pop 아티스트들의 종합 정보를 제공하는 '케이팝레이더'가 2019년에 발표한 '2019 Global K-pop Map'은 이러한 현상을 명확히 드러낸다. 2018년 하반기부터 2019년 상반기에 이르기까지 유튜브에서의 영상 조회수를 기반으로 한 집계에 따르면, K-pop 소비의 90%가 해외에서 발생하고 있다. 특히, 베트남, 미국, 일본 등 상위 10개국에서 거의 비슷한 비율로 K-pop을 소비하고 있는 것으로 나타났다.

더불어, 케이팝레이더는 트위터(현, X)와의 공동 분석을 통해 〈#Kpop

Twitter 2020 World Map>을 발표하였다. 이를 통해 K-pop이 아시아뿐 아니라 미주, 남미, 유럽, 중동 등 전 세계적으로 광범위하게 퍼져있다고 설명했다. 'K-pop 팬이 가장 많은 국가 Top 20'에는 미국, 일본, 멕시코, 스페인, 영국, 사우디아라비아 등이 포함되었으며, 이는 국가별 K-pop 연관 트윗 사용자수를 기준으로 한 집계 결과이다. 인포그래픽에 표시된 대로 2010년부터 2020년까지 10년간의 트위터 내 K-pop 대화량을 분석한 결과, K-pop의 글로벌 확산 상황을 파악할 수 있다. 이러한 분석은 K-pop이 단순한 음악 장르를 넘어서 글로벌 문화 현상으로 자리 잡았음을 보여준다.

그림 6-1. K-pop 대화량 확산 지도(2010~2020년)

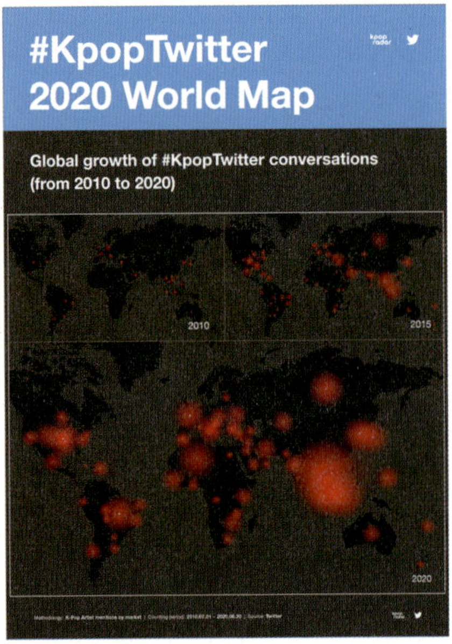

출처: 케이팝레이더, 트위터코리아

K-pop의 세계적인 문화 현상 중에서도 BTS는 그 선두 주자 역할을 톡톡히 하고 있다. 중앙일보의 분석에 따르면, 해외에서의 K-pop 소비 비중 중 BTS가 차지하는 비율은 20%를 넘고 특히 트위터에서의 언급량이 가장 많은 그룹으로 꼽히고 있다. 이는 BTS가 단순한 음악 그룹을 넘어, 전 세계적으로 영향력을 미치는 문화 아이콘으로 자리매김하고 있음을 의미한다.

표 6-1. BTS 연간 국가별 유튜브 조회수(2021년 3월~2022년 2월)

순위	국가	조회수 (공식 뮤직비디오+가사 동영상)
1위	일본	20.4억
2위	인도	16.5억
3위	인도네시아	10.5억
4위	멕시코	10.4억
5위	미국	9.1억
6위	한국	7.7억
7위	필리핀	7.6억

출처: 중앙일보

K-pop의 전 세계적인 인기가 높아지면서, 그 경제적 가치와 효과 역시 막대한 것으로 추정되고 있다. 한국수출입은행이 발표한 <K콘텐츠 수출 경제효과> 보고서에 따르면, K-콘텐츠의 수출이 1억 달러 증가할 경우 소비재 수출은 1.8억 달러를 견인하고, 생산유발효과는 무려 5.1억 달러에 달하였다. 또한, 취업 유발 인원은 2,982명이 증가한다고 발표되었다.

특히 주목할 점은 음악 수출, 즉 K-pop의 영향력이다. 음악 콘텐츠 수출 증가는 소비재 등의 수출을 견인하고 있는 것으로 나타났다. 예를 들어, 1억 달러의 음악 관련 수출은 소비재 수출 21.86억 달러, 화장품 수출 2.39억 달러, 가공식품 수출 1.17억 달러, 그리고 가전 및 휴대폰 수출 18.64억 달러가 증가하는 등 K-콘텐츠 중에서도 K-pop이 소비재 전 분야에 걸쳐 높고 유의미한 견인 효과를 보이고 있다. 이는 소비재 수출액을 종속 변수로 하고 K-콘텐츠 수출액, 수입 지역 GDP, 한국의 GDP, 지역 간 거리, 환율 지수 등을 독립 변수로 한 회귀 분석 결과에 기반한다. 이러한 분석 결과는 K-pop이 단순한 문화 콘텐츠를 넘어, 한국 경제에 있어 중요한 역할을 하고 있음을 명확하게 보여준다.

팬덤은 재방문의 열쇠를 쥐고 있다

K-pop에 대한 전 세계적인 팬덤은 단순히 온라인상의 현상에 그치지 않고, 한국에 대한 깊은 관심과 실제 방문 의지로 이어지고 있다. 2019년 한국관광공사가 글로벌 K-pop 팬을 대상으로 실시한 조사에 따르면, 글로벌K-pop 팬들 중 압도적인 다수인 90%가 향후 한국을 관광 목적으로 방문할 의향이 있다고 밝혔다. 이 중에서도 76.4%는 1년 이내에 한국을 방문할 계획이 있음을 나타내어, K-pop 팬덤이 한국 관광산업에 긍정적인 영향을 미칠 수 있는 큰 잠재력을 나타낸다. 더욱 주목할 만한 점은 이러한 관광 의향이 중국, 일본과 같은 인접 국가에서뿐만 아니라 스페인, 멕시코, 독일과 같은 비인접 국가에서도 높게 나타나고 있다는 사실이다. 이는 K-pop이 전 세계에 걸쳐 한국을 글로벌 관광 목적지로 부각시키는 중요한 역할을 하고 있음을 의미한다.

표 6-2. 향후 관광 목적 한국 방문 의향

구분		의향 없음(%)	의향 있음(%)
전체		3.4	89.8
성별	남자	7.6	79.6
	여자	3.1	90.4
국적	아시아&중동	3.9	88.8
	미주	1.4	93.5
	구주	0.9	95.8
	오세아니아&기타	1.0	92.9
연령	10대	1.2	94.1
	20대	2.5	91.5
	30대	4.1	87.6
	40대	6.2	85.7
	50세 이상	5.9	85.6

출처: 한국관광공사

K-pop 팬들 중 실제로 최근 3년 내에 한국을 방문한 이들 가운데, K-pop의 선호도가 한국 관광 결정에 중요한 영향을 미쳤다고 응답한 비율이 86.8%에 달하였다. 이는 K-pop이 실질적인 관광 유발을 이끌어내고 있음을 증명한다.

일본과 한국을 방문하는 홍콩인 관광객의 구성을 비교해보면, 한국의 경우 특히 젊은 여성들이 많이 방문하는 현상이 두드러진다. 이는 한국 아이돌 및 K-pop에 대한 홍콩 내 젊은 여성들의 높은 선호도를 반영하는 것으로 해석할 수 있다. 이러한 경향은 단순한 관광 통계를 넘어 K-pop

표 6-3. K-pop 선호도가 한국 관광 결정에 미친 영향

구분		영향 없음(%)	영향 있음(%)
전체		5.3	86.8
성별	남자	9.9	73.3
	여자	5	87.5
국적	아시아&중동	4.1	89
	미주	6.7	78.3
	구주	16.8	69.1
	오세아니아&기타	12.1	75.9
연령	10대	4.6	92.4
	20대	4	89.2
	30대	5.7	85.1
	40대	7	83.6
	50세 이상	10.7	77.4

출처: 한국관광공사

과 한국 문화 콘텐츠가 글로벌 팬덤, 특히 젊은 세대 여성들 사이에서 얼마나 강력한 영향력을 행사하고 있는지를 드러낸다.

이와 같이 K-pop이 향후 글로벌 경제를 주도할 Gen-Z세대 사이에서 큰 인기를 끌고 있는 현상은 분명 주목할 만하다. Gen-Z세대가 현재뿐 아니라 미래 방한 관광객의 주요 수요층으로 자리매김할 가능성이 높다. 더 나아가 이들이 단순한 일회성 방문에 그치지 않고 반복적인 방문을 할 수 있다는 점에서, K-pop의 영향력은 한국 관광산업에 있어 긍정적인 장기적 효과를 기대하게 한다.

표 6-4. 2019년 일본, 한국 방문 홍콩인 관광객 구성비

구분	방일 홍콩인(%)		방한 홍콩인(%)	
	남성	여성	남성	여성
20세 미만	6.6	6.4	5.5	8.4
20-29세	7.6	9.3	5.8	15.2
30-39세	10.0	11.9	6.2	12.6
40-49세	8.6	11.2	6.2	12.6
50-59세	7.4	10.0	6.0	10.9
60세 이상	4.9	6.2	4.2	6.4

출처: 한국관광공사

관광객 유치를 위한 K-pop 공연 인센티브 제도가 필요하다

K-pop은 한국이 보유한 가장 강력한 외국인 관광객 유입 콘텐츠로 자리 잡고 있다. 이는 외국인 관광객의 유입이 단순한 방문을 넘어 수출과 유사한 경제적 효과를 발휘한다는 점에서 중요하다. 그럼에도 불구하고 현재 관광산업의 활성화를 위해 K-pop을 핵심 요소로 이용하는 방안은 충분히 활용되지 못하고 있는 상황이다. 특히 외국인 관광객 입장에서 인기 있는 공연의 예매가 어려운 점은 이들의 방한을 어렵게 만드는 요인 중 하나이다.

이러한 문제를 해결하고 K-pop 공연을 외국인 관광객 유치의 핵심 요소로 활용하기 위해서는, 공연 산업을 대상으로 한 외국인 유입과 관련된 인센티브 제공을 고려해 볼 필요가 있다. 국가 차원에서 수출을 장려하기 위해 제공하는 다양한 인센티브, 예를 들어 투자 지원, 정책 지원, 인

프라 확충 등에 준하는 혜택을 공연 관련 산업에도 마련함으로써 외국인 유치를 적극적으로 장려하는 방안을 모색해야 한다.

인터파크 글로벌 데이터에 따르면, K-pop 공연 예매의 약 30%가 글로벌 팬덤에 의해 이루어지고 있다. 그러나 동시접속자 수가 많아 100만 명이 넘는 티켓팅 환경에서 외국인이 해외 서버를 통해 티켓을 예매하는 것은 내국인에 비해 일정 부분 불리한 상황이다. K-pop 공연 티켓 한 장이 외국인 관광객 한 명의 입국으로 직결되며 이로 인한 관광 소비와 같은 파급 효과를 고려할 때, 이는 개선이 시급한 문제다. 따라서, K-pop 공연을 관광산업의 중요한 동력으로 삼고자 한다면, 외국인 팬들이 보다 쉽게 공연 티켓을 예매할 수 있도록 하는 방안을 포함하여 보다 포괄적인 대책이 필요하다.

표 6-5. K-pop 아티스트 공연 티켓팅 동시 접속자수

연도	아티스트	공연	동시접속자 수
2015	엑소	엑소 플래닛#2 - 더 엑솔루션	국내 120만 명
2018	세븐틴	'IDEAL CUT' IN SEOUL	선예매 46만 명
2022	NCT 드림	더 드림쇼2	160만 명
2022	BTS	Permission to dance on stage-Seoul	접속 대기 30만 명

출처: 인터파크 글로벌 데이터

2023년 9월 4일, 비상경제장관회의에서는 '수출 활성화를 위한 추가 지원 방안'을 주제로 한 회의가 열렸다. 이 자리에서 정부는 수출 기업을 대상으로 한 다양한 지원 정책 및 인센티브 제공 계획을 밝혔다. 각 산업별로 다양한 수출 지원 방식이 존재하며 이를 유형화하면 투자 확대, 정책

지원, 인프라 확충, 국제 협력 지원 등이 있다.

해외 관광객의 방한을 유도하는 K-pop 공연의 활성화를 목표로 한다면 정부는 보다 다양한 정책 방안을 고려할 필요가 있다. 예를 들어, 출입국 절차의 간소화 및 공연 산업 관련 정책 지원, 공연 산업 관련 보조금 지원 및 투자 펀드의 확대, 교통 및 공연 시설 등 인프라의 확충, 그리고 글로벌 K-pop 홍보를 위한 국가 차원의 지원 등이 포함될 수 있다.

표 6-6. 비상경제장관 회의, 수출 활성화를 위한 추가 지원방안(2023.09)

대분류	소분류	내용	지원유형
수출품목 다변화	주력산업 수출 경쟁력 강화	첨단산업- 유턴 기업 투자 지원 확대	투자 확대
		반도체- 용인 반도체 국가 산단 공공기관 예타 면제 추진	정책 지원
		이차전지- 특성화 대학 신규 선정, 용수 공급시설 구축 지원	정책 및 시설 지원
		바이오- 국가 차원 R&D 국제협력 추진, 액셀러레이터 플랫폼 구축	국제 협력 및 정책 지원
		디스플레이- 대형장비 운송 위한 신속운행 허가 지원	정책 지원
		조선- 무보 특례보증 2천억 공급+조선업 쿼터 확대+친환경선박 인증신청 허용	자금 및 정책 지원
	유망분야 신 수출동력 확충	디지털- 국가 차원 ICT 융합품질 인증 확대+브랜드-K 선정분야 확대	정책 지원
		콘텐츠- K콘텐츠 전략펀드 1조 규모 조성 추진	자금 지원
		농수산식품- 농식품 전용 수출바우처 확대+신선품목 물류비 지원 비율 확대	자금 지원
		에너지- 전력공기업 및 기자재 업체 해외 동반진출 인센티브 강화+수소연료전지 발전 클러스터	자금 및 정책 지원
		녹색산업- 인니,콜롬비아 현지 전담팀 파견+기업 맞춤형 애로 해소 지원	국제 협력 및 정책 지원

대분류	소분류	내용	지원유형
수출지역 다변화	주력시장(미, 중,아세안)	정부 간 협업- 한중 경제교류 협의회 추진	국제 협력
		해외진출 지원- 해외투자 예타기간 단축	정책 지원
		현지거점 구축- 거점 반도체 협력센터 및 콘텐츠 기업센터 신설+해외 물류센터 확보	인프라 지원
	신전략 시장 (중동, 중남미,EU)	정부 간 협업- 수주활동 지원 민관협력 현지활동 강화	국제 협력
		해외진출 지원- 수주 사업 지원 위한 수출입은행 특별계정 2,500억 추가 조성	자금 지원
		현지거점 구축- 중동 등 현지거점 무역관 확대	인프라 지원
인프라 보강		무역금융- 최대 181조 무역 및 수출금융 공급	자금 지원
		해외 마케팅- 해외 전시회 참가 지원액 확대+K-브랜드 마케팅 지원 대상 확대	자금 지원
		수출바우처- 기존 대비+10% 규모 확대	자금 지원
		해외 인증- 의약품 자동승인제도 확대 위한 국가 간 MOU 확대+상호 인정협정 체결국 확대	국제협력 및 정책 지원
		물류 및 통관- 수출 컨테이너 반입 기능 기한 확대+부산항 신규 터미널 준공	인프라 및 정책 지원
		인력 확보- 외국인 4만 명 고용허가 발급 및 쿼터 지속 확대	정책 지원
현장 애로 해소		애로 해소- 원스톱 수출 119 확대 운영(월 2회 개최)	정책 지원
		기업지원- 여권 사용허가 간소화, 인센티브 강화	자금 및 정책 지원

출처: 기획재정부

K-pop 테마를 중심으로 다양한 패키징이 가능하다

K-pop에 대한 선호가 단순히 공연 관람의 욕구에만 그치지 않음은 분명하다. 2019년 한국관광공사가 글로벌 K-pop 팬들을 대상으로 실시한 조사에 따르면 해당 아티스트의 단독 콘서트를 관람한 비율이 31%에 불과하다고 응답한 것으로 나타났다. 이는 K-pop 팬들의 '덕질' 활동이 다양하며, 공연 관람 외에도 굿즈 상품 구매, 광고 현장 방문, 아티스트와 관련된 장소 방문 등의 니즈가 높다는 것을 시사한다. 모든 관광객이 콘서트 티켓을 시기에 맞춰 구하기 어려운 현실적인 여건 속에서도 글로벌 K-pop 팬들은 다양한 방법으로 자신의 욕구를 충족시키고 있음을 보여준다.

표 6-7. 한국 관광 시 경험한 K-pop 활동(중복응답)

굿즈 및 관련 상품 구입	K-pop 스타 광고 현장 방문	기획사 또는 기획사 공식 굿즈 판매처 방문	뮤직비디오 촬영지, 다녀간 가게 등 관련 장소 방문	K- pop 스타가 직접 또는 가족 운영 가게 방문	단독 콘서트 관람
57.9%	46.5%	42.8%	36.4%	34.9%	31%

출처: 한국관광공사

또한, K-pop 팬들의 열정은 단순히 음악에만 국한되지 않고, 한국 문화 전반에 대한 깊은 관심으로 이어지고 있다. K-pop을 좋아하는 팬들은 자연스럽게 한국 음식, 한국 드라마, 한국 예능 프로그램, 그리고 한국어 및 한글, 한국 뷰티 제품 등 다양한 한국 문화 콘텐츠에 대한 선호를 나타내고 있다. 이는 K-pop이 단순한 음악 장르를 넘어, 한국 문화의 글로벌 홍보대사 역할을 톡톡히 하고 있음을 보여준다.

표 6-8. K-pop 외 관심 있는 한국 문화(중복응답)

음식	드라마	예능	한국어, 한글	뷰티	전통문화	패션	영화
82.7%	79.1%	65.4%	63.8%	63.7%	54.0%	53.5%	52.8%

출처: 한국관광공사

이처럼 K-pop을 테마로 한 관광객 유치를 활성화하기 위해서는 공연이나 팬사인회와 같은 행사뿐만 아니라 굿즈 판매, 아티스트 관련 장소 방문 투어, 유관 액티비티와 더불어 미식, 쇼핑, K-pop 외의 다른 K-컬처 콘텐츠와의 결합 등 다양한 요소가 하나의 상품으로 융합되어야 한다. 이는 단일 민간 사업자의 역량으로는 구성하기 어려운 고부가가치 상품 기획이 필요한 영역이다. 정부는 여러 역량과 자원을 가진 업체들이 상호 시너지를 낼 수 있도록 민간 협의체 운영을 비롯한 다양한 방식으로 시장을 유도할 필요가 있다.

즉, K-pop을 중심으로 한 항공, 숙박, 공연, 쇼핑, 미식, 투어 및 액티비티 등 여러 요소가 복합적으로 어우러진 고부가가치 플래그십 상품의 필요성이 절실하다. 이는 각 운영 주체 간의 이해관계가 복잡하게 얽힐 수 있는 영역으로, 항공사와 호텔 등이 참여하여 K-pop을 테마로 한 항공 및 숙박 기획 상품이 시너지를 낼 수 있도록 하는 것이 중요하다. 특히, 영미권과 같은 전통의 엔터테인먼트 산업 강자 국가에서는 한국의 K-pop과 같이 전 세계적으로 사랑받는 엔터테인먼트 문화를 해외 관광객 유입의 요소로 활용하고, 이를 다양한 관광지, 굿즈, 문화공연 등과 결합하여 상품화한 사례들이 존재한다. 예를 들어, 영국의 항구도시 리버풀은 세계적인 문화관광도시로 자리 잡는 과정에서 록밴드 비틀즈를 활용한 도시 이미지 마케팅에 힘썼다. 비틀즈에 관한 모든 자료를 전시한 비틀즈 박물관, 멤버들의 생가 등을 조성했을 뿐만 아니라 비틀즈를 테마로 한 'Hard Days Night' 호텔은 관련 명소인 캐번 클럽 바로 옆에 위치하며 비틀즈 관련 투어 패키지를 제공한다.

그림 6-2. **비틀즈 미술관**

출처: 게티이미지코리아

또 다른 예로 미국 테네시 주의 멤피스는 락과 블루스 등 다양한 음악 장르로 유명한 대도시이다. 특히 그레이스랜드 맨션은 락스타 엘비스 프레슬리가 20년이 넘는 세월 동안 거주했던 곳으로, 현재는 약 5,600평 규모의 엘비스 프레슬리 관련 엔터테인먼트 및 전시 단지로 조성되어 있다. 이곳에서는 다양한 투어 프로그램을 운영 중이며, 엘비스 프레슬리의 삶과 음악을 체험할 수 있다. 이처럼 그레이스랜드 맨션은 단순한 관광 명소를 넘어, 음악과 역사를 아우르는 문화의 장으로 자리 잡고 있다. 이러한 사례들은 민간투자 유치와 꾸준한 민관 협력을 통해 문화적 자산을 관광산업에 효과적으로 활용할 수 있는 방법을 보여준다. K-pop과 같이 글로벌하게 사랑받는 한국의 문화 콘텐츠 역시, 이와 유사한 방식으로 관광 상품화를 성공적으로 달성할 수 있을 것이다.

그림 6-3. 엘비스 프레슬리 행사(Elvis Presley Week)

출처: 게티이미지코리아

2절 | 한국 관광의 매력

한국은 이미 관광산업의 기본기를 갖춘 국가다

2022년 외래관광객조사에 따르면, 치안을 비롯한 음식, 쇼핑, 대중교통 등의 관광 항목별 만족도가 90%를 상회하는 등 대단히 우수하였다. 치안에 대한 만족도가 97.6%로 가장 높게 나타나 방한 관광객들이 한국에서의 안전을 높게 평가하고 있음을 알 수 있다. 실제로, 외국 여행 계획 시 안전을 최우선으로 고려하는 관광객들에게 한국은 특히 안전한 국가로 평가받고 있다. 유럽의 집시 문제나 남미의 소매치기와 같은 범죄로부터 상대적으로 자유롭기 때문이다. 특히 동대문과 같은 주요 관광지에서는 24시간 심야 쇼핑 투어가 활성화되어 있을 정도로, 방문객들이 언제든지 안전하게 쇼핑과 여행을 즐길 수 있다. 이러한 점은 한국이 관광경쟁력을 갖추는 데 있어서 고유한 강점으로 작용하며, 외국인 관광객들에게 매우 매력적으로 여겨질 수 있는 요소다.

반면 길찾기, 여행경비(물가), 언어소통 등은 타 항목에 비해 만족도가 상대적으로 낮게 나타났다. 이에 따라 한국은 이미 세계 어디에 내놓아도 손색없는 관광산업의 기초체력을 갖추고 있으나, 언어소통과 길찾기 등의 일부 세부적인 부분에서의 개선 노력을 지속해야 한다.

그림 6-4. 한국 방문 관련 항목별 만족도

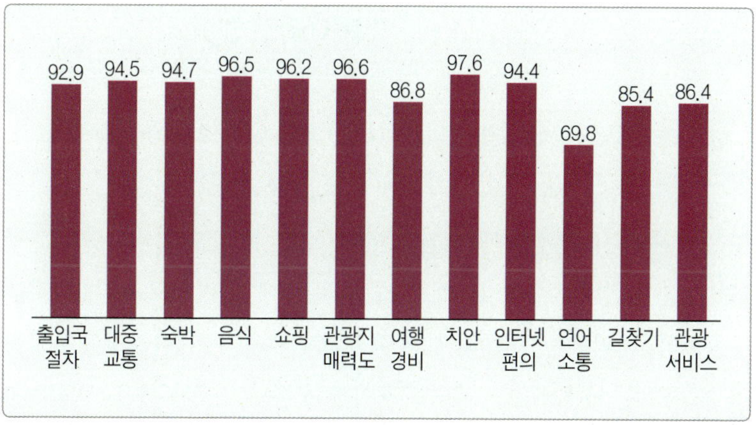

출처: 한국문화관광연구원

그림 6-5. 2023 국가별 범죄율(한국은 연녹색의 범죄율 10% 이하 국가)

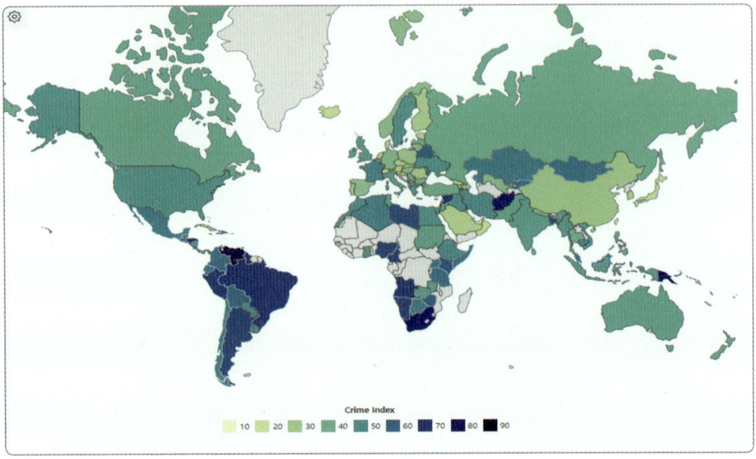

출처: World Population Review

한국만큼 끝없이 콘텐츠가 생산되는 나라도 없다

한국은 새로운 콘텐츠가 끊임없이 생산되는 나라로 평가받을 수 있다. 특히 외식업의 경우, 주요 국가들과 비교할 때 외식업체 밀집도는 가장 높은 상태이다. 한국농촌경제연구원의 자료에 따르면, 우리나라의 인구 1만 명당 외식업체 수는 125개로, 중국의 1.9배, 일본의 2.2배에 달하는 수준이다. 이러한 인구 대비 많은 외식업체 수는 커다란 경쟁을 유발하며 김치버거, 치맥과 같은 한국의 독특한 상품과 유행을 만들어 내고 있다.

표 6-9. 2019년 국가별 외식업체 수

국가	인구 수 (천 명)	외식업체 수 (개)	인구 대비 외식업체 수 (개)
독일	83,148	196,637	2.4
프랑스	64,400	177,070	2.7
영국	66,779	162,716	2.4
미국	334,320	672,602	2.0
중국	1,421,864	29,918	0.0
한국	51,804	727,377	14.0

출처: 한국농수산식품유통공사

이처럼 업체들 간의 치열한 경쟁은 시장에 새로운 메뉴를 도입하고 식문화를 전파하는 데 중요한 역할을 하며, 전국적인 트렌드를 형성하는 결과를 낳았다. 특히 2019년을 기점으로 중국의 인기 메뉴인 '마라탕'이 한국 내에서 폭발적인 인기를 끌었다. 이는 국내 중식 음식점의 사업체 수와 매출액의 증가로 이어졌으며, bhc치킨의 '마라칸 치킨', CU의 '마라 족발' 등 마라 맛을 활용한 새로운 메뉴가 연달아 출시되었다.

표 6-10. 국내 중식 음식점 사업체 수 및 매출액

구분	2016년	2017년	2018년	2019년	2020년	2021년
사업체수 (개)	23,404	24,839	24,546	25,615	27,974	29,087
매출액 (백만 원)	4,509,029	5,272,970	5,802,680	6,282,830	6,643,270	7,523,196

출처: 식품산업통계정보

또한 박하와 초콜릿의 조화인 '민트초코'는 호불호가 분명히 갈리는 음식 중 하나로, 이를 선호하는 '민초단'과 이를 불호하는 '반민초단' 사이의 대립은 하나의 놀이 문화로 자리 잡았다. 이러한 상황을 반영하듯 식음료업계에서는 민트초코를 활용한 다양한 제품을 출시하고 있다. 예를 들어, 스타벅스의 '민트초코칩 블렌디드', 해태제과의 '민트초코 오예스' 등이 시장에 선보였다. 다른 예로 CU와 대한제분이 협업하여 출시한 '곰표 밀맥주'는 2020년 5월 출시된 지 3일 만에 10만 개가 완판되며, 편의점 전체 맥주 상품 매출 1위에 오르는 등 큰 인기를 얻었다. 이와 같이 GS25와 대상식품의 '미원맛소금 팝콘' 등의 이색 협업 제품은 MZ세대를 중심으로 소셜미디어에서 유행을 일으키고 있다. 프랑스에서 온 세계적인 디저트 '마카롱' 역시 2019년경부터 국내에서 큰 인기를 끌기 시작했다. 전통적으로 바삭한 과자 부분인 '꼬끄' 사이에 크림을 1:1 비율로 얇게 샌딩하는 형태가 일반적이었으나, 한국에서는 마카롱 열풍과 함께 크림을 매우 두껍게 채운 '뚱카롱', 여러 개의 마카롱을 이어 붙인 '조개롱' 등 새로운

그림 6-6. 프랑스의 마카롱과 한국식 '뚱카롱'

출처: 셔터스톡

형태의 마카롱이 탄생하였다.

'소금빵'은 일본의 한 베이커리에서 시작하여, 국내에서는 2021년경부터 큰 사랑을 받고 있다. 이 빵은 버터를 넣고 소금을 뿌려 만든 고소하고 풍미 있는 맛이 특징이다. 국내 제빵업계에서는 이 소금빵에 다양한 부재료를 넣어 여러 종류의 소금빵을 선보이며 인기를 끌고 있기도 하다.

그림 6-7. 일본의 소금빵(시오빵)과 한국의 소금빵

출처: 셔터스톡

외식이나 식품업체뿐만 아니라 서울이라는 도시 안에서도 새로운 상권이 계속해서 생겨나는 특성을 지니고 있다. 각 상권은 독특한 테마를 바탕으로 하여, 관광객들에게 제공할 수 있는 경험의 다양성을 보여준다. 서울 시내에는 다양한 골목 상권이 모여 있으며, 이들 각각은 자신만의 특색과 개성을 지닌다. 예를 들어 경리단길은 태국, 터키, 인도 등 해외 음식점과 펍이 밀집해 이국적인 분위기를 자아내고 있다. 반면, 서촌과 북촌과 같은 지역은 오래된 한옥 주택이 모여 있어 한국 고유의 멋을 느낄 수 있는 장소로 손꼽힌다. 이처럼 서울 내 다양한 상권은 그 지역만의 특색을 갖고 있어 방문객들에게 다채로운 경험을 제공한다.

그림 6-8. 서울의 대표적인 핫플레이스

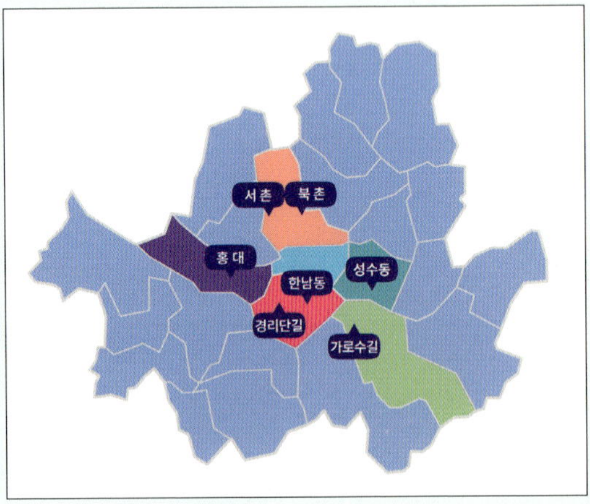

최근 홍대, 경리단길, 가로수길 등 기존에 잘 알려진 서울의 주요 상권과 핫플레이스에서 벗어나 상대적으로 한적하면서도 즐길 거리가 풍부한 지역으로 MZ세대의 관심이 집중되고 있다. 성수 지역은 1900년대 후반까지 버려진 창고와 폐공장으로 가득 찬 서울 내 대표적인 낙후 지역이었다. 그러나 2011년 '대림창고'가 옛 공장 부지를 문화 공간으로 리모델링한 이후, 옛 건물을 개조한 트렌디한 점포들이 유행을 타기 시작했다. 다양한 전시회와 소품샵 등을 구경할 수 있는 이 지역은 국내외 Z세대에게 핫플레이스로 인정받으며, 명품 패션 브랜드부터 유명 아이돌, 인기 캐릭터 등의 팝업스토어 성지로도 주목받고 있다.

그림 6-9. 디올 플래그십 스토어 'DIOR SEONGSU'

출처: Dior

또한 Z세대를 중심으로 한 트렌드 분석 미디어 '캐릿'에 따르면, 성수동에 이어 신당동과 금호동 일대의 상권이 전통시장과 리모델링된 옛 거리를 중심으로 활성화되고 있다. 이코노미스트의 보고에 의하면, 신당동 일대의 유동 인구는 2022년 9월 일평균 86,729명으로, 2021년 5만 2,826명에 비해 3만 명 이상 증가했다. 이러한 데이터는 서울 내 다양한 상권이 지닌 특성이 관광객들에게 잘 소구되고 있음을 보여준다. 서울이 보유한 다채로운 상권의 매력이 관광객들에게 제대로 전달된다면, 전통적인 관광지를 넘어 매일 다른 상권의 독특한 모습을 체험하는 등 장기 여행자들을 위한 새로운 콘텐츠가 될 수 있을 것이다.

콘텐츠의 언어 장벽을 허물자

서울을 포함한 전국에 걸쳐 역동적으로 변화하는 콘텐츠는 외래 관광객들에게 보다 적극적으로 선택받아 매력적인 한국 관광의 목적지로 자리매김할 필요가 있다. 그러나 현재 한국만의 독특한 콘텐츠가 외래 관광객들에게 발견되기 위해서는 언어적인 장벽과 사용하는 플랫폼의 차이로 인한 어려움이 극복되어야 한다. 이에 대응하여 정부는 다양한 상권과 상점에 대한 리뷰 데이터들의 가치를 이해하고, 한국 소비자들이 축적한 고품질의 정보와 외래 관광객을 어떻게 연결할 수 있을지에 대한 정책적 고민을 해야 한다.

한국의 다양한 외식업 및 콘텐츠에 대한 실시간 후기 정보가 네이버나 카카오 등의 플랫폼에 축적되고 있음에도 불구하고, 이는 주로 내국인들만 이용하기 용이한 형태로 외국인들이 활용하기는 어렵다. 예를 들어, 미쉐린 가이드에 선정된 강남구의 한식집 '윤서울'과 같은 맛집의 정보는 네이버 지도를 통해 미쉐린 마크와 함께 별점 및 방문자 리뷰를 볼 수 있지만, 구글 맵에서는 이러한 리뷰를 찾을 수 없다.

또한, 한국의 패션과 라이프스타일을 대표하는 무신사에서 운영하는 편집샵 'EMPTY'의 경우, 네이버 지도 검색 시 블로그 리뷰 380여 건이 연계되어 상세한 장소 정보와 사용자 경험을 제공한다. 그러나 구글 지도에서 'EMPTY SUNGSU'를 검색할 경우 방문자 리뷰는 15개가 조회되기는 하나, 블로그 리뷰와 같이 해당 장소 정보를 자세하게 소개하는 콘텐츠를 찾기는 어렵다.

이러한 현상의 근본적인 이유는 한국의 플랫폼 폐쇄성과 IT 갈라파고스 현상, 자국민 중심의 콘텐츠 생산 및 소비의 결과로 볼 수 있다. 이는 외래 관광객들이 한국의 다양하고 풍부한 콘텐츠를 충분히 파악하고 경험하는 데 커다란 장애로 작용한다.

따라서 외래 관광객들이 이용하는 주요 상점들에 대한 접근성을 높이기 위해 번역 지원을 통한 언어 장벽의 제거와 비접촉식 결제 수단의 도입 지원이 고려되어야 한다. 더불어 국내 자영업 매장에서 태블릿을 활용한 스마트 오더 및 키오스크의 활용이 빠르게 확산되고 있는 현 상황에서, 이들 업체가 유관 서비스를 제공할 수 있도록 하는 지원 정책의 필요

표 6-11. 국내 키오스크 보급 현황(추정)

분야	운영대수(개)	
	2019년	2021년
1. 공공분야	181,364	183,459
무인행정민원	3,904	4,613
은행	133,390	127,509
병원	35,333	41,312
교통	8,230	9,382
대학(대학교, 전문대)	507	643
2. 민간분야	8,587	26,554
영화관	1,930	2,281
대형마트	1,178	1,738
요식업	**5,479**	**21,335**
생활편의	-	1,200
합계	189,951	210,033

출처: 한국소비자원

성이 대두된다.

한국소비자원의 키오스크 이용 실태조사에 따르면 2021년 기준 국내 민간 분야에 설치된 키오스크 수는 26,554대로, 2019년 8,587대 대비 3배 이상 급증했다. 특히 외식업 및 생활편의 분야에서의 증가율은 4.1배에 달한다. 아직 국내 키오스크 보급 현황에 대한 전수 조사가 이루어지지 않았으며, 현재 통계가 무인 매장에 설치된 키오스크 대수를 완전히 반영하지 못한 점을 고려하면, 실제 국내 키오스크 보급 대수는 훨씬 많을 것으로 예상된다.

키오스크는 두 가지 핵심 기능을 가지고 있다. 첫째, 무인 결제 기능을 통해 결제망의 보급 역할을 수행하며 둘째, 인터페이스의 다국어화를 통해 고객 응대의 편의성을 제공한다. 특히, 단말기 네트워크를 중앙에서 전 지점의 인터페이스를 제어할 수 있어 프랜차이즈 및 다점포 네트워크 운영 상점의 경우 외국인 관광객 대상으로 다국어 서비스를 제공하기에 용이한 기기로, 방한 관광객을 대상으로 한 편의성 증진이 기대된다.

일본 정부는 소비 활성화 및 외국인 관광객 대응을 위해 2025년 상반기까지 캐시리스 결제 비중을 40% 이상으로 목표하고 있고, 현재 그 비중을 빠르게 늘려가고 있다. 특히 QR 및 바코드 결제는 비현금 결제 시장에서 매우 빠르게 성장하고 있다.

우리나라의 캐시리스 비중은 90% 이상으로 세계적인 수준에 있으며 신용카드 등 비현금 결제 인프라가 매우 잘 구축되어 있지만, 외래 관광객은 국내 결제 방식에 익숙하지 않은 경우가 많다. 예를 들어 중국의 알리페이, 인도네시아의 QRIS와 같이 중국과 아세안 국가에서는 QR 결제 시스템에 익숙하지만, 국내 많은 매장에서는 아직 QR 결제 시스템을 채택하고 있지 않은 곳이 많다.

북미 및 유럽 국가에서는 애플페이와 같은 NFC 단말기 사용이 일반적인 반면, 국내에서는 신용카드의 IC 칩이 널리 활용되고 있다. 2023년 기준 국내 NFC 단말기 보급률은 10% 정도로 추산된다. 이러한 상황은 외래 관광객들이 한국 내에서 더욱 편리하게 결제할 수 있는 환경을 조성하기 위한 개선이 필요함을 시사한다.

3절 | 고부가가치 숙박

찐 로컬의 경험, 머무르는 여행이 부상한다

외래 관광객의 인당 체류 기간이 길어질수록 소비 역시 증가하며, 이는 관광객의 부가가치를 높이는 결과를 가져온다. 일본과의 비교에서 볼 때, 한국을 방문하는 관광객의 체류 기간은 상대적으로 짧게 나타나, 이에 대한 개선이 요구된다. 특히 홍콩 관광객을 예로 들면, 한국보다 일본을 방문할 때의 체재 기간이 더 길게 나타나며, 7일 이상 장기 체재하는 관광객의 비율이 일본이 한국보다 약 2배 가까이 높다.

표 6-12. 2019년 방한 홍콩인 체재 기간

체제일	1일	2일	3일	4일	5일	6일	7일	8일	9일	10일
%	0.0	1.6	8.5	21.7	32.2	15.8	9.3	6.2	1.2	0.8

출처: 한국관광공사

표 6-13. 2019년 방일 홍콩인 체재 기간

체제일	3일 이내	4-6일	7-13일	14-20일	21-27일	28-90일	91일~
%	3.0	56.8	37.4	1.8	0.3	0.5	0.2

출처: 한국관광공사

과거에는 개인이 관광지에 대한 정보를 얻기 어려웠기 때문에 가이드에 의존한 그룹 패키지 투어를 통해 유명 관광지를 방문하는 여행이 일반적이었다. 이러한 방식의 여행은 여러 관광 명소를 짧게 이동하며 둘러보는 여행 방식 때문에 가능했다. 그러나 최근에는 '머무르는 여행'이라는 새로운 콘셉트의 여행이 부상하고 있다. 이는 단순한 해외여행을 넘어서 장기간 특정 지역에 머무르며 특정 목표를 추구하는 여행의 형태이다.

예를 들어, '한달살기'는 일반적인 여행 패턴에서 벗어나 특정 지역에 장기간 머물며 로컬 경험을 극대화하는 여행 방식이다. '워케이션'은 여행지에서 업무를 할 수 있는 환경을 마련하고 머무르는 방식으로, 코로나19 이후 비대면 작업 환경의 가속화를 통해 인기를 얻은 바 있다. '팜케이션'은 도시의 생활 패턴을 벗어나 농촌에서 머무르며 농업을 체험하는 여행이다. '요양여행'은 웰니스 여행으로도 알려져 있으며, 해외의 고급 요양원에서 장기간 지내는 방식 또는 발리와 같은 환경이 좋은 휴양지에서 요가, 명상, 각종 클래스 등을 통해 심신의 휴식을 취하는 여행이다. '종교체험'은 국내의 템플스테이 또는 동남아의 라오스와 같은 국가에서 승려들의 생활 패턴을 체험하고 종교를 공부하는 형태의 여행이다. '트레킹'은 각 국가의 천혜의 자연경관을 트레킹하는 여행 형태로, 대륙별로 다양한 장기 트레킹 투어가 존재한다.

이러한 변화는 에어비앤비의 선호 현상에서도 나타나고 있다. 에어비

앤비는 자신들의 미션을 “누구나 어디에서나 소속감을 느낄 수 있는 세상을 만들기 위해(To create a world where anyone can belong anywhere)”로 정의하고, 관광객이나 방문객을 위해 서비스가 제공되는 전문 숙박 시설이 아닌, 로컬 현지인이 직접 살거나 운영하는 숙소를 관광객에게 중개하면서 ‘살아보는 여행’, ‘지역에 속해보는 경험’을 차별화 포인트로 내세우고 있다.

실제로 각국은 ‘살아보는 여행’을 통한 ‘로컬 문화 체험’의 가치를 관광객들에게 전달하기 위해 다양한 관광 상품과 명소를 개발하고 있다. 이러한 유형의 관광은 첫째, 관광객의 체류 기간을 연장시키고 둘째, 더 나은 숙박 경험을 제공하기 위해 추가 비용을 지불하는 것을 망설이지 않는 관광객들로 인해 숙박 지출을 증가시키는 효과를 가져온다. 이는 궁극적으로 로컬 관광 경험을 고부가가치화하는 결과로 이어진다.

웰니스 관광의 사례로는 태국의 ‘치앙마이 케어리조트’가 있다. 이 리조트는 은퇴자 케어 시설로서 장기 및 단기 투숙이 가능하며 모든 투숙객

그림 6-10. 치앙마이 케어리조트

출처: careresortchiangmai

을 대상으로 매일 혈압과 혈당 체크와 같은 건강 관리 서비스를 제공한다. 치매 및 알츠하이머 환자를 위한 케어 프로그램도 운영되며, 총 92개의 객실 중 70개를 노인 숙박 시설로 사용하고 있다. 주요 시설로는 객실, 스파, 네일 및 페이셜 트리트먼트, 수영장, 사우나, 피트니스 센터, 도서관 등이 있으며, 노래 강좌, 사진 촬영, 가드닝, 필라테스, 요가 등 다양한 클래스를 운영한다. 서양의 케어리조트가 간병인 한 명당 열 명의 고객을 케어하는 것과 달리, 이 요양 시설은 100여 명의 스태프와 32명의 간병인이 건강 관리 서비스를 제공하여 92개의 객실 기준으로 한 명당 세 명의 고객을 케어하는 수준을 자랑한다.

또한 팜케이션 사례로, 태국의 만다니 헤리티지는 치앙마이 남부에 위치하며 고풍스러운 인테리어와 예술품 모티브를 갖춘 농촌 힐링형 리조트이다. 이곳은 일반적인 웰니스 관광지와 같이 힐링 시설과 클래스를 운영하고 있으나, 가장 큰 차별점은 로컬 체험형 프로그램을 제공한다는 점이다. 예를 들어, 불교 사원 방문을 통한 종교 탐구와 쌀 수확 체험 등

그림 6-11. 만다니 헤리티지

출처: Mandanee heritage

농촌 활동이 주요 프로그램으로 결합되어 있다. 특히, 해당 시설은 수익의 일부를 지역 사원에 기여함으로써 지역민과의 상생을 추구하고 있다.

트레킹 투어 사례로, 다양한 천혜의 관광자원을 가진 미국은 트레킹 투어가 활성화되어 있다. 대표적으로 요세미티 국립공원을 중심으로 한 트레킹 투어가 인기를 끌고 있다. 이 투어는 주로 요세미티 국립공원에서 시작하여 미국 본토 최고봉인 휘트니산(Mountain Whitney)까지 이르는 9박 10일의 코스로 구성되어 있으며, 항공권을 제외한 가격이 2,500달러 이상임에도 불구하고 고객들에게 워너비 트레킹 코스로 손꼽힌다. 북미 지역에서는 이러한 국립공원 중심의 투어 외에도 동북부의 명산 트레킹, 남부 종주 트레킹 등 다양한 투어 프로그램이 존재한다.

그림 6-12. 요세미티 트레킹 투어

출처: 미주트레킹

이스라엘과 요르단을 중심으로 한 성지순례 투어는 출애굽 여정, 바울 여정, 성지 완전 일주 등 다양한 형태의 프로그램으로 존재한다. 출애굽기의 흔적을 따르는 이 투어 프로그램은 일반적으로 9박 10일로 구성되며 피라미드, 예루살렘, 갈릴리, 사해 등 종교적으로 중요한 지역을 방문한다. 특히, 이 투어는 종교에 박식한 투어 가이드가 동행하여 함께 기도하고 성경을 공부하는 등의 깊이 있는 시간을 제공한다.

이와 같이 다양한 중장기 여행 프로그램은 특정 목표를 추구하며 진정한 로컬의 경험을 가능하게 한다. 이는 한국 관광산업에서 관광객의 체류 기간을 연장시키기 위한 전략적 접근이 필요함을 제시하고 있다. 관광객들이 한국에서 보다 긴 시간을 머무르며 다양한 문화와 경험을 즐길 수 있도록 하는 것은 관광산업의 고부가가치화로 이어지게 된다.

그림 6-13. 이스라엘 성지순례 투어

출처: 셔터스톡

한국만의 숙박 문화는 브랜딩, 디지털화될 수 없을까?

일본의 료칸 문화는 과거 내수 중심의 문화에서 벗어나 글로벌 관광객들이 일본을 방문하는 새로운 목적으로 자리 잡았다. 료칸의 세계화 과정에는 통합 브랜딩과 디지털화가 중요한 역할을 했으나, 이러한 성공의 근본적인 배경은 국민들의 지속적인 이용을 통한 서비스 품질의 향상과 그 표준화에 있었다. 료칸의 세계화 과정에 중요했던 요인을 살펴보기로 하자.

첫째, 통합 브랜딩 과정에서 일본은 1995년 파리를 시작으로 세계 각국을 방문하며 료칸을 홍보했다. 한국에서는 2008년 '오카미 인 코리아'라는 행사를 통해 소개했다. 이러한 홍보 행사는 일본 호텔 교육 센터, 일본 국토 교통성, JNTO 등 정부 부처와 협력하여 진행됐으며, 료칸의 전통, 음식(가이세키), 훌륭한 대접(오모테나시)을 중점적으로 알려 일본 고유의 숙박 시설 브랜드화를 목적으로 했다.

둘째, 디지털화 측면에서는 《산속 작은 료칸이 매일 외국인으로 가득 차는 이유는?》이라는 책에서 료칸 '야마시로야'의 성공 사례가 소개됐다. 도쿄 올림픽 준비 기간 정부의 숙박 시설 예약 온라인화 추진이 글로벌 수요를 타깃할 수 있는 기회를 마련했다는 내용이다. 이전까지 전화 예약 중심이었던 료칸 예약 방식이 디지털화를 통해 확장되며, 내수 중심의 수요에서 글로벌 문화로 확장되는 중요한 요소가 되었다.

셋째, 국민의 이용 지속에 따른 서비스 품질의 향상과 표준화가 이 료칸 문화의 세계화를 성공적으로 이끌었다. 일본의 여행 신문사에서 매년 발표하는 일본 료칸 100선에 선정된 '가가야', '스이메이칸', '카호' 등은 평균 100년 이상의 역사를 가진 온천과 료칸으로, 전통적으로 일본 내부

그림 6-14. 료칸

출처: 셔터스톡

관광객에게 우수한 품질을 기반으로 인정받아 왔다. 일본여관협회(Japan Ryokan and Hotel Association)는 일본의 정서, 안전, 위생, 프라이버시, 편리함 등의 기준에 따라 입회를 결정하고 관리함으로써, 료칸 문화의 질적 향상을 추구하고 있다.

일본의 료칸과 같은 우수 사례에 비추어 보아도, 한국은 외국인 관광객들에게 차별화된 숙박 경험을 제공할 수 있는 풍부한 문화 자산을 갖추고 있다. 이러한 자산을 활용해 고부가가치 상품을 기획하고 개발하는 것은 한국 관광산업에 있어 중요한 과제이다. 한옥은 친환경적인 재료로 건축되어 자연과의 일체감을 선사하고, 겨울철 온돌 난방은 몸을 따뜻하게 하며 안락함을 제공한다. 템플스테이는 전통 불교 문화를 체험할 수 있는 기회를 통해 평화롭고 조용한 환경에서 명상하며 재충전할 수 있는 기회를 제공한다.

또한 한국의 펜션도 해외 관광객에게는 독특한 경험을 제공할 것이다.

펜션은 코리안 바비큐를 즐기기 쉽게 되어 있으며, 독채 건물로 이루어진 구조는 타 숙박객의 간섭이 적고, 자연 속에서 지역 특색을 느끼며 다양한 엔터테인먼트를 즐길 수 있다. 수상 레포츠와 연계된 펜션은 호수나 강과 같은 자연 속에서 다양한 수상 활동을 저렴한 가격에 즐길 수 있으며, 전통 수상 레포츠 체험은 이러한 숙박을 더욱 특별하게 만든다.

그림 6-15. 한국 고유의 펜션 및 수상 레포츠 문화

출처: 야놀자

고부가가치 숙박 육성, 어디에서 출발할까?

현재 숙박 시설의 서비스와 예약 시스템은 내국인 소비자의 니즈에 맞춰져 있어 외국인 자유 여행객에게 접근성이 낮고 일관된 서비스 품질을 제공하는 데 한계가 있다. 따라서 정책적 지원을 통해 이러한 한계를 제거하는 노력을 지속해야 한다.

고부가가치 숙박 영역의 브랜드화도 중요한 과제다. 육성 대상이 되는 숙박 형태를 명확하게 정의한 뒤, 글로벌 잠재 관광객들에게 이를 알릴 수 있는 브랜드 전략을 수립하고, 구체적인 바이럴 마케팅과 홍보 활동을 해야 한다. 이를 위해 대중 매체, 온라인 플랫폼, 인플루언서들을 활용한 체험형 콘텐츠 제작과 초기 시장 형성을 위한 홍보 활동이 정책적으로 지원되면 효과적일 것으로 보인다.

또한, 정보 탐색과 예약의 용이성을 제고하기 위한 디지털화가 필요하다. 현재 한국의 고부가가치 숙박 유형은 외래 관광객이 인식하더라도 직접 예약하기 어려운 상황이다. 특히, 펜션의 경우 대중적인 온라인 여행사(OTA)보다는 로컬 플랫폼에서 더 많은 숙소를 보유하고 있으나, 외국인 사용자를 위한 인터페이스가 부족한 상태다. 예를 들어, 한국의 대표

그림 6-16. 야놀자의 펜션/풀빌라 큐레이션 페이지

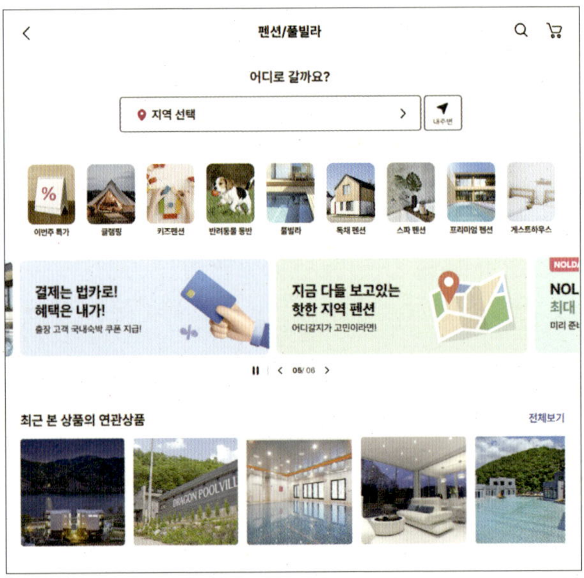

출처: 야놀자

적인 펜션 예약 업체인 우리펜션(현재 야놀자가 인수)과 떠나요닷컴은 풍부한 펜션 인벤토리를 보유하고 있지만, 외국인 사용자를 위한 인터페이스 구축이 미흡하다. 이러한 문제를 해결하기 위해서는 숙박 예약 시스템의 디지털화와 국제적 사용자 친화적 인터페이스 개발이 시급히 이루어져야 한다.

패키지 여행 시장에도 고부가가치 숙박을 중심으로 한 상품 기획과 제공을 지원할 수 있는 제도의 마련이 필요하다. 준비된 교통수단과 가이드의 안내에 의존하는 전통적인 관광 패키지가 아니라, 특정 숙박 형태에서의 체류가 주된 콘텐츠가 되는 새로운 형태의 여행 상품 개발이 요구된다. 이와 함께, 개별 여행객들이 각 지역의 숙박 상품을 원활하게 이용할 수 있도록 우선 육성 지역을 선정하고, 이들 지역 간 이동을 위한 교통 서비스를 결합하여 제공하는 방안도 고려되어야 한다.

고부가가치 숙박 상품은 단순한 숙박 서비스를 넘어 해당 숙박 형태에 적합한 미식, 접객, 액티비티 등을 결합하여 종합적인 경험을 제공할 수 있는 상품군이다. 따라서 각 숙박 유형에 필요한 서비스 구성 요소와 서비스 품질의 표준을 설계하고, 이를 충족시키는 민간 사업자들을 인증 제도를 통해 전략적으로 육성함으로써 시장 전체의 품질 수준을 향상시킬 필요가 있다. 이러한 접근 방식은 고부가가치 숙박 상품의 경쟁력을 강화하고, 국내외 관광객에게 우수한 숙박 경험을 제공할 수 있는 기반을 마련할 것이다.

4절 | 지역 관광 상품

랜드마크는 지역의 스토리를 기반으로 만들어지기도 한다

특정 국가의 랜드마크는 대개 아이코닉한 자연이나 역사문화 자원으로 대표되는 것이 일반적이지만, 최근에는 싱가포르의 마리나베이샌즈나 두바이의 부르즈할리파처럼 국가적 계획에 의해 새롭게 조성된 랜드마크 사례가 눈에 띈다. 이는 거액의 투자가 필요한 대규모 프로젝트로, 주로 수도나 주요 도시에서만 실현될 수 있다는 한계가 있다. 예를 들어, 마리나베이샌즈 호텔은 2010년에 완공되어 건설 비용으로 약 6.3조 원이 소요된 것으로 알려져 있으며, 이는 싱가포르 정부가 마리나만 사업의 일환으로 인공 간척지를 만들어 짓기 시작한 대형 프로젝트였다. 또한, 부르즈할리파는 '다운타운 두바이'라는 신도시 사업의 일환으로 개발되어 세계에서 가장 높은 건물로서 전 세계에 널리 알려져 있다. 이 건물의 건설에는 당시 기준으로 15억 달러, 한화로 약 2조 원이 투입되었다.

그러나 이와 대비되는 사례로, 몇몇 지역은 쇠락한 도시가 가진 자원을 재해석하고 지역의 스토리와 연계하여 성공적으로 리브랜딩을 달성한 경우도 있다. 이러한 리브랜딩 사례는 천문학적인 비용 없이도 지역 고유의 스토리와 랜드마크를 창출할 수 있다는 점에서 주목할 가치가 있다. 프랑스 낭트는 이러한 성공 사례 중 하나로, 과거 프랑스 조선업의 중심지였으나 20세기 말에 극도의 침체를 겪었다. 이후 '낭트 섬 프로젝트'라는 도시재생 계획이 추진되었으며, 이 계획은 항구 관련 유산의 보존, 도시와 강의 유대 강화, 버려진 공장 지대의 정비를 핵심으로 삼았다. 특히, 낭트가 쥘 베른의 고향이라는 점을 살려 《80일간의 세계일주》

그림 6-17. 낭트 기계섬 테마파크 마쉰드릴의 설치미술

출처: 셔터스톡

를 모티브로 한 기계섬 공원을 조성했으며, 이 공원의 상징적인 기구인 12미터 높이의 대형 기계 코끼리는 방문객들에게 큰 인기를 얻고 있다. 또한, 낭트의 루아르강 하구에 설치미술 작품들을 배치하는 현대미술 비엔날레를 개최하여, 낭트를 조선소의 스토리를 간직한 문화 섬으로 재탄생시켰다.

또한 일본 홋카이도에 위치한 오타루는 1920년대 석탄 수출입을 중심으로 성장한 항구도시였다. 그러나 제2차 세계대전 이후 석탄산업의 사양화와 삿포로시의 눈꽃 축제를 기반으로 한 성장에 밀려 인구 유출이 가속화되며 도시는 쇠퇴의 길을 걷게 되었다. 당시 운하 매립에 대한 논의가 있었지만, 결국 지역의 독특한 색깔을 살려 도시를 재생하는 방향으로 결정되었다. '연인의 도시'라는 콘셉트 아래 운하 주변은 산책로로 재정비되었고, 운하 주변의 벽돌 창고는 지역의 토산품을 판매하는 점포와 음식점으로 리브랜딩되었다. 또한, 기존에 보유하고 있던 옛 석조 건물들은 문화재로 지정되어 관광지로 재구성되었다.

그림 6-18. 오타루 운하 및 오르골당

출처: Visit Hokkaido

그 결과, 오타루는 2006년에 170만 명의 관광객을 맞이하던 도시에서 현재는 750만 명이 방문하는 관광지로 탈바꿈하였다. 특히 주목할 점은 운하, 폐공장, 창고 등을 단순히 없애는 것이 아니라 이들을 스토리 기반으로 재활용하여 되살렸다는 점이다. 이는 한국의 지방 항구도시들에도 적용해볼 수 있는 중요한 사례로, 쇠퇴한 도시의 재생에 있어 과거의 유산을 새롭게 해석하고 활용하는 방식이 지역의 새로운 활력소가 될 수 있음을 보여준다.

정부가 도시재생의 판을 깔면, 민간은 솔루션을 제공한다

정부의 역할은 단순히 큰 랜드마크 하나를 유치하는 데 그치는 것이 아니다. 오히려 정부가 전반적인 도시재생을 위한 기회를 제공하고, 이를 민간이 발전시켜 성공으로 이끄는 모델이 다수 존재한다. 예를 들어, 스페인의 빌바오는 민관 협력을 통해 구겐하임 미술관 유치를 핵심으로 한 도시재생을 성공시키며, 유럽 최고의 문화 도시로 거듭났다. 덴마크 코펜하겐의 '슈퍼킬른' 프로젝트 역시 정부가 공간을 제공하고, 민간이 시민들과 함께 리브랜딩하여 다문화 지역 문제를 해결하고 새로운 랜드마크를 창출한 사례이다. 이처럼 정부가 초기 단계에서 가능성을 열어주고 민간의 창의적인 아이디어를 받아들인다면 도시재생의 성공적인 사례를 만들어낼 수 있다.

구체적으로 살펴보면, 빌바오는 스페인의 철강 및 조선 산업의 중심지였으나, 1980년대에 경쟁력을 잃고 쇠퇴하기 시작했다. 이 시기 구겐하임 재단은 새로운 미술관을 건립할 장소를 모색 중이었고, 빌바오 정부는 문화를 통한 도시 리브랜딩을 결심했다. 스페인 정부는 미술관 하나의 유치로 만족하지 않고, 바스크 지방정부와 협력하여 '빌바오 2000'이라는 재개발 시행 공공기구를 설립했다. 동시에 130여 개의 바스크 공기업 및 민간기업은 '빌바오 메트로폴리 30'이라는 민간 협력 기구를 만들었다. 이 두 기관은 항구도시였던 빌바오의 특성을 반영한 미술관 설계를 제안했으며, 미국 건축가 프랭크 게리는 이러한 의견을 수렴하여 배 모양의 외관과 티타늄으로 덮인 외장을 가진 구겐하임 박물관을 설계했다.

그림 6-19. **빌바오의 과거와 현재**

출처: 게티이미지코리아, 셔터스톡

빌바오는 박물관 유치와 함께 도시가 보유한 자원의 리브랜딩 작업도 병행하였다. 우선, 빌바오를 가로지르는 네르비온 강 주변의 쇠퇴한 공공시설들이 재생되었는데, 첫 번째 조치로 강 주변 및 빌바오 박물관 인근을 시민과 관광객이 향유할 수 있는 산책로로 조성하였다. 두 번째로, 교통 시스템을 정비하였다. 친환경 트램을 도입하여 외지인에게는 관광자원으로서의 역할을 하고, 동시에 접근성을 높이는 이중의 기능을 수행하게 만들었다.

이처럼 빌바오의 도시재생은 정부가 기본적인 구조를 마련하고, 민관이 협력하여 진행된 것이다. 중심이 될 랜드마크를 설정하는 동시에, 도시 전반에 걸친 재생 콘셉트를 기획하고 추진함으로써 빌바오는 결국 최고의 관광지로 재탄생할 수 있었다. 이 과정에서 정부의 전략적인 플랫폼 제공과 민간의 창의적인 아이디어가 결합하여, 단순한 랜드마크 유치를 넘어서는 도시의 전면적인 변화를 이끌어낸 것이다.

그림 6-20. 빌바오 네르비온강 및 주변 공공시설 재생(붉은색이 공공시설)

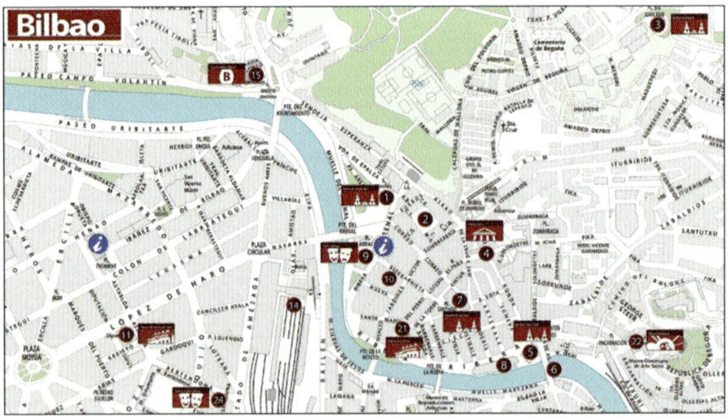

출처: weepingredorger

이와 더불어 슈퍼킬렌은 덴마크 코펜하겐 북부에 위치한 도시로, 다문화 및 저소득 주민이 다수 거주하는 지역이었다. 이러한 배경 속에서 코펜하겐은 도시재생을 통한 갈등 해소를 목적으로 '컬처 콜라보레이션 파크'라는 프로젝트를 진행하기로 결정했다. 이 프로젝트는 코펜하겐 시의 지원 아래 지자체, 건축 설계 회사, 디자인 그룹 등 세 주체의 협력으로 추진되었다. 프로젝트는 부지를 세 구역으로 나누어 각각 다른 콘셉트로 구성하였다. 레드 존은 '마켓+문화' 콘셉트로 다양한 국가의 문화적 오브제를 결합하고 정기적으로 마켓을 열어 지역주민의 화합을 도모하는 장소로 탈바꿈하였다. 블랙 스퀘어는 '도시의 거실' 콘셉트로 주민들이 휴식을 취하고 소통할 수 있는 안락한 공간으로 조성되었다. 그린 존은 '스포츠+휴식' 콘셉트로 녹지에서 피크닉을 즐기고 스포츠를 통해 서로 화합할 수 있는 장소로 구성되었다.

이 프로젝트는 심미적인 아름다움을 내세운 세계적인 도시재생 사례로 주목받기도 하였으나, 더 중요한 것은 현재 지역이 직면한 문제를 정확히 파악하고 도시재생 계획을 통해 이를 해결하려는 접근 방식에서 성

그림 6-21. 덴마크 슈퍼킬른 도시재생 사례

출처: 게티이미지코리아

공을 거두었다는 점이다. 지역주민 간의 소통 문제를 해결하고, 이러한 스토리가 랜드마크와 어우러져 전 세계에 알려진 것은 슈퍼킬렌을 우수한 도시재생 사례로 손꼽게 만드는 요소이다.

인트라바운드가 떠야 인바운드가 뜬다

대표적인 관광지를 방문하고 이국적인 음식을 맛보는 것이 일반적인 여행의 모습이었으나, 최근에는 현지인처럼 로컬 문화를 경험하고 새로운 트렌드를 체험하는 여행 방식에 대한 선호가 증가하고 있다. 이로 인해 전통적인 관광지를 넘어서, 해당 도시에서 현지인들에게 인기 있는 지역이 외국인 관광지로 변모하는 사례들이 속속 등장하고 있다.

그림 6-22. 미국 관광객의 로컬 체험 선호 관련 설문조사 결과

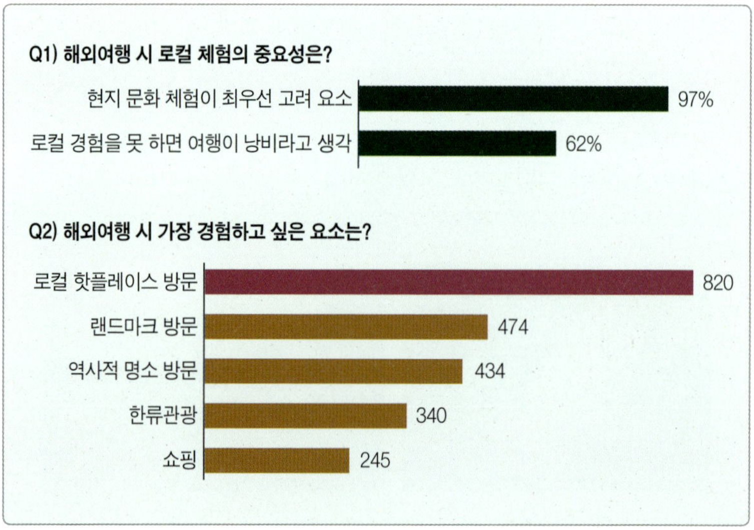

출처: Travel Agent Central

특히 최근 미국 관광객들 사이에서는 '진정성 있는 경험(authentic experiences)'이라는 용어가 여행 트렌드로 큰 주목을 받고 있다. 이들은 관광지에서의 로컬 경험을 추구하는 것을 최우선으로 여긴다는 의미이고, 현지의 트렌드를 경험하지 못하는 여행을 낭비로 여기는 경향이 강하다. 이러한 변화는 여행자들의 요구가 어떻게 진화하고 있는지를 잘 보여주며, 관광산업에도 새로운 도전과 기회를 제시하고 있다.

실제로 서울을 여행하고자 하는 해외 관광객 대상의 설문조사에서도 로컬 핫플레이스를 방문하고자 하는 응답이 가장 높게 나타났다. 이는 일반적인 랜드마크 및 역사적 명소를 방문하고자 하는 응답보다 높은 결과로, 현대 여행객들의 변화하는 선호를 분명히 보여준다.

그림 6-23. 서울방문 시 선호하는 여행 유형은?(외국인 온라인 설문조사)

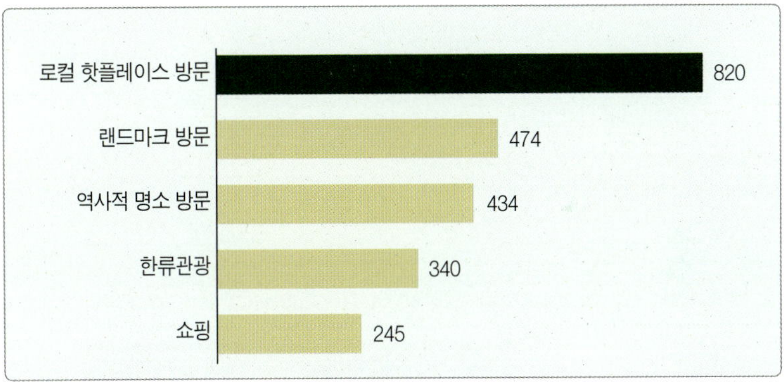

출처: 서울관광재단

실제로 외국인이 선호하는 국내 관광지에도 변화가 일고 있다. 2020년 이후 성수동은 공장을 개조한 특색 있는 F&B 음식점들과 다양한 브랜드의 팝업스토어 장소로 내국인에게 인기 있는 핫플레이스로 부상하였다. 한국의 K-트렌드를 가장 빨리 느낄 수 있는 성수동은 최근 외국인 관광객의 방문이 급증하며 신흥 관광지로 자리 잡았다. 내국인에게 인정받고, 글로벌 차별화 요소가 돋보이는 지역이 외국인 대상 관광지로 변모하는 현상은 인바운드 관광 거점을 육성하는 데 참고할 만한 사례가 된다.

성수동은 과거 수제화, 인쇄소, 철강, 섬유 등 제조업체가 있던 공업 지대였다. 최근에는 골목마다 독특한 외관의 건물들이 위치하며 디올, 포르쉐 등 글로벌 브랜드와 아모레퍼시픽, 무신사 등 국내외 브랜드의 콘셉트 스토어가 자리 잡았다. 성수동이 이처럼 발전한 이유는 공업지대 특성상 임대료가 낮아 젊은 예술가 및 공방 운영자들이 모여들었고, 이로 인해 오래됨과 새로움이 공존하는 독특한 문화가 형성되었기 때문이다. 이후 2014년 도시재생 시범사업 구역으로 지정된 후, 다양한 공유오피스가 들어서고 스타트업의 입주가 늘어나며 전국 최대 규모의 소셜벤처밸

그림 6-24. 한국 상권별 외국인 카드매출액 변화(2019.08 대비 2023.09 증감률)

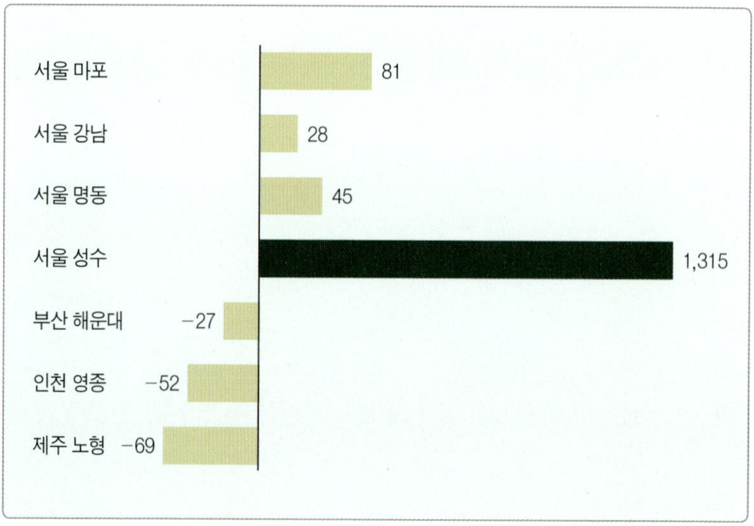

출처: 중앙일보

리가 형성되었다.

성수동은 다양한 문화 및 신사업 아이디어가 결집하며 트렌드를 대표하는 지구로 거듭났으며, 국내외 트렌드 리딩 업체들의 팝업스토어가 모여 현재의 상권이 리브랜딩되었다. 과거에는 '외국인 관광지는 명동, 한옥마을'과 같이 내·외국인의 방문지 간 구분이 있었으나, 성수동의 경우 최근 트렌디한 지역임에도 불구하고 외국인의 유입 속도가 빠르게 증가하고 있다. BC카드에서 발표한 코로나 이전 및 이후 해당 지역의 외국인 카드 매출액 변화율을 살펴보면, 성수동은 전통적인 관광지에 비해 가파른 성장세를 보이고 있다는 점에서 주목할 만하다.

CHAPTER 7

인프라 혁신: 외국인 관광객 경험 개선

1절 | 관광 편의성 증대

한국의 ICT 환경은 한국인에게만 쾌적하다

한국은 매우 우수한 ICT 인프라를 갖추고 있는 국가이다. 경제협력개발기구(OECD), 세계지적재산권기구(WIPO) 등에 따르면, 한국의 초고속 인터넷 보급률과 모바일 인터넷 접속 가능 가구 비율은 세계 최고 수준이다. 또한, 일반 국민의 대다수가 문제 없이 스마트폰을 이용하여 인터넷을 사용할 수 있을 정도로 전국적인 디지털 인프라 구축 수준이 높다. 이는 한국이 디지털 경제로의 전환에 있어 강력한 인프라를 갖추고 있음을 의미한다. 이러한 디지털 전반의 인프라는 국가의 관광 경쟁력의 중요한 요소로 작용한다.

표 7-1. 한국의 ICT 경쟁력

구분	인터넷 접속 가능 가구 비율 (2022년)	초고속 인터넷 보급률 (2022년)	ICT 인프라 (2022년)	ICT 수출액	모바일 인터넷 접속가능 가구 비율 (2021년)
1위	한국 (99.96%)	한국 (87.31%)	한국	중국 ($857.5B)	한국 (99.98%)
2위	노르웨이 (99.01%)	일본 (83.99%)	영국	홍콩 ($410.5B)	핀란드 (92.8%)
3위	네덜란드 (98.28%)	스페인 (81.22%)	덴마크	대만 ($230.4B)	슬로베니아 (92.3%)
4위	룩셈부르크 (97.64%)	스웨덴 (79.56%)	핀란드	한국 ($188.0B)	스페인 (83.9%)

출처: OECD, WIPO, 국제연합무역개발의회

특히 ICT 경쟁력은 관광 산업에서 중요한 요소이다. 세계경제포럼(WEF)은 관광산업과 직간접적으로 연관이 있는 지표 17개를 도출하고, 이를 종합하여 전 세계 국가의 관광경쟁력을 평가한다. 2021년, 17개의 지수 중 한국이 가장 높은 순위를 기록한 항목은 5위를 기록한 ICT 준비도(readiness)다. 한국은 2019년에 이어 2021년에도 5위를 기록했다. 이는 한국이 관광산업 발전을 위한 디지털 인프라 측면에서 세계적인 수준에 도달했음을 의미한다. 즉, 한국은 관광객들에게 보다 나은 서비스를 제공하고 관광 경험을 향상시킬 수 있는 기반을 갖춘 국가이다.

표 7-2. 관광발전지수

대분류	중분류	평가 내용	2019년 순위	2022년 순위
Enabling Environment	Business Environment	기업재산권 인정 수준, 정책 및 규제 일관성	46	41
	Safety and Security	치안 수준	16	16
	Health and Hygiene	위생 수준, 건강 인프라 수준	10	10
	Human Resource and Labor market	노동경쟁력, 교육 수준 등	34	37
	ICT Readiness	물리적 인프라, 여행 디지털화 정도 등 ICT 경쟁력	5	5
Travel and Tourism Policy and Enabling Conditions	Prioritization of Travel and Tourism	정부, 기업의 관광산업 우선순위	73	66
	International Openness	비자 허가 정도, 글로벌기업의 투자 가능 여부	38	31
	Price Competitiveness	티켓, 호텔 가격 및 세금 수준	80	82
Infrastructure	Air Transport infrastructure	항공 관련 인프라	20	15
	Ground and Port Infrastructure	육상 교통 네트워크	12	11
	Tourist Service Infrastructure	숙박시설, 차량 렌탈, ATM 등 서비스 인프라 수준	31	29
Travel and Tourism demand Drivers	Natural Resources	자연조건	79	70
	Cultural Resources	유네스코 문화유산, 문화행사 시설수 등	10	8
	Non-Leisure Resources	대학교, 컨벤션, 의료 등 여가 외 유입요소	10	10

대분류	중분류	평가 내용	2019년 순위	2022년 순위
Travel and Tourism Sustainability	Environmental Sustainability	자연환경 보호 수준, 그린 인프라 설치 통한 지속가능한 관광 모델 평가	63	63
	Socioeconomic Resilience and Conditions	성평등, 노동다양성, 교육 수준 등	47	48
	Travel and Tourism Demand Pressure and Impact	수익의 재분배, 지역에 대한 영향 등	22	11

출처: WEF

다만, 한국을 방문한 외래 관광객은 한국의 높은 ICT 경쟁력을 체감하지 못하고 있다. WEF의 ICT 준비도(readiness)는 물리적 인프라(모바일 네트워크 커버리지 및 전기 공급 수준)와 여행·관광업 관련 서비스에 디지털 플랫폼이 활용되는 정도를 통해 평가된다. 이는 외래 관광객의 사용성이 고려되지 않은 지표이다. 한국문화관광연구원이 발표한 〈2022년 외래 관광객 조사〉에 따르면, ICT와 관련된 항목에 대한 외래 관광객 만족도는 다른 항목에 비해 열위에 있다. 모바일·인터넷 이용 편의 만족도는 관광지, 음식, 쇼핑, 숙박, 교통에 비해 낮았다. 특히, 온라인 애플리케이션으로 주로 이루어지는 길찾기, 관광안내 서비스 항목은 언어소통 다음으로 최하의 만족도를 보였다. 디지털 인프라 구축 수준이 상당히 높지만, 실제 외래 관광객에게는 유명무실인 것이다. 이러한 상황은 한국이 관광 분야에서 글로벌 경쟁력을 강화하기 위해서는 단순히 관광 인프라의 양적 확장뿐만 아니라, 실제 이용자들의 체감 만족도를 높일 수 있는 질적 개선이 필요함을 시사한다.

표 7-3. 2022년 외래 관광객 조사

순위	항목	만족도 (%)
1위	치안	97.6
2위	관광지 매력도	96.6
3위	음식	96.5
4위	쇼핑	96.2
5위	숙박	94.7
6위	대중교통	94.5
7위	모바일·인터넷 이용 편의	94.4
8위	출입국 절차	92.9
9위	여행경비	86.8
10위	관광안내 서비스	86.4
11위	길찾기	85.4
12위	언어소통	69.8

출처: 한국문화관광연구원

이동하기 불편한 한국

외래 관광객은 한국 여행 계획을 세우며 기대와 설렘이 가득하지만, 동시에 낯선 곳에서 길을 잃을 수도 있다는 두려움을 느끼곤 한다. 이러한 두려움을 조금이라도 완화하기 위해 대다수의 사람들은 여행지에서 지도 앱을 사용한다. 가고자 하는 목적지를 입력하고, 앱에서 안내하는 최적 경로로 이동하는 것은 너무나도 자연스러운 일이 되었다. 국내에서는 주로 '네이버지도' 혹은 '카카오맵'을 이용하지만, 해외여행이라면 출국

전 구글맵을 설치해 간다. 구글맵은 190개 이상의 국가에서 서비스를 제공하고 있으며, 월간 활성 사용자 수가 10억 명에 육박할 정도로 활용도가 높기 때문이다. 그러나 놀랍게도 한국에서는 구글맵이 제대로 작동하지 않는다.

이는 외래 관광객에게는 충격으로 다가올 수 있다. 어디에서든 작동할 것 같던 구글맵이 ICT 강국으로 널리 알려져 있는 한국에서 작동이 안 되기 때문이다. 4,000만 명이 넘는 구독자를 보유하며 스페인어 문화권에서 영향력 있는 유튜버 'Luisito Comunica'가 '구글이 한국에서 작동하지 않는 충격적인 이유(La perturbadora razon por la que Google NO SIRVE en Corea del Sur)' 제목의 영상을 2023년 6월에 업로드했다. 해당 영상 댓글에서는 '한국에서 동일한 불편함을 겪은 경험이 있어 매우 공감한다', '구글맵처럼 단순한 서비스 사용을 금지할 만큼 한국이 국방 경계 태세나 국방 안전 확보에 적극적인 정책을 시행하고 있다는 것을 새삼 느낀다' 등 부정적인 여론을 확인할 수 있다. 한국이 전쟁으로부터 자유로운 국가가 아니라는 인식을 갖게 하는 대목이다.

현재 글로벌 사업자는 한국 정부의 지도 정보를 사용할 수 없다. 공간정보법에 의해 정부가 측량 사업을 통해 얻은 지도 정보를 예외적 허가 외에는 국외로 반출할 수 없도록 규정했기 때문이다. 2016년 한 차례 구글 측에서 구글맵 서비스를 위해 한국 지도 데이터 국외 반출을 허용해 달라고 요청했다. 하지만, 한국 정부와의 협상 결렬로 구글맵은 여전히 제대로 작동하지 않는 상태이다. 국제 무역대표부(USTR)가 매년 발표하는 〈연례 국가별 무역장벽보고서〉에 의하면 한국은 어느 정도 시장이 발전한 국가 중 지리정보를 개방하지 않는 유일한 국가로 남아 있다.

이러한 제약으로 구글맵은 한국에서 반쪽짜리 서비스로 불린다. 현재 구글맵에서는 일부 대중교통 경로 찾기 기능을 제공하고 있다. 하지만, 버스와 지하철 노선 정보만 제공할 뿐 도보로 이동하는 경로에 관해서는 정보를 제공하고 있지 않다. 차량 경로 찾기, 도보 경로 찾기 기능은 아예 작동하지 않는다.

구글맵의 많은 기능이 제한되어 한국을 방문하는 외래 관광객들은 결국 한국에서만 활성화되어 있는 네이버지도, 카카오맵을 설치하게 된다. 그러나 이러한 외래 관광객들은 끝내 언어 장벽의 난관에 부딪히게 된다. 해당 서비스들은 외국인보다는 국내 사용자를 대상으로 서비스를 제공하는 데 집중하고 있다. 그렇기에 완벽한 외국어 서비스를 제공하는 데 한계가 있고, 외국인 사용자는 이로부터 불편함을 느끼게 되는 것이다. 실제로 영문 주소를 입력해도 인식하지 못하거나 버스 정류장명의 절반가량은 영어 번역을 제공하지 않아 사용하기 어렵다는 의견이 대다수이다.

한국을 방문한 외래 관광객을 대상으로 한 설문조사에 따르면, 구글맵이 한국 여행 관련 가장 불만족한 앱 1위로 선정되었다. 구글맵에 불만족하는 이유로는 '특정 서비스 제한'(53.5%), '신뢰할 만한 정보 미 제공'(38.8%), '불안한 접속/정보 제공 속도'(35.9%) 등으로 조사되었다. 2위로 선정된 앱은 구글맵 대체재로 사용되고 있는 네이버지도이다. '다양한 다국어 미지원'(47.3%), '이용하기 불편한 화면 구성'(32.7%), '부정확한 다국어 지원'(32.7%)의 이유로 외래 관광객들이 해당 앱을 이용하는 데 있어 불편함을 느끼는 것으로 나타났다. 카카오맵 또한 불만족한 앱 상위권을 차지했으며, 불만족 이유도 네이버지도와 동일하게 나타났다.

그림 7-1. 한국 여행에서 외래 관광객이 가장 불만족한 앱 Top 5

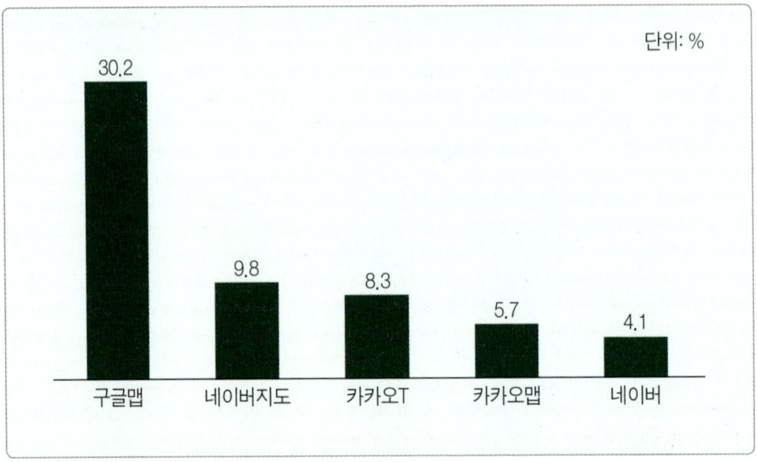

출처: 한국관광공사

방한 외래 관광객 대상 심층 인터뷰 또한 유사한 결과가 나타났다. 네이버지도나 카카오맵 모두 위치 인식, 경로 안내의 정확성, 제공하는 정보의 양적·질적 측면에서는 긍정적으로 평가되었다. 하지만, 앱에서 지원하는 언어가 온전하지 않아 불편하다는 의견들이 다수 있었다.

중국어의 경우 외래어를 표기할 때, 소리 나는 대로 표기하거나 뜻을 직역하여 표기할 수 있다. 일례로, 롯데월드타워는 한자 독음을 한국식으로 읽으면 '락천세계탑'으로, 두 가지 방식을 모두 적용한 점을 알 수 있다. 롯데는 소리 나는 대로 표기하기 위해 '락천(乐天, lètiān)'이라는 단어를 사용했고, 월드타워는 뜻을 직역하여 '세계탑(世界塔, shìjiètǎ)'이라는 단어를 사용했다. 하지만, 락천세계탑을 바로 롯데월드타워라고 인식하기에는 어려움이 있다.

한글 혹은 한자로 된 지명을 영어로 표기하는 것 또한 영어 사용자에게 혼란을 줄 수 있다. 한국어나 한자의 고유 발음을 영어로 정확히 옮기기 어렵기 때문이다. 특히, 발음상의 미묘한 차이는 영어 표기 시 정확한 전달이 어려울 수 있으며, 이는 사용자가 지명을 인식하고 검색하는 과정에서 오류의 원인이 될 수 있다.

이러한 언어적 장벽은 외래 관광객이 지도 앱에서 정확한 위치를 검색하는 데 상당한 어려움을 초래한다. 원하는 장소 검색이 안 될 경우, 외래 관광객은 추가로 번역 앱을 켜 명칭을 확인하고, 다시 지도앱으로 돌아가 올바른 명칭을 검색하는 번거로움이 종종 발생한다.

표 7-4. 국내 주요 행선지의 언어별 장소명

한국어 장소명	중국어/영어 장소명
롯데월드타워	乐天世界塔 (락천세계탑, lètiānshìjiètǎ)
63빌딩	63大厦 (63대하, 63dàshà)
서울애니메이션센터	首尔动画中心 (수이동화중심, shǒuěrdònghuàzhōngxīn)
올림픽공원체조경기장	奥林匹克公园体操赛场 (오림픽극공원체조새장, àolínpǐkègōngyuántǐcāosàichǎng)
남산케이블카	南山缆车 (남산람거, nánshānlǎnchē)
봇들마을3단지 아파트	Botdeul Maeul 3-Danji Apt
두물머리	Dumulmeori
청계천	Cheonggyecheon
서귀포 목마	Seogwipo Mokma

출처: 카카오모빌리티 디지털경제연구소

관광객 이동 측면에서도 불편 사항이 다수 언급되고 있다. 범세계적으로 사용되는 우버(Uber)의 국내 진출이 한 차례 무산된 이후 출시된 우버의 UT 서비스도 활성화되어 있지 않다. 전 세계 10,000개 이상의 도시에서 승차 공유 서비스를 제공하는 우버는 2014년 8월 '우버X' 서비스를 국내에 선보였으나, 택시업계의 반발과 정치권의 압박, 법적 규제의 모호성 등의 이유로 7개월 만에 철수했다. 우버가 주춤한 사이 법적 테두리 내에서 택시호출중개 서비스를 시작한 카카오는 국내 1위 모빌리티 플랫폼으로 거듭나며 갈라파고스 생태계가 형성되었다.

외래 관광객이 갈라파고스 생태계에 순응하여 카카오T 앱을 별도로 설치 후 이용하려 해도 실질적인 사용에 어려움이 존재했다. 카카오T 앱 UI/UX상에서 선불 결제 수단 등록을 유도하기 위해 직접 현금결제 옵션

그림 7-2. 외래 관광객의 한국 택시 이용 후기

한국 기업들이 외국인들에게 친절하지 않다는 코멘트, 우버 한국 기업들이 외국인들에게 친절하지 않다는 코멘트, Uber(UT)를 사용했다는 댓글, Uber(UT)는 카카오T에 비해 택시가 안 잡힌다는 평의 댓글

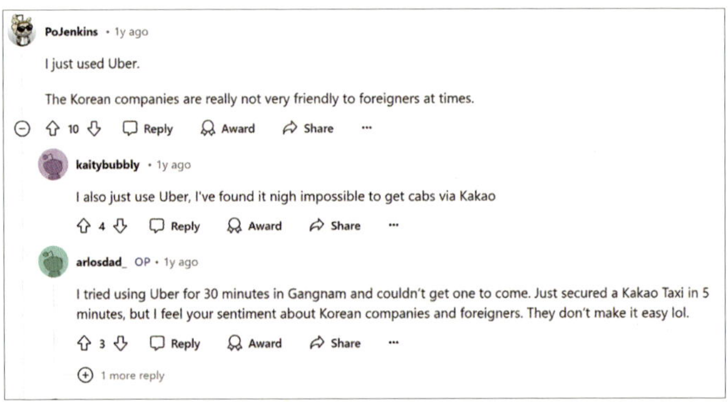

출처: Reddit

을 숨겨두었다. 외국인이 직접 현금결제 옵션을 찾아 호출에 성공하더라도 영어로 호출한 건에 대해서는 택시 기사에게도 영어 주소로 콜이 잡혀 배차가 안 되는 문제도 있었다. 벤티 차량 등 큰 짐을 실을 수 있는 특수 택시는 외래 관광객의 사용이 가능한 유일한 결제 수단인 직접 결제 옵션마저 없는 상황이었다.

이를 해결하기 위해 2023년 10월 카카오모빌리티는 카카오T 앱과 해외 앱 이용자를 연결한 외래 관광객 대상 서비스를 출시했다. 우선 중국인 관광객을 대상으로 서비스를 제공하고 추후 동남아, 일본, 유럽 등 서비스 대상을 확대할 예정이라고 밝혔다. 이에 따라 외래 관광객은 더 이상 별도의 앱을 설치하거나 회원가입을 진행하지 않고, 자국에서 쓰던 택시 호출 플랫폼을 이용해 카카오T 차량을 호출할 수 있게 되었다. 결제 또한 기존 앱에 등록되어 있는 결제 수단을 통해 자동 결제되는 방식이다. 승객과 기사 간 원활한 의사소통이 가능하도록 실시간 자동 번역 기능도 제공한다.

외래 관광객의 편리한 이동을 위해서는 여전히 많은 과제가 남아 있다. 이러한 다양한 문제점을 해결하는 데에는 민간 플랫폼의 역할이 점점 중요해질 것으로 보인다. 향후 한국 관광 산업의 성장과 발전을 위해서는 외래 관광객의 니즈와 페인 포인트(pain point)에 대한 보다 심층적인 이해와 개선이 필수적이다.

외래 관광객에게는 너무나 높은 인증과 결제의 문턱

영어 버전을 제공하고 있는 국내 온라인 플랫폼조차도 외국인 사용이 불가한 경우가 많다. 개별 사업자는 보안 사고와 같은 리스크를 감당하지 않기 위해 보수적인 운영 정책을 선택한다. 이러한 정책으로 서비스를 이용하고자 하는 사용자라면 본인인증은 필수로 거쳐야 한다. 문제는 이러한 정책이 외래 관광객에게도 동일하게 적용된다는 점이다. 외래 관광객은 인증 과정에서 국내 휴대전화 번호 입력을 요청받는 어이없는 상황에 직면하게 된다. 휴대전화 번호가 없으니 아이핀, 공동인증서, 간편인증과 같은 다른 인증 수단을 이용하는 것도 불가능하다. 이러한 상황은 국내 사업자들이 자국민 중심의 서비스에 치중하고 외국인 소비자를 수요로서 인식하지 않고 있음을 시사한다. 한국 관광객이 해외에 나갔을 때 해당 국가의 휴대전화 번호를 요청하는 일을 경험한 적이 있는가? 반대로 생각하면 우리나라에서 어처구니없는 현상이 벌어지고 있는 것이다.

그림 7-3. 한국 배달 플랫폼을 사용할 수 없음에 좌절하는 외래 관광객

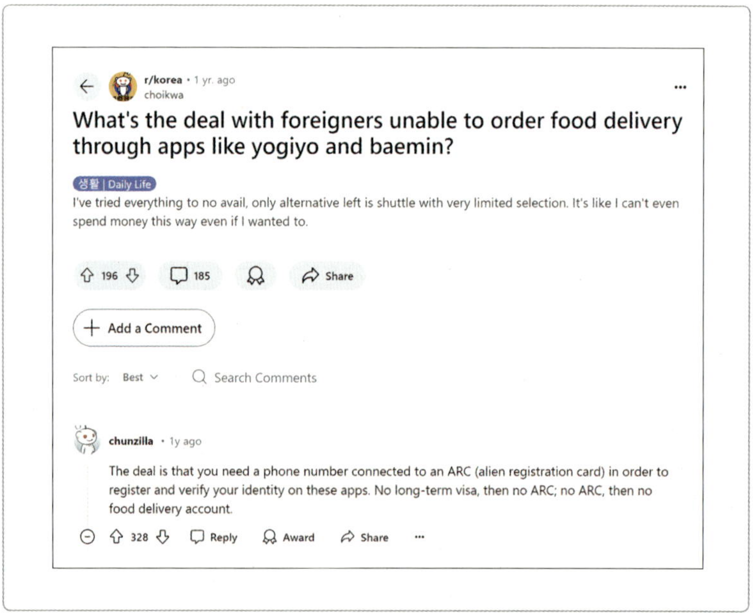

출처: Reddit

따라서 외래 관광객은 한국에 오기 전 기대하던 한국의 배달음식 문화를 체험하기 어려운 상황이다. 온라인 플랫폼을 이용해 음식을 배달 받기 위해서는 본인인증 절차가 필수적이며, 본인인증 수단으로는 아이핀, 한국 휴대전화 번호, 한국 발행 신용카드, 인증서(휴대전화 번호 필수) 4가지가 존재한다. 한국 휴대전화를 개통하지 않은 이상 외국인은 본인인증 및 앱 사용 자체가 불가능하다. 이러한 문제점을 개선하고자 여권을 활용한 본인인증 서비스를 제공하기로 했으나, 이 또한 재외국민만을 대상으로 하여 외래 관광객은 수혜를 받을 수 없는 상황이다.

오프라인 식음업장에서도 비슷한 문제가 발생했다. 인기 카페나 식당에는 직접 줄을 서는 대신 '대기'를 등록한 뒤 번호를 받는 형식이 보편화되었다. 하지만, 이 경우에도 휴대전화 번호를 가지고 있지 않은 외국인들은 대기 등록을 할 수 없어 현장에서 무작정 대기해야 하는 불편을 감

그림 7-4. 외래 관광객 본인 인증 문제 해결 사례 - 나우웨이팅

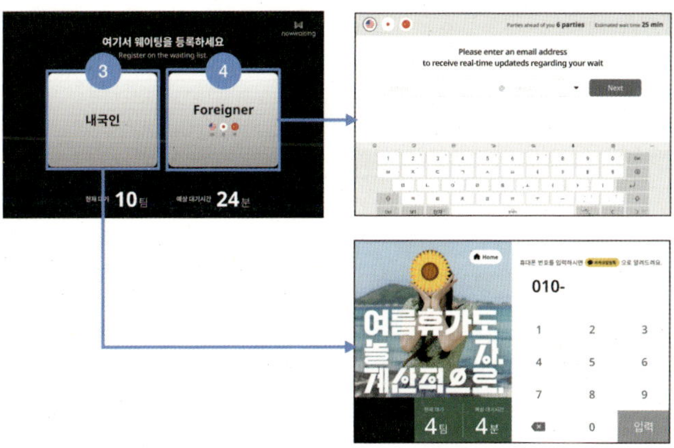

출처: 나우웨이팅

수해야 했다. 다행히 이러한 문제점을 해결하고자 최근 모바일 대기솔루션 업체들은 외래 관광객 대상 웨이팅 서비스를 출시했다. 휴대전화 번호 대신 이메일 주소를 입력하고 실시간 웨이팅 정보를 확인할 수 있어 이용에 제한이 있던 외래 관광객들도 대기 서비스를 이용할 수 있게 되었다.

정부 차원에서도 관계기관 협의를 통해 본인인증 절차를 개선하고 있다. 외래 관광객이 예술의 전당 공연을 예매하거나 자연휴양림 입장권을 예약할 시 한국 휴대전화 번호와 아이핀이 없어 회원가입조차 불가능했다. 이에 행정안전부는 예술의 전당, 국립자연휴양림관리소, 산림복지진흥원과 지속적으로 협의하여 인증방식을 다양화할 계획이라 발표했다. 한국 휴대전화 번호 외 이메일 주소 등으로도 본인인증이 가능해지면서 외래 관광객 스스로 예매, 예약이 가능해질 전망이다.

본인 인증이 불필요한 상황에서도 결제 수단에서 막혀 구매가 불가능한 경우도 허다하다. 신용카드 혹은 체크카드는 국내 발급 카드만 수용하며, 해외 발급 카드와 같은 해외 결제 수단 사용이 가능한 경우가 드물다. 예를 들어, 코레일에서 기차 예매 시 해외 발행 카드는 VISA, MASTER, JCB로 제한된다. 그중에서도 해외 카드 발급사에서 3D Secure를 제공해야만 하고, 해당 카드로 결제하는 소비자 또한 3D Secure에 가입이 되어 있어야 한다. 거래의 안정성을 도모하기 위해 해당 절차를 적용하고 있으나, 결제 과정이 번거로워 소비자는 불편함을 느낀다. 범국제적으로 사용되는 간편결제인 PayPal, Alipay 등의 옵션이 없는 경우가 많아 외래 관광객들은 소비를 하고 싶어도 할 수 없는 상황에 놓이게 된다.

고속버스의 경우, 영문 예매 서비스를 제공하고 있으나 결제는 국내 발급 카드만 가능하다. 국내 발급 카드가 없는 외국인에게는 무용지물인 셈이다. 결국 외래 관광객은 현장에 직접 가서 표를 구매하거나 아는 한국인에게 예매를 부탁할 수밖에 없는 실정이다. 지속되는 문제를 해결하기 위해 관광공사와 교통업계는 업무 협약을 체결하여 시스템을 개선하고자 노력하고 있다. 전국고속버스운송사업조합과 ㈜티머니는 글로벌 OTA 클룩과 함께 고속버스 예약 및 결제 시스템을 구축하였다. 해당 플랫폼을 통해 전국 노선별 운행시간표와 실시간 좌석 현황을 확인하고 티켓을 바로 예매할 수 있다. 결제 또한 원화가 아닌 자국 통화로도 가능해지면서 외래 관광객 편의가 확대되었다.

일상의 많은 부분이 디지털화되면서 온라인 예약과 온라인 결제가 보편화되었다. 하지만, 이러한 모든 서비스에서 본인인증을 요구한다고 단정한다고 해도 과언이 아니다. 해외 발급 카드로는 결제가 불가한 경우가 대다수이며, 가능하다고 해도 결제 과정이 복잡하다. 비록 내국인은 편하게 사용하고 있을지 몰라도 외래 관광객은 아니다. 앞서 인증과 결제 개선 사례는 극히 일부일 뿐이다. 여전히 외래 관광객은 국내 서비스를 이용하는 데 불편함을 겪고 있다.

자유도 높은 한국 관광을 위한 게이트웨이 앱 구축이 필요하다

한국이 디지털 인프라를 잘 갖추고 있음에도 불구하고 외래 관광객들이 불편을 겪는 이유는 결국 플랫폼 서비스의 갈라파고스 현상과 근본적으로는 정부 규제에 기인한다고 볼 수 있다. 한국은 각종 정부 규제의 영향으로 외국인도 로컬 플랫폼만을 사용해야 하는 경우가 다반사이며, 로컬 플랫폼을 별도 설치하더라도 개별 플랫폼 사업자의 역량이나 인식 부족으로 외국어 호환이 안 되는 장벽에 부딪히는 경우가 많다.

이러한 외래 관광객들의 불편을 해소하는 방안은 외래 관광객이 한국 로컬 플랫폼의 서비스를 손쉽게 이용할 수 있게 만들어 주는 정부 차원 또는 정부와 민간이 협업하에 '게이트웨이 앱'을 구축하는 것이다. 이상적인 게이트웨이 앱은 외래 관광객이 한국의 디지털 인프라를 활용하는 과정에서 겪는 '출입국 및 통관 준비', '본인인증', '온라인 결제' 시스템상의 병목을 해결해 줄 수 있는 단일 솔루션 앱으로서 기능해야 한다. 이는 **그림 7-5**에 제시한 시나리오로 해소할 수 있다.

그림 7-5. 통합게이트웨이 앱 구축 방안

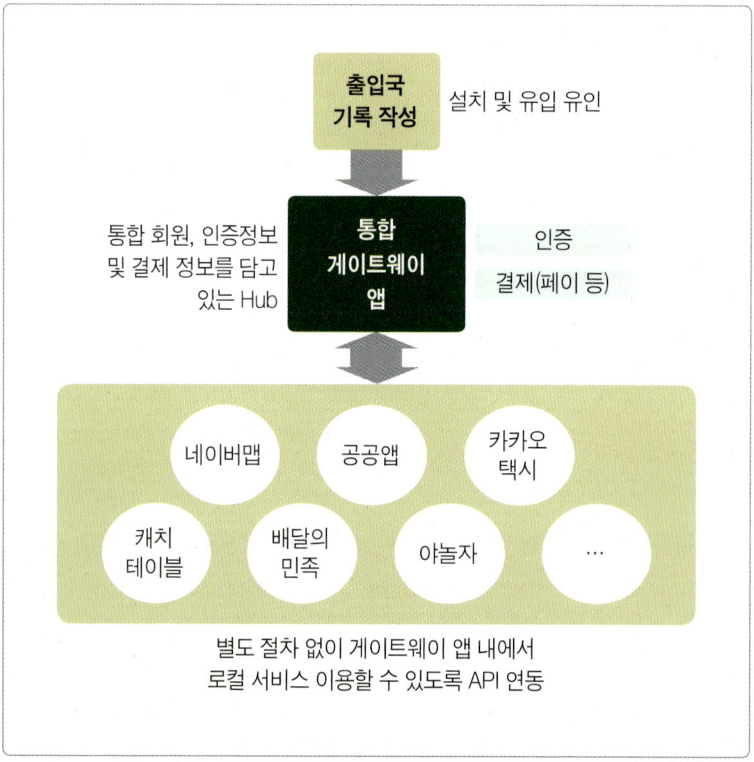

첫째, '출입국 및 통관 준비'와 관련해서는 외래 관광객이 국내 입국 전부터 별도로 구축된 게이트웨이 앱을 설치하고, 출입국을 위한 입국신고서, 비자(K-ETA), 여권 정보, 항공권 정보, 방역 서류 등을 앱에 등록하여 한국 공항에서 입국 심사를 간편하게 통과할 수 있다. 둘째, '본인인증'과 관련해서는 외래 관광객이 인증 가능한 수단(여권, 해외 발급 신용카드 등)으로 게이트웨이 앱에서 본인인증을 완료할 경우, 기타 한국 온라인 서비스에서 본인인증을 요구할 때 해당 게이트웨이상의 본인인증으로 절차 통과가 가능하도록 설계하여 해소할 수 있다. 셋째, '온라인 결제'는 한국 로컬 플랫폼에서 해외 결제 수단 이용이 불가할 시, 게이트웨이 앱에 등록한 결제 정보를 통해 결제하고, 게이트웨이 앱이 각 로컬 플랫폼과 별도의 정산 체계를 운영하여 개선할 수 있다.

해당 게이트웨이 앱을 통해 외래 관광객들에게 제공해야 하는 편익은 결국 로컬의 네이버지도, 카카오T, 배달의민족, 야놀자, Visit Korea 등의 앱들을 개별적으로 설치, 회원가입을 하지 않더라도 하나의 앱에서 통합적으로 접근하고 본인인증 및 결제 과정에서 제한이 없도록 하는 것이다. 이러한 올인원 게이트웨이 앱이 되기 위해서는 민간과의 협력을 통해 각 로컬 플랫폼들과 API를 연동, 인증-결제 등의 시스템 구축 등의 작업이 필요하다. 이는 외래 관광객들의 한국 방문 경험을 대폭 개선할 수 있는 중요한 단계로, 국내 관광 산업의 국제 경쟁력을 높이는 데 크게 기여할 것이다.

㈜인터파크트리플은 통합 앱의 한 형태로 인바운드 여행 플랫폼 '트리플코리아'를 2024년 초 론칭하였다. 첫 출발은 일본어 버전으로 한국을 방문하는 일본 관광객들을 위해 여행 준비부터 현지에서의 필요한 정보와 다양한 기능을 무료로 제공한다. 인터파크트리플이 보유한 투어 자원

과 콘텐츠를 활용함과 동시에 혁신적인 디지털 기술을 적용해 관광객 개인에게 맞춤형으로 차별화된 여행 관련 서비스를 제공하는 것이다. 또한 해당 앱에 리스팅된 다양한 관광상품이나 서비스를 구매하기 위한 예약·결제 그리고 도보 길안내 등을 한번에 해결할 수 있게 함으로써 외래 관광객의 편의성을 높이는 유용한 앱이다. 앞으로 일본어 버전뿐 아니라

그림 7-6. 트리플코리아 일본어 버전 예시 화면

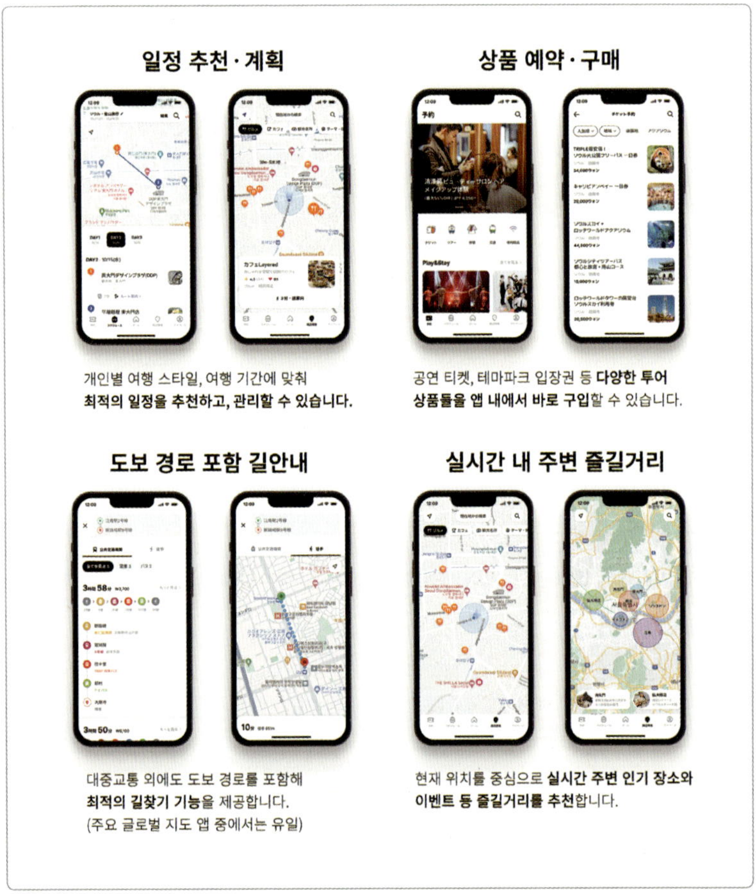

출처: 트리플코리아

한국을 많이 찾는 국가 순으로 인바운드 관광 통합 앱을 추가한다고 하니 향후 외래 관광객의 관광 만족도를 높이고 지출을 늘리는 데도 기여할 것으로 보인다.

2절 | 숙소와 관광 시설의 탄력적 운용

숙소, 신규개발 공급은 늦고 인프라는 비탄력적이다

인바운드 관광객의 급증으로 인한 숙박시설 부족 현상은 관광산업의 성장과 더불어 대한민국이 직면한 주요 과제였다. 이에 대한 대응으로 정부는 관광숙박시설 확충을 위한 특별법을 제정하여 호텔 건립을 촉진시켰다. 이러한 정책들은 숙박시설의 확충에 일정 부분 기여했지만, 코로나19 팬데믹을 거치며 호텔 객실의 공급시장은 다시 위축될 수밖에 없었고, 향후 인바운드 관광객 방문 목표 달성을 위한 숙소 공급 부문에 의문 부호가 붙은 상황이다.

구체적으로 살펴보면, 2010년대 초반 대한민국의 관광산업은 경제 성장, 한류의 확산, 중국인 관광객의 급격한 증가 등에 힘입어 큰 폭으로 성장하였다. 특히 단기간에 인바운드 관광객 1,000만 명 이상을 달성하면서 심각한 숙박시설 부족난이 발생하였고, 이에 정부는 관광숙박시설 지원 특별법을 통해 호텔의 건립을 적극적으로 지원하였다. 2011년 말을 기준으로, 수도권의 호텔 수요는 약 36,000실 정도였으나 공급은 약 28,000실 정도밖에 미치지 못해, 인바운드 관광객을 수용하기에는 약 8,000실 정도가 부족했다.

수요에 미치지 못하는 공급 문제를 해결하기 위해 정부는 호텔 건립 시 건축 인허가 일괄처리, 용적률 적용 범위 확대, 주차장 설치 기준 완화, 공유지 대부 기간 확대 등의 정책을 시행하여 호텔 건립을 촉진하였다. 그러나 팬데믹으로 인해 국내 주요 호텔 사업체인 호텔롯데, 호텔신라 등이 영업 적자와 신용등급 하향을 겪을 만큼 호텔업계 상황이 악화되었고, 업계에서는 호텔 매각 및 리모델링을 추진하기 시작하였다. 소규모 호텔(관광 호텔)의 업주들은 직접 건물들을 주거용 호텔로 꾸며 임대 사업에 투자하거나 정부의 비주택 리모델링 사업 지원을 받아 주거용 시설로 리모델링하였다. 대규모 호텔의 경우, 호텔 부지의 전체 또는 일부분을 매각하여 새로운 주거시설을 개발하는 사업을 시도하기도 했다. 인바운드 관광을 성공적으로 진흥하기 위해서는 한국을 방문한 외래 관광객들이 마음 편히 머무를 수 있는 숙박 시설을 충분히 공급하는 것이 필수적인 상황이다.

현재 국내에서 운영 중인 관광숙박업체들이 제공하는 객실로 외래 관광객을 얼마나 감당할 수 있을까? 이를 확인하기 위해 수행한 시나리오 분석 결과, 연간 2,000만 명의 외래 관광객이 한국을 방문할 경우 현재 국내 관광숙박업체의 객실 수로는 이들을 수용하기 어려울 것으로 추정되었다.

이 시나리오 분석에서는 최근 5년간 가장 높은 인바운드 관광객 수를 기록했던 2019년의 통계를 토대로 평균 투숙 인원과 평균 체류 일수를 설정하였다. 평균 투숙 인원은 2명으로, 한국호텔협회와 문화체육관광부의 '호텔업 운영 현황'에 의거하여 판매된 객실 수의 총합과 실제 투숙객 수의 총합을 이용하여 계산한 평균값이다. 인바운드 관광객의 평균 체류 일수는 6.73일로 계산되었다. 위의 수치를 활용하여 인바운드 관광객을 수용하기 위해 필요한 객실 수를 산출하였다. 만약 2,000만 명의 외래 관광객이 한국을 찾을 경우, 약 18만 개의 객실이 확보되어야 하는 것으로 나타났고, 3,000만 명이 방한한다면 약 27만 개의 객실이 확보되어야 관광객을 모두 수용할 수 있는 것으로 계산되었다.

2023년 10월 공중위생법 기준 지방행정 인허가 데이터에 따르면, 우리나라 관광숙박업체의 총 객실 수는 179,289개였으며, 이 중 정상 운영 중인 객실 수는 152,373개로 확인되었다. 이를 고려했을 때, 연간 2,000만 명의 인바운드 관광객이 대한민국을 방문할 경우 약 14만 개, 3,000만 명이 방문할 경우에는 약 21만 개의 객실이 부족할 것으로 추정된다.

표 7-5. 인바운드 관광객 수에 따른 객실 수요 및 공급 시나리오 분석 결과

외래 관광객 수 가정(A)	2,000만 명	3,000만 명
평균 투숙 인원(B)	2명	2명
평균 체류 일수(C)	6.73일	6.73일
필요 객실 수(D) = (A)÷(B)×(C)/365일	184,384	276,575
공급 객실 수(H) = (E)×(F)×(G)	41,141	61,711
(관광호텔 등 객실 수) (E)	152,373	152,373
(외국인 사용 비율) (F)	30%	45%
(평균 객실 점유율) (G)	90%	90%
부족한 객실 수(D)-(H)	**143,243**	**214,864**

출처: 저자 공동 분석 결과

금리가 낮았던 2010년도 중후반에는 전문 숙박시설운영사가 주요 관광지에서 숙박시설을 운영하고, 이를 통해 발생하는 수익금의 일부를 수분양자에게 배분하는 경우가 많아 관광객에게 대규모의 객실을 공급할 수 있었다. 그러나 2022년 초중반부터 금리가 오르면서 이러한 형태의 분양은 한계를 맞이했으며, 정부의 부동산 규제까지 더해져 투자심리가 위축되었다. 현재도 고금리 기조가 유지되면서 투자를 자제하는 분위기가 퍼져 있어 한동안 숙박시설 증가를 기대하기 어렵다.

호텔업은 물리적인 인프라, 즉 부동산 개발이 필요한 사업으로 공급이 비탄력적이다. 이와 대조적으로 관광의 수요는 외부 요인에 쉽게 영향을 받는 경향이 있다. 다시 말해, 관광 수요는 탄력성이 커 언제든지 가파르게 늘어나거나 줄어들 수 있다. 2014년의 메르스 사태, 2017 한중 고고도 미사일(THAAD, 사드) 갈등, 2020년 코로나19 팬데믹 등의 사건에 의해 관광 시장이 크게 침체되었던 과거 사례와 2018년 평창올림픽 개최로 올림픽 기간 숙박 수요가 증대한 사례는 이러한 관광 수요의 탄력성을 보여준다.

갖은 노력을 다해 외래 관광객을 유치하더라도 이들에게 편하게 머무를 수 있는 숙박을 제공하지 못한다면, 외국인의 한국 관광에 대한 이미지는 급격히 나빠질 것이다. 한국을 찾은 외래 관광객들이 한국 여행에

그림 7-7. 관광수요의 탄력성과 공급의 비탄력성

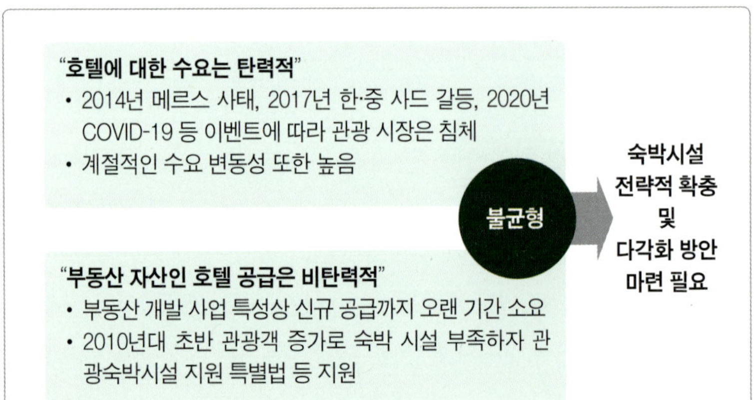

대해 좋은 기억을 갖고 나중에 다시 방문하게 하기 위해서, 더 나아가 이들이 지인들에게 한국 관광을 추천하게끔 하기 위해서는 늘어나는 관광객을 수용할 수 있는 숙박시설을 전략적으로 확충하고 다각화할 필요가 있다. 관광의 다른 부분에서 만족했다고 하더라도 관광객이 비용을 상대적으로 많이 지불하는 숙박 부문에서 불편함이 생긴다면 한국 관광에 대한 전반적인 만족도는 떨어질 수밖에 없다.

공유숙박, 이제는 법 테두리 안으로 들어와야 할 때

에어비앤비로 대표되는 공유숙박은 유휴 공간을 가진 호스트와 숙박 장소가 필요한 숙박객을 연결해주는 공유비즈니스 모델이다. 이는 숙박시설을 새롭게 짓는 것이 아닌, 이미 존재하지만 사용되고 있지 않은 잉여 자원(방)을 관광 수요와 연결하는 플랫폼 사업으로서 전통 숙박업소들보다 탄력적으로 변하는 관광 수요에 유연하게 대처할 수 있다는 특징이 있다.

이들은 또한 소비자뿐만 아니라 공급자나 지역사회 등 다양한 이해관계자의 니즈를 만족시켜 준다는 이점도 갖고 있다. 공급자의 관점에서 살펴보면, 소유하고 있는 빈방을 임대하기 위해서 중개사에게 수수료를 지불해야 하고 홍보와 계약 등 여러 일들을 처리해야 하는 것과 달리, 공유숙박 플랫폼을 이용하면 이러한 비용을 극단적으로 낮출 수 있다. 또한, 전통 숙박시설과 달리 개인의 방을 빌려주기 때문에 지역별로 특색 있는 주거 형태를 체험할 수 있다는 점에서 이색적인 관광 상품으로의 기능도 할 수 있다. 단순 숙박을 넘어 관광지에 대한 유대감과 커뮤니티를 형성하는 데 기여하기도 한다.

일례로, 에어비앤비는 2018 평창 동계올림픽대회의 공식 서포터로서 강원 지역에 숙박시설을 제공하고 한국을 찾은 외래 관광객을 유치하는 데 기여하였다. 15,000여 명의 관광객들이 올림픽 기간 동안 강원 지역의 에어비앤비 숙소를 이용하였고, 이들 숙소는 하루 평균 16만 7,000원의 가격으로 관광객들에게 합리적인 가격대의 숙박 상품을 안정적으로 공급하였다. 또한, 이들은 강원 창조경제혁신센터와 협업하여 '강원지역 공간재생형 게스트하우스 창업' 공모사업을 실시하였는데, 공모에 선발된 숙소 보유자들은 공유숙박을 통해 수입뿐만 아니라 친근한 숙박 형태로 게스트와의 유대관계를 형성했다는 점에서 해당 공모사업에 만족감을 표시하였다.

에어비앤비는 전 세계적으로 객실을 보유 중이며, 코로나19 팬데믹 때도 600만 개 내외의 객실을 안정적으로 공급하였다. 2023년 상반기 기준으로 에어비앤비에 등록된 객실 중 예약이 가능한 방은 700만 개 이상에 이르며, 이들은 2017년에 이미 메리어트, 힐튼, IHG 등 세계적인 호텔 체인의 객실 수를 합친 것보다 많은 객실을 제공하기 시작했다. 에어비앤비는 한국에서도 놀라운 성장을 보였는데, 여행·관광 산업 민간연구원인 야놀자리서치에 따르면 2023년 기준 한국에 등록된 에어비앤비 객실 수는 73,288개였다. 이들은 주로 서울(20%), 제주(18%), 경상권(13%)에 위치하고 있었으며, 연간 에어비앤비 객실 수는 코로나19 팬데믹이 기승이었던 2020년을 제외하고 연평균 성장률 62.5%를 기록하며 빠른 속도로 성장하고 있다. 또한, 미국 퍼듀대학교의 CHRIBA(Center for Hospitality and Retail Industries Business Analytics) 연구소에 따르면, 서울 숙박업체 객실 중 호텔이 차지하는 비율이 80.5%, 에어비앤비 객실이 차지하는 비율이 약 19.5%로 나타나, 한국 내 공유숙박업의 확산을 보여주었다.

그림 7-8. 국내 에어비앤비 객실 현황(2023년 2월 기준)

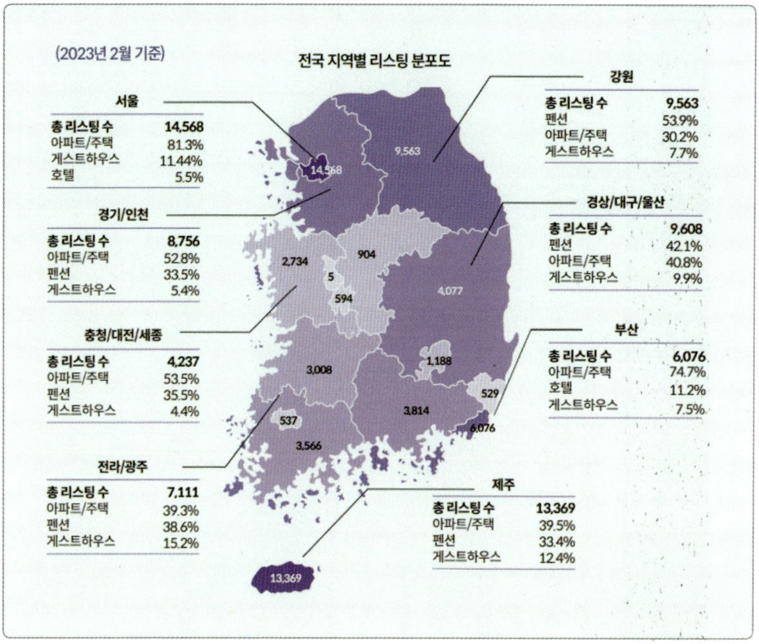

출처: 야놀자리서치

이러한 공유숙박을 활용한다면 급격히 늘어난 인바운드 관광객을 탄력적으로 수용할 수 있다. 한국을 찾은 외래 관광객들은 전통적인 호텔 숙박뿐만 아니라, 개인의 취향과 필요에 맞는 다양한 숙박 옵션을 선택할 수 있게 될 것이다. 또한, 에어비앤비를 통한 숙박은 지역경제에 직접적인 이익을 제공한다. 특히, 개인 업주의 경우 추가 수입원을 확보할 수 있는 기회가 되는 것은 분명하다. 하지만 이러한 성장에도 불구하고, 에어비앤비와 같은 공유숙박 서비스는 지역 주민들과의 갈등, 숙박업 규제 준수 문제, 세금 문제 등 다양한 도전에 직면해 있다. 이를 해결하기 위해서는 관련 이해관계자들 간의 협력과 소통이 필요하며, 지속 가능한 발전을

표 7-6. 민박업 구분 및 기준

구분	외국인관광 도시민박업 (관광진흥법)	한옥체험업 (관광진흥법)	관광펜션업 (관광진흥법)	호스텔업 (관광진흥법)
정의	도시지역의 주민이 자신이 거주하고 있는 주택을 이용하여 외래 관광객에게 한국의 가정문화를 체험할 수 있도록 숙식 등을 제공하는 업	한옥에 숙박 체험에 적합한 시설을 갖추어 관광객에게 이용하게 하거나, 전통문화 체험에 적합한 시설을 갖추어 관광객에게 이용하게 하는 업	숙박시설을 운영하고 있는 자가 자연·문화 체험관광에 적합한 시설을 갖추어 관광객에게 이용하게 하는 업	개별 관광객의 숙박에 적합한 시설로서 샤워장, 취사장 등의 편의시설과 관광객을 위한 문화·정보 교류시설 등을 함께 갖추어 이용하게 하는 업
등록 기준	• 건물 연 면적이 230제곱 미터 미만 • 외국어 안내 서비스 가능 • 소화기 1개 이상 구비, 객실당 단독경보형 감지기, 일산화탄소 경보기(개별난방 시) 설치	• 숙박 체험에 이용되는 공간이 연면적 230제곱미터 미만 • 소화기 1개 이상 구비, 단독 경보형 감지기, 일산화탄소 경보기(개별난방 시) 설치 • 월 1회 이상 객실 등 소독 • 영업시간 동안 한옥 관리자 배치 • 숙박 체험 요금표 게시, 게시된 요금 준수 등	• 자연 및 주변환경과 조화를 이루는 3층 이하의 건축물, 객실 30실 이하 • 취사 및 숙박에 필요한 설비 • 환대가 가능한 1종류 이상의 이용시설(바베큐장 등) • 숙박·이용시설에 대한 외국어 안내 표기	• 개별관광객의 숙박에 적합한 객실 • 샤워장, 취사장 등 편의시설 • 문화·정보교류시설
시설기준	단독주택, 다가구주택, 아파트, 연립주택, 다세대주택(오피스텔, 원룸, 근린생활 시설 불가)	「한옥 등 건축자산의 진흥에 관한 법률」 제27조에 따라 국토교통부장관이 정하여 고시한 기준에 적합한 한옥	–	–
대상	외국인	내외국인	내외국인	내외국인
지역	도시지역	제한 없음	제한 없음	제한 없음
영업일수	365일	365일	365일	365일
거주의무	○	×	×	×

출처: 한국관광공사 세이프스테이

위한 규제와 정책 마련이 중요하다.

공유숙박업은 국내 업태로는 외국인관광 도시민박업에 해당한다고 볼 수 있다. 외국인관광 도시민박업은 1980년대 말부터 국내에서 개최되는 대규모 국제 행사들로 인해 등장한 홈스테이가 법제화되어 국가 차원에서 관리되기 시작하였다. 2011년 말에는 관광편의시설업으로 추가되어 행정적 관리 및 지원을 받을 수 있게 되었다. 그러나 이 업종은 연면적 제한, 집주인의 실거주 여부, 오피스텔 등록 제한 등의 요건으로 인해 등록 신고 및 관리가 어려워지면서 불법 운영이 성행하고 있기 때문에, 한국을 관광대국으로 만드는 과정에 제약을 가져올 수 있다.

에어비앤비의 장점과는 달리 가장 큰 문제는 안전 사각지대가 발생할 수 있다는 점이다. 숙박업소로 신고되지 않은 불법 숙소의 경우, 소방 안전시설이 미비하고 소방 점검이 소홀히 이루어지는 경우가 많아 화재 사고 발생 시 커다란 인명피해로 이어질 위험이 크다. 또한, 위생 관리가 제대로 이루어지지 않아 숙박 서비스의 질이 저하될 우려가 있으며, 업주가 제공하는 숙박시설 정보의 허위 게재에 따른 추가적인 피해가 발생할 수도 있다. 불법 운영에 따른 위험부담 문제도 존재한다. 공유숙박 플랫폼에는 불법 상품이 올라와 있는 경우가 더러 있기 때문에 소비자들은 자신이 예약한 숙소의 법적 상태를 인지하지 못한 채 거래할 수도 있으며, 이는 소비자 보호에 심각한 구멍을 남기게 된다. 탄력적인 객실 공급이 어렵다는 점도 주요한 문제로 대두되고 있다. 특히 오피스텔과 같은 숙소를 공유숙박 장소로 활용하는 것은 공중위생관리법에 의해 금지되어 있어, 관광 산업의 다양성과 편의성 증진이라는 법적 완화에 따른 효용 증가와 해당법의 직접적 위반이라는 상충의 문제가 존재한다.

많은 국가에서는 이러한 공유숙박의 문제를 인지하여 정부 차원에서 관리하고 있다. 에어비앤비의 발상지인 미국 샌프란시스코에서는 기존 숙박업체와 같은 비율의 숙박세 원천징수, 관습법 적용, 운영 지역 제한을 통해 숙박업주와 플랫폼의 책임을 법적으로 의무화하였다. 유럽에서는 2016년 공유경제 활성화 협력 어젠다를 채택하여 '관광세' 원천징수를 통해 호텔업자와 공유숙박업체의 형평성 갈등을 해소하였다. 아시아에서는 일본이 2020년 도쿄올림픽 당시 기존 숙박시설만으로는 관광객 수요에 맞춘 수급이 어려워 관계 부처에서 설계안을 제정하여 입법화한 것이 첫 사례로 기록되었다.

이제는 우리나라도 공유숙박을 법의 영역으로 편입시킬 필요가 있다. 공유숙박이 본격적으로 법의 테두리 안으로 들어와 양성화되고, 관광객을 위한 새로운 상품으로서 공급될 수 있도록 정책적 기반을 마련할 시점이다. 하지만 국내의 경우, 정부 차원에서도 공유숙박을 활성화하고 양성화하고자 계속 논의를 시도하고 있으나, 아직 이해당사자 간의 합의점을 찾지 못해 진행이 더딘 상태이다. 기존 숙박업계에서는 공유숙박으로 인한 역차별, 거주지의 상업화 및 전·월세 공급 감소를 우려하고 있다. 에어비앤비 업주의 경우, 실거주 의무와 내·외국인 대상 영업 제한을 현실과 괴리가 있는 규제로 여겨 이에 대한 완화를 요구하고 있다. 이처럼 공유숙박에 대한 다양한 관점과 이해관계가 존재함에 따라, 국가 전체의 성장 차원에서 합리적인 접근을 통한 정책 개발이 요구되는 시점이다.

K-pop의 성지 한국, 그러나 공연할 장소가 없다

공연이 지역경제, 특히 관광에 가져오는 효과는 엄청나다. 관객들은 공연을 보기 위해 다른 도시, 다른 나라까지도 가기 때문에 공연은 진행되는 도시의 교통 및 숙박업, 음식업 등 관광과 관련된 다양한 산업을 부흥시킨다. 일례로, 글로벌 팝스타인 테일러 스위프트가 2023년부터 진행 중인 '디 에라스 투어(The Eras Tour)'는 역사상 가장 높은 수익을 올린 투어로 평가된다. 스위프트가 공연한 모든 도시에서는 소매업, 식음료, 숙박업 등이 활성화되었다. 노무라증권은 디 에라스 투어가 미국에서 6개월 만에 50억 달러의 개인 소비를 이끌어냈을 것이라고 추정했다. 월스트리트저널은 이러한 현상을 설명하기 위해 '테일러노믹스'라는 용어를 만들어냈을 정도이며, 캐나다의 쥐스탱 트뤼도 총리를 비롯한 각국의 정치인들이 디 에라스 투어를 유치하기 위해 직접 발 벗고 나서고 있다.

우리나라의 관광산업도 이런 글로벌 팝스타와 해외에서 큰 인기를 끌고 있는 K-pop 스타들의 공연을 유치함으로써 성장할 수 있지 않을까? 안타깝게도 현재 한국에는 이들이 공연할 만한 장소가 부족한 상황이다. K-pop 스타를 비롯한 글로벌 팝스타들의 경우, 그들이 몰고 다니는 공연 인파와 무대 장비 등을 소화할 수 있는 대형 공연장이 필요하다. 하지만 현재 한국에서 만 명 이상의 관객을 수용할 수 있는 전문 공연장은 인스파이어 아레나(15,000석)가 유일하며, 국내 가수들과 해외 아티스트들은 한국에서 공연하려면 야구장이나 축구장을 빌려 써야 하는 실정이다. 운동 경기가 열리는 날을 제외하면 공연 가능한 일자가 절대적으로 부족하다. 이는 옆 나라 일본이 사이타마 슈퍼 아레나, 요코하마 아레나, 피아 아레나, 오사카 아레나 등 음악 전용 또는 공연 중심으로 운영되는 공연장을 4곳이나 갖고 있고 만 명 이상을 수용할 수 있는 공간이 40여 곳에 달하는 것과 대조적이다. 이에 많은 해외 팝스타들이 한국에서의 공연을 포기하고 있다. 예를 들어, 테일러 스위프트는 디 에라스 투어 동안 일본에서 네 차례, 싱가포르에서 여섯 차례 공연을 하기로 했지만 한국에서는 공연을 하지 않는다. 2017년 한 차례 내한한 바 있고 BTS와 함께 만든 노래로 2021년 빌보드 핫 100 차트 1위를 달성했던 콜드플레이 역시 월드투어 일정에서 한국을 제외하였다.

국내에서 공연을 하기 어려운 건 해외 가수들만의 얘기가 아니다. 우리나라의 가수들도 부족한 공연장 탓에 공연을 하는 데 큰 어려움을 겪고 있다. 세계적인 K-pop 스타들도 예외는 아니어서, 아시아와 북미 등에서 3만~5만 석 규모의 월드투어 콘서트를 진행하는 트와이스와 블랙핑크 등의 K-pop 그룹들은 국내에서는 공연장이 부족하여 2만~3만 석 규모의 콘서트를 진행하고 있다. 블랙핑크의 경우 2023년 월드투어 콘서트를 진행하여 전 세계 걸그룹 역사상 가장 높은 수익을 냈음에도 고척돔에서 마지막 콘서트를 준비하는 과정에서 어려움을 겪기도 했다.

K-pop 그룹의 위상과 인기가 전 세계로 빠르게 확산되고 있다. 한국문화관광연구원이 실시한 2023년 4분기 외래 관광객 조사에 따르면 한국을 찾은 외국인의 관광활동에서 'K-pop, 한류스타 관련 공연장 및 드라마, 영화 촬영지 방문'은 14.8%에 달했다. 이 결과는 K-pop 스타들의 대규모 공연이 전 세계에 있는 K-pop 팬들을 한국으로 유인할 수 있다는 것을 의미한다. K-pop 공연과 관광을 연결 짓는다면, 이를 통해 인바운드 관광을 진흥시킬 수 있을 것이다. 이를 위해 K-pop과 해외 팝스타들의 공연이 관광산업에 미치는 긍정적인 영향을 인식하여 대형 공연장 등의 인프라를 확충하고, 많은 수의 인원을 수용할 수 있는 경기장을 공연을 위해 유연하게 사용할 수 있는 체계를 마련할 필요가 있다. K-pop을 활용하여 고부가가치 관광상품을 만들고 외래 관광객에 지갑을 열리게 하는 전략이 필요하다. 이를 위해 관련 공연장을 확충하는 것은 필연적이다.

CHAPTER 8

인바운드 관광 활성화를 위한 디지털 혁신

1절 | 인바운드 관광 채널링 전략

관광산업은 국가 부흥전략의 중심에 있어야 한다

관광산업에서의 디지털 혁신은 4차산업혁명의 핵심 디지털 기술들을 적용하여 관광의 혁신적 변화를 이끌어내는 것이다. 이미 관광산업의 여러 분야에서 디지털 혁신이 나타나고 있지만, 여기서는 주로 인바운드 관광 활성화를 중심으로 이야기하고자 한다. 인바운드 관광 활성화를 위한 디지털 혁신 전략은 크게 인바운드 관광 채널 전략의 수립, 디지털 혁신을 통한 서비스 품질의 개선, 로컬 플랫폼 비즈니스의 육성, 관광사업자의 디지털 역량 강화, 그리고 디지털 혁신을 위한 데이터-정보 체계의 구축으로 나누어 설명하고자 한다. 다음 **그림 8-1**은 이러한 5개의 핵심 전략을 도식화한 것이다.

그림 8-1. 인바운드 관광 활성화를 위한 디지털 혁신 전략

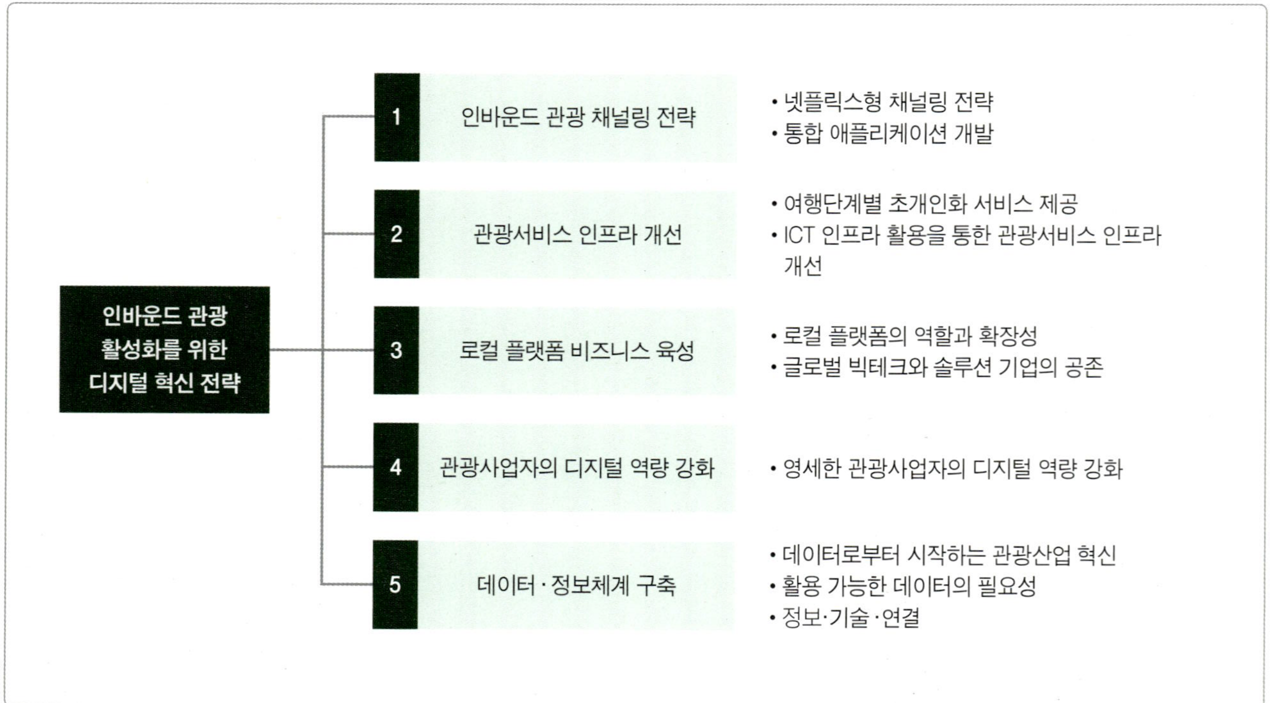

넷플릭스형 채널링 전략

인바운드 관광 활성화를 위해서는 우리나라의 다양한 관광상품을 해외 관광객들에게 적절히 알리고, 그들이 관광상품을 효율적으로 이용할 수 있게 하는 것이 중요하다. 아무리 우수한 관광상품이나 콘텐츠를 보유하고 있어도, 해외 관광객이 그 존재를 모르거나 효과적으로 이용할 수 없다면 그 가치를 인정받기 어렵다. 디지털 기술의 발전은 과거 전통적인 관광상품을 알리거나 유통하는 방식을 근본적으로 변화시켰다. 오프라인 여행사를 통해 관광상품을 구매하거나 한정된 정보로 개별 여행을 하던 시대는 이미 끝났다. 많은 외래 관광객들은 다양한 디지털 채널을 통해 우리나라의 관광상품을 알아가고, 이로 인해 관광에 대한 동기가 유발되며, 그들은 더욱 효과적인 관광수단을 선택하게 된다.

예를 들어, 관광객은 관광의 동기가 유발하면 다양한 채널을 통해 관광지를 탐색하게 된다. 네이버나 구글 같은 정보 포털, 유튜브나 인스타그램 같은 소셜미디어, 그리고 다양한 여행 관련 플랫폼 등을 통해 관광지 정보를 찾아본다. 이러한 관광지 선택의 과정에서, 이미 방문한 많은 고객들의 리뷰 정보는 잠재적 관광객이 관광지를 결정하는 데 매우 중요한 역할을 한다. 그렇다면 우리나라를 방문하는 외국인 관광객은 어떠한 과정을 통해 한국을 관광목적지로 선택했을까? 이는 그들의 관광지 선택동기와 과정을 면밀하게 살펴보면 그 해답을 찾을 수 있을 것이다. 한 가지 중요한 점은 이 과정에서 디지털 환경의 변화와 디지털 도구들의 발전이 중요한 영향을 미치고 있다는 것이다. 즉, 플랫폼 경제의 확산, ChatGPT와 같은 혁신적인 솔루션의 등장, 그리고 소셜미디어의 발전은 관광산업의 디지털화에 뿌리 깊게 관여하고 있다.

인바운드 관광 활성화를 위한 채널 전략으로는 플랫폼 기반의 넷플릭스형 채널링 전략이 필요하다. 오징어 게임이 우리나라에서 제작된 드라마콘텐츠임에도 불구하고, 넷플릭스를 통해 전 세계로 확산된 사례처럼 국내 관광 콘텐츠와 글로벌 플랫폼이 연결되는 채널을 구축할 필요가 있다. 《오징어 게임》은 국내의 배우나 감독, 기획자에 의해 만들어졌지만 넷플릭스의 해외 유통 채널을 통해 전 세계에 보급되어 큰 성공을 거둔 작품이다. 만약 넷플릭스라는 글로벌 플랫폼이 존재하지 않았다면, 《오징어 게임》은 국내 및 일부 해외 시청자에게만 노출되었을 것이다. 우리나라의 관광상품이나 콘텐츠 역시 글로벌 또는 현지 플랫폼, 다양한 미디어를 통해 널리 알려져야 한다. 인바운드 활성화를 위한 현실적인 채널링의 방향은 대형 OTA를 활용하는 것과 자체 채널을 확보하는 것 그리고

그림 8-2. 넷플릭스형 K-컬처 확산

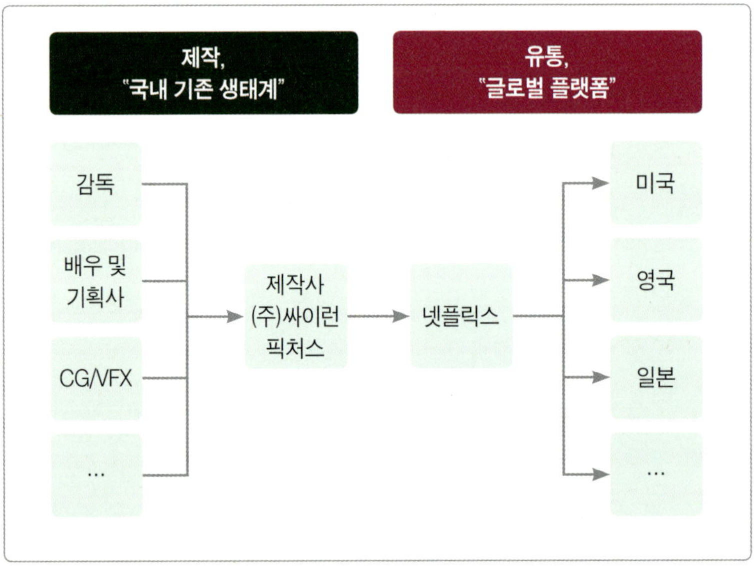

그림 8-3. 인바운드 관광 활성화를 위한 채널 확보(상품등록) 전략

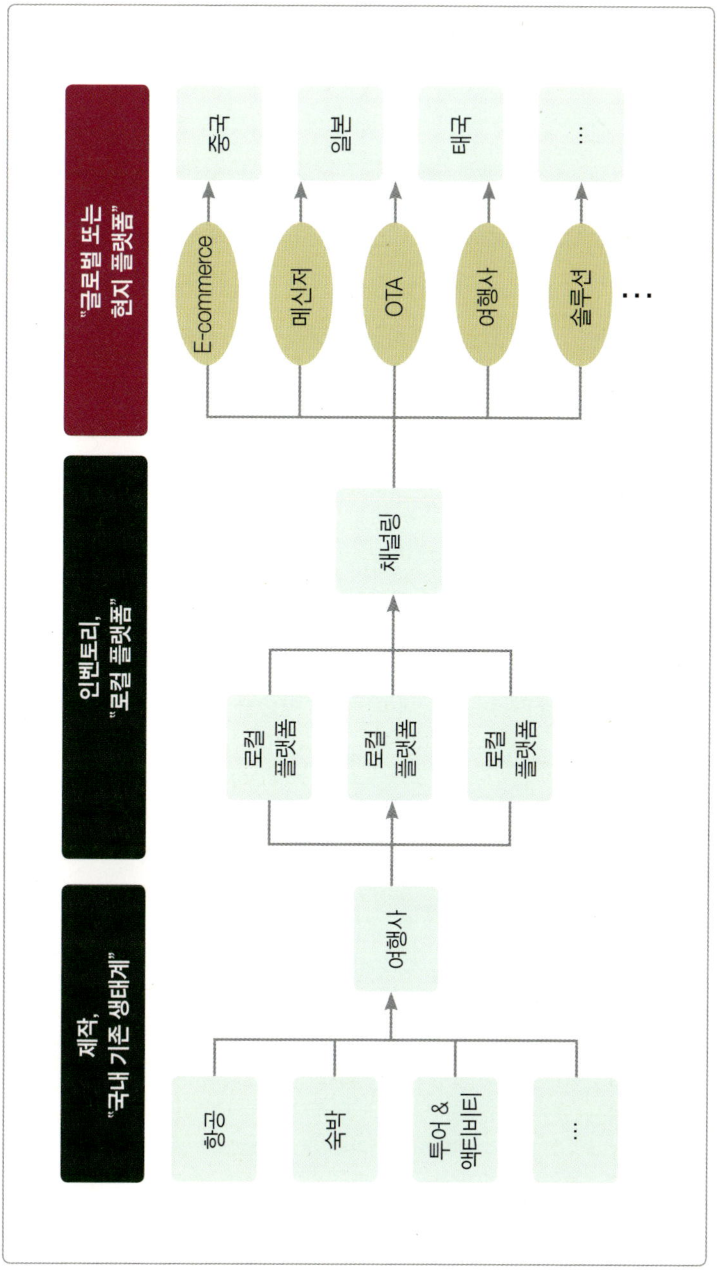

나아가 장기적으로는 커머스, 솔루션 등까지 충분히 활용하는 다양한 채널을 확보해야 한다.

국내의 관광상품과 콘텐츠를 국내 여행사 및 로컬플랫폼과 더불어 해외의 글로벌 플랫폼, 글로벌 E-commerce, 메신저, OTA 등과 같은 채널을 통해 소개-예약-판매되는 구조를 만들어야 한다. 외국인이 우리나라 관광을 위해서 보다 쉽게 접근할 수 있는 다양한 플랫폼 형태의 채널 확보는 인바운드 관광을 활성화하는 가장 중요한 전략이다.

여행 가이드 역할을 하는 통합 애플리케이션 개발

인바운드 관광 활성화를 위한 채널 전략의 성과는 외래 관광객의 관광상품 및 서비스의 소비와 직접적인 관련이 있다. 효과적인 채널링은 외래 관광객이 한국 여행 과정에서 겪는 예약, 구매, 소비 등의 행위를 보다 효율적으로 만들며, 이로 인해 더 많은 지출을 유도한다. 다시 말하면 외래 관광객이 한국의 관광상품, 서비스, 관광정보 등에 쉽게 접근할 수 있게 하는 것을 목표로 한다. 이러한 목표를 달성하기 위해 가장 시급한 과제는 민간 주도로 통합적 기능을 가진 플랫폼을 제공하는 것이다. 해당 앱에서는 외래 관광객이 한국 여행에 필요한 언어, 교통, 통신, 숙박, 음식, 공연, 레저 관련 정보를 제공받고, 예약-구매-결제까지 할 수 있는 원스톱서비스를 제공해야 한다. 특히 외국인 관광객의 언어적 장벽을 제거하고 다양한 관광 수단이나 상품에 대한 이용을 통해 한국 여행의 편의성을 극대화하는 것이다.

인바운드 관광을 위한 통합 기능을 갖춘 앱을 외래 관광객이 자신의 스마트폰에 자발적으로 설치하기 위해서는 반드시 해당 앱에서 제공해야 할 킬러 콘텐츠가 필요하다. 킬러 콘텐츠의 후보는 언어, 교통, 공연 예약, 결제 등과 관련된 것일 수 있다. 통합 기능 앱의 필요성은 외래 관광객이 한국을 여행할 때 여전히 불편함을 겪고 있기 때문이다. 이러한 문제를 해소하기 위해 통합 기능 앱뿐만 아니라 민간의 다양한 주체가 외래 관광객을 대상으로 한 디지털 기반의 서비스를 활성화해야 한다. 통합 기능 앱이 효과적으로 작동하기 위해서는 외래 관광객이 앱을 설치해야 하는 명확한 이유를 제시해야 한다. 이는 민간 플랫폼 기업들이 앱의 상품화를 가능하게 하는 중요한 숙제이다. 다행히 몇몇 기업들이 이러한 기능을 가진 앱을 출시하고 있다. 초기 단계이지만 이러한 앱의 출시는 외래 관광객의 방문과 지출을 늘리는 데 도움을 준다.

그림 8-4. 인바운드 관광객용 통합 앱 예시-트리플코리아, 크리에이트립

출처: 트리플코리아, 크리에이트립

한편, 앱의 기능 중 의사소통 기능과 챗봇 기능을 추가하는 것은 앱 프로모션의 중요한 수단이 될 수 있다. 최근에는 ChatGPT와 같은 생성형 인공지능 기술이 여행 과정 중 대화형 서비스를 제공할 수 있는 능력을 보여주고 있다. 빅데이터, 대규모 언어 모델(Large Language Model, LLM), 인공지능 기술을 결합하여 다국어 서비스를 제공함으로써 여행의 편리성을 대폭 향상시킬 수 있는 것이다. 이러한 기능은 통합 앱에 반드시 포함되어야 할 것이다. 여행의 편리성을 높이는 것은 여행객이 해당 관광지에 더 오래 머물게 하며, 한 번의 여행에 더 많은 지출을 유도한다. 즉, 관광객이 지불하는 객단가를 높일 수 있다. 결국 이러한 디지털 기술의 활용은 국가의 관광수입 증대에도 크게 이바지할 것이다.

그림 8-5. 인바운드 관광 통합 플랫폼의 체계도

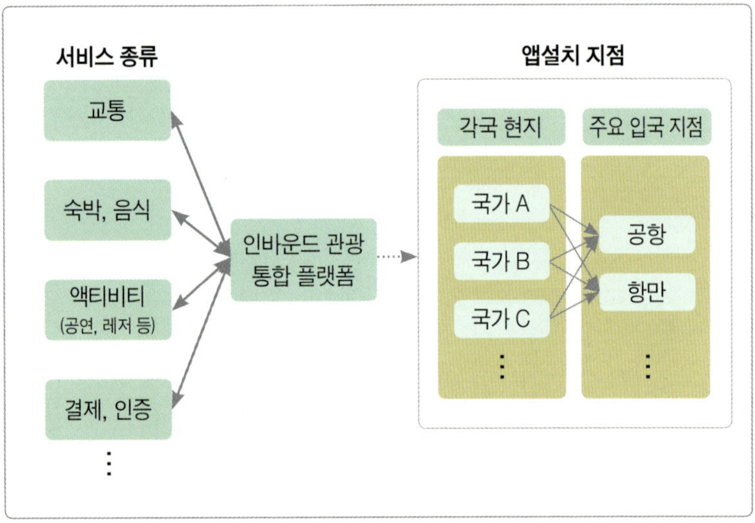

한편 우리가 생각해 봐야 할 것은 통합 기능을 가진 앱을 관광객이 어느 시점에서 설치하게 하면 좋을지이다. 앱 설치는 외국인 관광객이 거주하는 국가에서, 입국 지점에서, 혹은 한국을 여행하는 도중에 이루어질 수 있다. 관광객이 자국 현지에서 미리 앱을 설치하는 것이 이상적이

나, 이를 위한 앱 회사의 마케팅 비용은 상당히 클 것으로 예상되기 때문에 이는 통합 앱을 제공하는 회사의 전략적 판단에 의존할 수밖에 없다. 클룩(Klook), 구글(Google) 등으로 대표되는 범용의 여행수단을 이용할 때 외국인 관광객이 겪는 불편함은 많다. 통합 앱은 외국인이 한국을 여행할 때 마치 개인 가이드를 동반하는 것처럼 느끼게 해야 한다. 어찌 되었든 언어, 교통, 결제 등 외국인 관광객이 경험하는 불편함을 해소하는 것은 한국 관광에 대한 만족도를 향상시키는 가장 효과적인 방법일 수밖에 없다.

2절 | 디지털 혁신을 통한 관광 서비스 인프라 개선

디지털 혁신을 통한 여행단계별 초개인화 서비스 제공

디지털 기술의 발전은 초개인화된 여행 서비스를 진화시키고 있다. 여기서 잠깐 개인화(personalization)와 초개인화(hyper-personalization)의 개념을 정리해 보자면, 개인화란 이미 가지고 있는 데이터와 정보를 바탕으로 소비자를 이해하고 소비자의 필요에 맞는 상품과 서비스를 제공하는 것이다. 반면, 초개인화는 소비자의 미래 행동 패턴까지 예측하여 정보와 더불어 적절한 시점에 상품이나 서비스를 추천하고 제공하는 것이다. 특히 최근 각광받고 있는 생성형 인공지능 기술은 초개인화의 수준을 더욱 고도화할 수 있는 강력한 도구로 자리매김하고 있다. 생성형 인공지능으로 온라인 관광시장 자동화 및 초개인화가 가능하게 되어 서비스 측면에서 여행시장의 획기적인 변화가 점쳐진다. 생성형 인공지능에 랜딩 페이지

(landing page)를 결합하게 되면 고도화된 컨시어지(concierge) 서비스를 관광객에게 제공할 수 있는 것이 한 예이다.

관광 서비스는 제조기업이 만든 제품과 달리 무형적이고 관광객마다 이질적인 반응을 이끌어낸다. 따라서, 개인화 또는 초개인화를 통해 관광객의 서비스 만족도를 높이는 것이 중요하다. 즉, 100명의 관광객이 있다면 그에 상응하는 100개의 개별적인 관광 서비스가 필요하다는 얘기다. 개인화나 초개인화를 마케팅의 시장 세분화 개념과 연관 지어 생각하면, 고객은 개인화 또는 초개인화 수준에 따라 무한히 세분화될 것이다. 이러한 사례로 아마존(Amazon)을 들어보자. 아마존은 고객 한 명을 10개의 다른 시장으로 세분화한다고 한다. 이는 고객이 처한 상황이나 맥락에 따라 고객 한 명도 여러 명의 고객으로 쪼개질 수 있음을 의미한다. 특정한 서비스에 대한 고객 세분화의 수도 상황에 따라 지수적으로 증가시킬 수 있는 것이다.

그렇다면 관광산업에서 누가 이러한 초개인화 서비스를 가능하게 할 것인가? 이는 디지털 기술을 보유한 플랫폼과 솔루션 기업의 역할과 깊은 관련이 있다. 이유는 과거의 전통적인 오프라인 관광기업들이 개인화된 디지털 서비스를 제공하는 데 태생적 한계를 가지고 있기 때문이다. 특히 MZ세대 관광객은 여행의 각 단계별로 초개인화된 서비스를 원하고 있으며, 이를 충족시키기 위해서는 플랫폼과 솔루션의 효과적인 활용이 필수적이다. 여행의 일정을 짜는 것부터 음식, 숙박, 교통, 그리고 다양한 체험에 이르기까지 개인화된 서비스는 이제 관광의 필수 요소가 되고 있다. 이러한 소비자의 요구와 더불어 여행 상품도 점점 다양해지고 있는 것이 지금의 상황이다. 특히 관광의 핵심 고객인 MZ세대를 중심으로 한 개별 관광이 확대되면서, 개인화된 서비스는 관광산업 생존의 필수 도구가 되어가고 있다.

그림 8-6. 플랫폼과 솔루션을 통한 관광 개인화

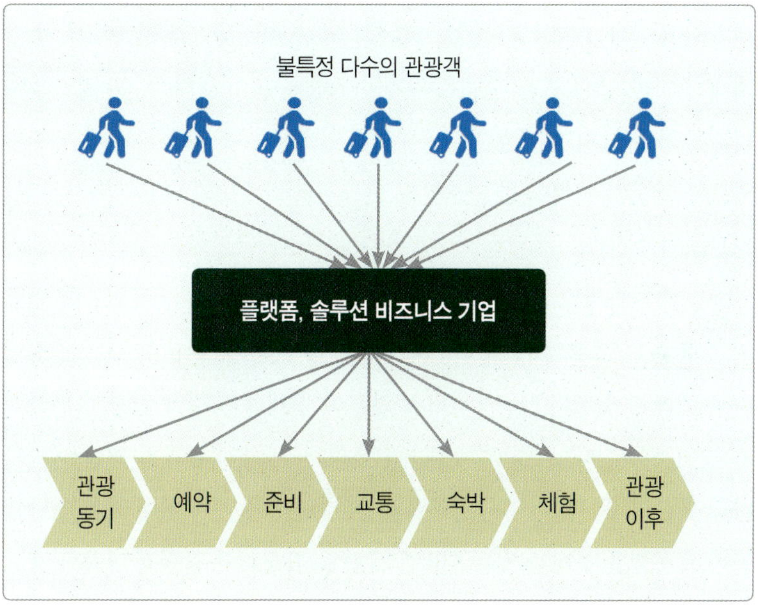

특히 국경이 없는 관광산업에서 자본력과 기술력을 앞세운 글로벌 플랫폼 및 솔루션 기업의 초개인화 서비스 론칭이 한창이다. 자칫 한눈을 팔 경우 국내 기술 기업들이 해외 거대 기업들에게 비즈니스적으로 종속될 위험이 있다. 관광 동기, 예약, 준비, 교통, 숙박, 음식, 체험, 관광 후기 등 여행의 전 과정에서 글로벌 플랫폼의 지배력이 커지며 로컬 플랫폼과의 경쟁은 가속화될 수밖에 없다. 이러한 경쟁 체제에서 국내 로컬 플랫폼과 관광 사업자의 역량 강화는 인바운드 관광의 양과 질을 높이는 데 필수적인 요소이다.

한국의 ICT 인프라 적극 활용을 통한 관광 서비스 인프라 개선

관광 서비스 인프라의 개선은 관광 서비스의 디지털 혁신과 밀접하게 연결되어 있다. 우리나라는 초고속 인터넷을 비롯해 ICT 인프라가 전 세계에서 가장 앞서 있을 정도로 디지털 기술 수준이 높다. 다른 국가들에 비해 월등한 디지털 경쟁력을 보유하고 있음에도 불구하고, 관광 안내 서비스나 길찾기 등에 대한 인바운드 관광객의 만족도가 낮은 것은 반드시 개선되어야 한다.

한편 최근까지도 고속버스 예매 시 외래 관광객이 국내 휴대전화 번호를 보유하고 있지 않으면 예약 자체가 되지 않는 등 여전히 결제 과정에서 어려움이 있었다. 관광 서비스 인프라의 개선은 결국 관광의 편리성을 높이는 것이다. 이를 위해서는 정부의 지원 아래 민간의 역할을 극대화해야 한다. 특히, 국내외 플랫폼의 역할 증대를 통해 여행 과정 전반의 서비스 품질을 높이는 것은 인바운드 관광 활성화와 관광객 만족도 제고를 위해 필수적이다. 관광객의 여행 행태는 점점 다양화되고 새로운 무언가를 요구하고 있다. 그들의 여정에서 불편한 점을 빠르게 개선하여 관광의 질을 높이는 지름길은 디지털 혁신만이 가능한 답이다.

관광 인프라와 관련하여 다시 언급하는 내용이지만, 언어 소통은 관광에서 필수적인 만족 요인이다. 영어를 모국어로 사용하지 않는 우리나라에서는 외국인이 관광하는 데 많은 불편을 주고 있다. 이 문제는 단순히 우리나라 사람과 외국인 관광객 사이의 의사소통 문제뿐만 아니라, 언어 표기의 문제 등 수십 년째 크게 개선되지 않는 여러 문제점을 포함하고 있다. 외국인 관광객이 많이 찾는 방문지나 이동하는 경로에 언어 표지를 확충해야 한다. 또한, 디지털 기술을 활용한 스마트폰 통역 안내 서비스가 이제는 현실적인 대안이 되고 있다.

교통 및 길찾기 안내 서비스 역시 외국인 관광객에게 큰 불편함을 주고 있다. 구글 맵 서비스가 완전하게 작동하지 않는 우리나라는 외국인 관광객이 처음 마주치는 애로사항 중 하나다. 지방 여행을 활성화하려 해도 방문 경로나 교통편에 대한 정보가 부족하면 외래 관광객을 유치하겠다는 노력이 무색해진다. 결제 서비스 또한 주목할 필요가 있다. 현장에서의 직접 결제는 대부분 가능하지만, 온라인 구매 시 결제가 이루어지지 않는 경우가 많아 이에 대한 개선이 필요하다. 우리가 현지와 국내에서 해외 제품을 쉽게 구매하듯, 민간 카드사와 협력하여 결제의 편의성을 높여야 한다. 결제 시스템 보강과 함께 국내 판매자가 외국 카드를 수용할 수 있도록 하는 노력이 필요하다.

3절 | 로컬 플랫폼 비즈니스의 육성

로컬 플랫폼 비즈니스의 한계의 극복

플랫폼 경제의 확산과 모바일 시대를 맞이하여 국내 로컬 빅테크 플랫폼들이 성장하여 왔지만, 몇몇 플랫폼 기업을 제외하고는 내수 시장에 머무르고 있는 것이 현실이다. 국내 대표 플랫폼인 네이버와 카카오의 2022년 해외 매출 비중은 각각 8.1%, 19.7%이다. 심지어 해외 매출의 상당 부분은 한국 서비스의 해외 진출로 인한 매출이 아닌, 해외 기업 인수로 인한 매출이다. 네이버는 2021년 글로벌 1위 웹소설 플랫폼 왓패드(Wattpad)를 인수하였으며, 2023년에는 미국 C2C 패션 플랫폼 포시마크(Poshmark)를 인수하였다. 카카오는 글로벌 웹콘텐츠 플랫폼 타파스(Tapas)와 래디쉬(Radish)를 합병하였다. 구글의 모회사 알파벳(Alphabet)의 미국 외 매출 비중이 52%인 데 비해 국내 로컬 플랫폼의 해외 매출은 턱없이 적은 것이 사실이다.

이렇게 내수 시장에 갇힌 플랫폼의 한계는 독자적인 콘텐츠로 잘 성장한 국내 플랫폼이 글로벌 기업과 글로벌 자본에 인수되는 결과를 초래하기도 한다. 2019년, 당시 국내 배달앱 업계 2, 3위 업체인 요기요와 배달통을 소유 중이던 독일 딜리버리히어로(Delivery Hero)가 국내 배달앱 업계 1위(점유율 55.7%)를 기록하던 배달의민족을 인수하기로 발표하였다. 한국소비자단체협의회에 따르면, 국내 배달앱 시장 점유율은 당시 배달의민족(55.7%), 요기요(33.5%), 배달통(10.8%)으로 3사를 모두 더하면 100%에 매우 가까운 수치였다.

일부 국내 플랫폼이 성공적으로 글로벌 시장에 안착한 경우는 한국 시장이 보유한 고유의 K-콘텐츠가 글로벌 확장성을 갖고 앵커(anchor) 프로덕트의 역할을 해준 경우가 많다. 2023년 1분기 기준, 카카오는 전체 매출 중 18%를 해외에서 발생시키며 그간의 해외 매출 대비 호실적을 내었고, 해당 해외 매출의 47%를 픽코마(일본 시장을 타깃으로 한 웹툰/웹소설 플랫폼, Piccoma)가 기여하고 있다. 픽코마는 주로 카카오웹툰과 카카오페이지의 한국 콘텐츠를 일본어로 번역하여 유료 서비스하고 있는 플랫폼으로, 여타 인수를 통한 해외 매출 확보와는 달리 국내 플랫폼이 해외 직접 사업 진출로 성과를 거둔 대표적인 사례이다. 해당 사례에서 알 수 있듯이 국내 플랫폼이 해외에서 성공적으로 안착한 경우는 한국만이 보유 중인 고유의 콘텐츠를 레버리지할 때 상대적으로 빠른 수요를 창출할 수 있음을 보여준다. 인바운드 관광 활성화를 위해서는 관광 관련 로컬 플랫폼이나 솔루션을 적극 활용할 필요가 있다. 그들은 다른 글로벌 플랫폼이 가지고 있지 않은 한국 고유의 콘텐츠를 가지고 있으며, 인바운드 관광객에 적합하고 편리한 신규 서비스를 만들 수 있기 때문이다.

로컬 플랫폼의 역할과 확장성

관광과 관련된 플랫폼 사업은 검색, 광고, 온라인 콘텐츠 등과 같은 온라인 완결형 서비스가 아니라, 물리적인 오프라인 비즈니스와 연결된 사업이다. 따라서 로컬 비즈니스 환경에 대한 이해도가 높은 로컬 사업자들의 존속가능성이 크며 국내 시장을 잘 이해하는 이들 로컬 플랫폼의 존재는 관광 관련 생태계에 속한 중소기업이나 소비자들의 사회적인 편익 증대에 기여한다.

관광은 게임이나 스포츠와 달리 결국 관광객 본인이 오프라인에서의 실제 경험으로 완결되는 특성을 지니므로 국내 오프라인에서의 관광상품 및 서비스 공급자, 정부 부처, 소비자와 접점을 가질 수 있는 로컬 플랫폼에게 유리한 점이 존재한다. 로컬 플랫폼은 자국 내 물리적인 오프라인 비즈니스 공급자들과 각종 행정 담당자들과의 실질적인 소통이 가능하다. 이러한 직접 소통을 기반으로 공급자 측의 니즈에 빠르게 반응하고 이를 플랫폼에 적용 가능하다. 소비자 측면에서 보았을 때도 외래 관광객이 주로 찾는 각종 상품은 외국인만을 대상으로 하는 것이 아니며, 오히려 현지인들에게 인기 있는 상품들이 주류를 이룬다. 따라서 로컬 트렌드를 빠르게 파악하여 관광상품으로 개발하는 등 로컬 플랫폼은 해외 플랫폼이 단순히 글로벌 시각에서 온라인상으로만 시장을 파악한 후 기획하여 제공할 수 있는 관광상품보다 더 큰 효익을 줄 수 있다.

로컬 플랫폼은 많은 경우 글로벌 플랫폼보다 국내 규제 환경과 이해관계자들과의 관계를 더욱 신중하게 고려한다. 자국 내 정부 정책 준수를 기반으로 사업을 운영하며, 글로벌 플랫폼 대비 자국 중소기업과 소비자의 이익을 중시하는 특성을 지닌다. 또한 자국에서 이익을 취하는 플랫폼인 만큼 사회적 책임을 우선시하는 경향이 있다. 실제로 많은 경우 소비자와 공급자를 잇는 중개형 플랫폼 시장에서 국내 플랫폼이 글로벌 플랫폼 대비 낮은 수수료율을 부과하며 국내 공급업자와의 상생에 힘쓰는 경향이 있다. 또한 고용과 재정적인 측면에서도 국가경제에 기여하는 바가 크다. 로컬 플랫폼의 역할과 장점에 비추어 볼 때, 정부는 로컬 플랫폼 사업자가 글로벌 빅테크 플랫폼과 공정한 환경에서 경쟁할 수 있도록 지원해 줄 필요가 있으며, 일반 소비자와 공급자를 위한 온라인 플랫폼 규제가 국내 플랫폼의 성장을 저해하고 글로벌 플레이어에 의한 시장 잠식을 초래할 소지가 있음을 꼼꼼히 살펴야 한다.

특히 국내 로컬 관광 플랫폼은 한국 관광을 앵커 콘텐츠로 삼아 한국 관광에 대한 수요를 증대시키고, 우선적으로 재방문 빈도가 높은 인접 국가들을 중심으로 글로벌 사업을 확대할 기회를 마련할 수 있다. 인바운드 관광이 성공하려면 인접 국가들을 1차 타깃으로 하고, 그들의 재방문에 초점을 맞추어야 한다. 원거리 국가는 고객유치비용 대비 고객생애가치(customer lifetime value)가 크게 낮기 때문이다. 한국의 로컬 관광 플랫폼은 충분히 인접 국가에서 서비스 경쟁력을 가질 수 있다고 생각된다. 카카오, 네이버, 트리플 등 국내 유수의 플랫폼들이 일본, 중국 등지에서 K-콘텐츠를 발판 삼아 각 사의 글로벌 사업을 확장하고 K-콘텐츠를 널리 알리는 데 힘쓰는 바와 같이, 관광 분야에서도 로컬 플랫폼들은 K-관광을 앵커 콘텐츠로 삼아 한국 관광에 대한 수요와 재방문 빈도가 높은 인접 국가를 초기 타깃팅하여 사업 시장을 확장할 수 있다.

글로벌 빅테크와 공존하는 솔루션 기업의 중요성

관광산업을 구성하는 기술 기업들은 일반 관광객들을 대상으로 하는 B2C 플랫폼뿐만 아니라, 산업의 기반을 구성하는 솔루션 기업 및 B2B 기업들 또한 거대한 생태계를 구성하고 있다.

예를 들어, 관광 B2B 기술 기업 유형으로는 대표적으로 GDS(Global Distribution System), Bedbank 등이 있다. GDS는 항공사와 여행사를 연결해 항공권의 간접판매를 가능하게 하는 시스템으로서 항공권 예약·발권 서비스를 제공하고 여행사와 항공사로부터 각각 월정액, 수수료를 수취하는 B2B 시스템이다. 아마데우스(Amadeus by Amadeus IT Group), 갈릴레오(Galileo GDS by Travelport) 등이 대표적인 GDS라고 할 수 있다. Bedbank는 공급업체로부터 호텔 객실 및 기타 여행 서비스를 계약해 제3자 리셀러(OTA, 여행사, 항공사) 등에게 판매하는 중개 회사를 뜻한다. 호텔배드(Hotelbeds), 트래브코(Travco), 보노텔(Bonotel) 등이 대표적이다.

글로벌 빅테크가 전 세계 시장을 장악하는 가운데, 이들과 비즈니스생태계를 이루며, 공존하는 솔루션 기업들이 많다. 하나의 국가를 사례로 들면, 원천기술 강국인 이스라엘은 작은 내수 시장의 한계를 딛고 B2B 솔루션 위주의 스타트업들을 육성하여 글로벌 빅테크와 대규모 협업을 진행하는 비즈니스생태계를 일구고 있다. 좀 더 부연 설명하면, 이스라엘은 한국 경상도 면적에 불과한 면적에 2020년 기준 총 인구 921만 명으로 그 규모는 작지만 인구 대비 스타트업 수가 1,400명당 1개로 세계 1위다. 미국 나스닥 상장 기업 순위로는 미국, 중국에 이어 세계 3위의 입지

표 8-1. 관광산업 B2B 솔루션 사업 분야

분야	솔루션
Hospitality Property Management	클럭 PMS(Clock PMS), 오라클 호스피탈리티(Oracle Hospitality), 인퀘스트 소프트웨어(InnQuest Software)
Hospitality Connectivity & Distribution	레이트게인(RateGain), 임팔라(Impala), 구글호텔애드(Google Hotel Ads)
Central Reservation System	클라우드베드(Cloudbeds), 북와이즈(Bookwize), 엑시즈룸즈(AxisRooms)
Revenue Management System	부킹스위트(BookingSuite), 프라이스랩스(PriceLabs), 룸프라이스지니(RoomPriceGenie)
Bedbanks	호텔배드(Hotelbeds), 보노텔 익스클루시브 트래블(Bonotel Exclusive Travel), 호텔두(HotelDO)
Airline Operations Management	아비오(Avio), 마이플라이트솔루션(MyFlightSolutions), 씨에이이(CAE)
Airline Reservation	트라웩스(Trawex), 시타(SITA), 테이크플라이트(Takeflite)
Airline Consolidators	트래블에이전트몰(TravelAgentMall), 피카소트래블(Picasso Travel), 다운타운트래블(DowntownTravel)
Global Distribution Systems	아마데우스(Amadeus), 사브레(Sabre), 트레블포트(Travelport)
Travel Agency Software	트래블웍스(TravelWorks), 제로(Xero), 레즈디(Rezdy)
AI in Travel	롬어라운드(Roam Around), 듀브(Duve), 마라(Mara)
NDC & Flight Connectivity	버테일(Verteil), 아론 그룹(Aaron group)

를 가진 기술 스타트업 강국이다. 이스라엘은 눈에 띄는 글로벌 대기업 없이 1인당 GDP가 52,170달러인데, 이러한 성공의 숨은 공신은 스토어닷(StoreDot)이나 알파타우메디컬(Alpha Tau Medical)처럼 혁신기술로 무장한 기업가치 1조 원이 넘는 유니콘 기업들로, 그 수가 30개가 넘는다. 구

글(Google), 인텔(Intel), 마이크로소프트(Microsoft), 삼성(Samsung)과 같은 글로벌 대기업 400여 개사가 R&D센터 명목하에 이스라엘에 들어와 있으며 그 형태는 대부분 이스라엘 스타트업을 인수한 형태이다. 2016년부터 2020년까지 이스라엘 스타트업이 조달한 자본 투자액은 연평균 46%씩 급성장하였으며 2020년에는 82.6억 달러를 기록하였다.

이스라엘이 이러한 스타트업 강국으로 성장할 수 있었던 배경에는 크게 세 가지를 들 수 있다. 첫째, 소국(小国)으로서의 핸디캡이 스타트업으로서의 강점으로 작용했다는 것이다. 전체 인구 921만 명의 작은 내수시장은 창업하는 그날부터 해외 진출을 필수적으로 고려하게끔 하는 요인이 된다. 이렇게 태생적으로 글로벌 지향적인 정신은 개인 창업자뿐 아니라, 해외 진출을 적극적으로 돕는 정부의 노력으로도 이어졌다. 둘째, 실질적으로 대학과 연구소의 독립화된 기술사업화 조직이 이스라엘의 창업 환경을 촉진시켰다. 이스라엘 대표 이공계 대학들인 테크니온(Technion), 히브리대학(Hebrew University), 텔아비브대학(Tel Aviv University), 벤구리온대학(Ben-Gurion University)에는 각각 기술이전센터인 T-3, 이쑴(Yissum), 라못(Ramot), BNG테크놀로지스(BNG Technologies)가 소속되어 기술사업화 전문가들이 소속 대학, 연구소와 독립적으로 기관을 운영한다. 대표적인 예시가 히브리대학으로, 이쑴을 통해 기술이전으로 연매출 2조 4,000억 원을 창출했으며 모바일아이(Mobileye)가 이쑴을 통해 설립되었다. 한국산업기술진흥원에 의하면 한국 대학들의 기술은 파일럿 단계에 머무는 방면, 이스라엘은 대학 기술지주회사가 연구개발된 기술을 상업화 단계까지 이끌고 가는 창업 생태계가 존재하는 것이다. 셋째, 정부 기구인 혁신청(Israel Innovation Authority)의 스타트업 생태계 지원이 이스라엘을 창업국가로 성장시켰다. 1976년 산업무역부 산하에 만든 차관급 조직 수석과학관(Chief Scientist)실이 모태가 되어 2015년에는 수석과학관실이 혁신청이란 이름으로 격상하여 독립했으며 소속 부처도 2021년 경제부에서 혁신과학기술부로 바뀌어 창업에 대한 지원을 아끼지 않고 있다.

이야기가 다소 관광을 벗어났지만, 트래블테크라는 말이 등장할 정도로 디지털 기술이 관광 분야에서 적용되는 속도와 범위는 매우 빠르고 다양하다. 특히 솔루션 서비스를 제공하는 관광 스타트업의 육성은 이제 관광정책의 필수 전략이 되었다. 정부의 혁신 관광벤처를 성장단계별로 지원하는 사업은 그 의미가 크다. 또한 이러한 육성과 지원에 있어서는 국내 기업의 대중소를 가릴 필요가 없다. 그 이유는 관광생태계에 있어서 특정 규모의 기업이나 특정 기술을 가진 기업만을 육성하는 것이 불가능하다. 관광생태계는 규모나 기술과 상관없이 모두가 모여 하나의 유기체처럼 움직여야 하기 때문이다. 한 예로, 국내 여행 IT 기업 (주)야놀자는 야놀자클라우드를 통해 2023년 글로벌 B2B 여행 솔루션 기업고 글로벌 트래블(Go Global Travel, GGT)을 인수하며 글로벌 B2B 솔루션 시장 진입에 박차를 가하고 있다. GGT 인수를 통해 야놀자는 전 세계 200여 개국에 백만 개 이상의 글로벌 최대 규모의 여행, 숙박 인벤토리를 확보하게 되었으며 내수 고객만을 상대하는 B2C 플랫폼이 아닌, 전 세계적으로 1만 개 이상의 여행 플랫폼 및 온오프라인 여행사들을 상대하는 솔루션 기업으로 한층 더 성장하게 된 것이다. 야놀자만 하더라도 이미 국경이 없는 비즈니스를 하고 있으며, 이러한 글로벌과 연결된 플랫폼은 숙박, 항공, 공연 티켓과 같은 국내 상품 인벤토리를 해외에 쉽게 판매할 수 있는 수단이다. 즉, 국내를 중심으로 만들어진 관광 플랫폼은 글로벌 네트워크를 통해 인바운드 관광을 활성화하는 중추적인 역할을 수행하게 되는 것이다.

4절 | 관광사업자의 디지털 역량 강화

영세한 관광사업자의 디지털 역량 강화

인바운드 관광 활성화와 관련하여 여전히 해결해야 할 중요한 문제 중 하나는 관광사업자의 디지털 역량 문제이다. 인바운드 관광객의 90% 이상이 디지털 도구를 통해 여행을 하는 현 시대에 비해, 관광상품을 공급하는 관광사업자는 대체로 영세하며 디지털 역량 또한 떨어지는 것이 현실이다. 특히, 관광소비자인 인바운드 관광객의 디지털 역량에 비해 관광공급자인 여행사, 숙박업체, 식당 등의 디지털 역량은 그 수준이 상대적으로 낮다. 이에 대한 자료를 살펴보면, 숙박/음식점업의 빅데이터 활용률만 보더라도 금융, 통신/미디어 산업 들에 비해 20% 정도나 낮은 수준이다.

그림 8-7. 산업별 빅데이터 활용률(2022년)

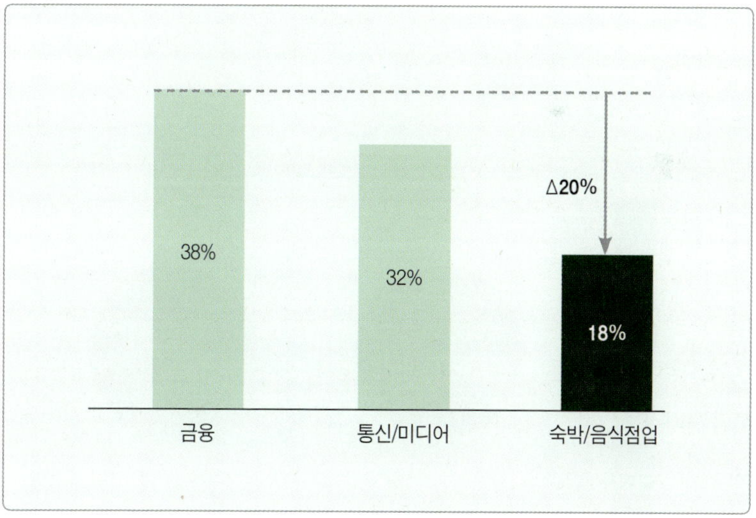

출처: 과학기술정보통신부, 한국데이터산업진흥원

그림 8-8. 디지털 혁신의 주요 대상인 관광사업자

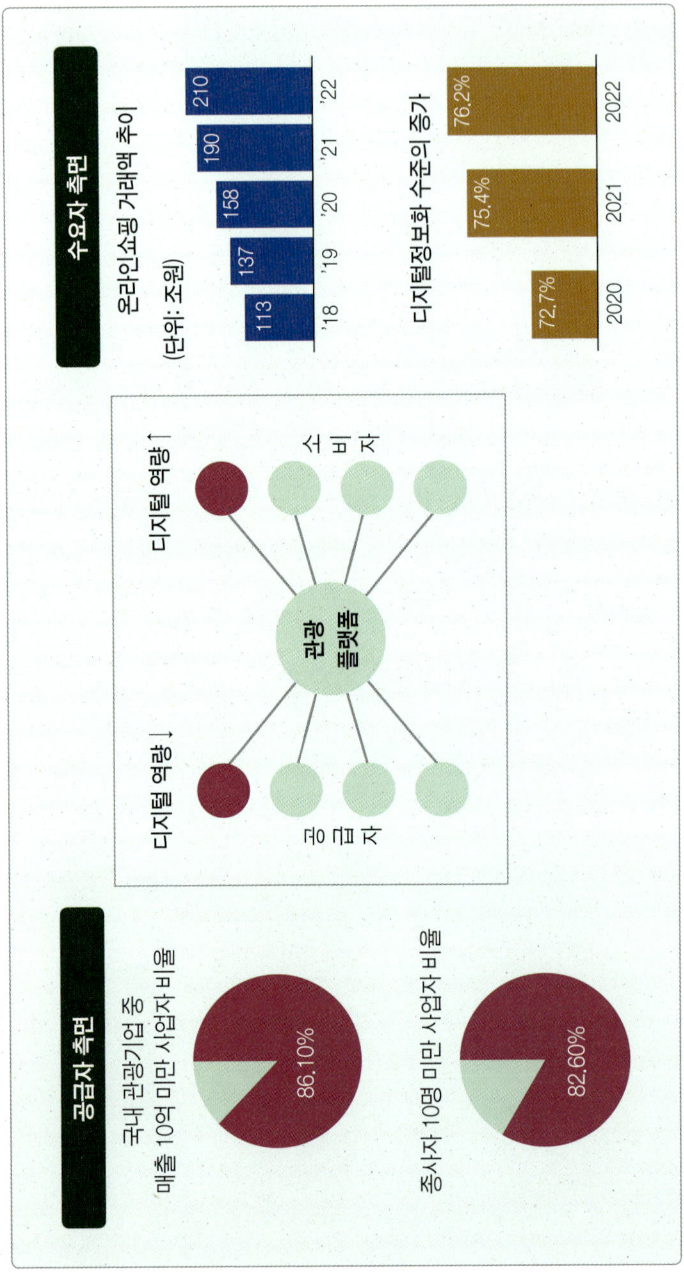

출처: 한국문화관광연구원, 통계청, 한국지능정보사회진흥원

이렇게 디지털 역량이 낮은 이유는 국내 관광 관련 업체의 대부분이 영세한 중소사업자로 자금 및 인력의 한계에 따른 디지털 혁신의 실행이 미진하기 때문이다. 국내 관광기업 중 매출 10억 미만 사업자 비율은 86%이며, 종사자 역시 10명 미만 사업자 비율은 83%로, 타 산업에 비해서도 매우 영세한 실정이다. 영세한 관광사업자의 디지털 혁신을 어떻게 가져올 것인가는 인바운드 관광 활성화를 위한 필수 요소이다. 그들은 관광의 현장, 즉 고객의 접점에 있으며 외국인 관광객의 만족도에 직접적 영향을 미친다. 이들이 디지털 생태계에 올바르게 편입될 때 인바운드 관광의 효율화가 이루어진다고 해도 과언이 아니다. 한편, 우리나라의 산업 구조적 문제인 자영업의 공급 과잉 문제로 인한 영세 관광사업자들 간의 경쟁에 따른 과소 매출 문제도 심각하다. 디지털 혁신을 통해 인바운드 관광객 수를 늘리고 외국인 관광객이 지불하는 1인당 지출액을 늘림으로써, 영세한 관광사업자의 매출과 수익성을 높여주는 것이 필요하다. 이러한 영세 관광사업자의 디지털 역량 강화를 위해서는 정부의 정책적 노력도 중요하지만, 플랫폼 기업과의 협업이 필수적이다. 플랫폼이 제공하는 서비스를 사용하는 것이 디지털 혁신의 출발점이기 때문이다.

관광사업자의 디지털 역량 강화를 위한 방향성

그렇다면 디지털 혁신으로 인한 관광사업자의 변화를 어떻게 도모할 것인가? 이는 고객 접점, 관광상품/서비스, 경영/운영 기술, 사업모델 측면으로 나누어 살펴볼 수 있다. 초기의 고객 접점과 관련해서는 관광객의 상품/서비스 구매가 오프라인에서 온라인으로 빠르게 이전함을 인식하고 온라인을 통한 매출을 증대시켜야 한다. 관광상품 유통채널 중 온라인 채널의 비중이 2025년 72%까지 늘어날 전망이고, 그 이후에도 이러한 증가 추세가 꺾이지 않을 것으로 보이기 때문이다.

또한 관광상품/서비스 역시 초개인화되어 가고 있음을 직시해야 한다. 이를 위해서는 고객데이터에 기반한 상품/서비스 개발이 필수적이다. 경영과 운영에 있어서도 빅데이터, 인공지능, 로봇 등의 활용과 동시에 다양한 XaaS 프로그램의 활용 등 각자의 사업목적에 맞게 지속적으로 디지털 기술을 도입할 필요가 있다.

끝으로 관광사업자는 디지털 기반의 사업모델을 수립하고 환경변화에 대응하는 적응력을 높이는 것이 생존의 필수적 요소임을 명심해야 한다. 예를 들어 ChatGPT의 등장은 관광스케줄링 서비스기업의 생존을 위협하고 있으며, 디지털통역기와 디지털관광안내 프로그램은 관광 가이드의 역할을 무력화시켰다. 관광사업자 자신의 디지털 역량을 강화하는 것이 자신을 보호하고 수익을 창출하는 원천이 될 것이다.

그림 8-9. 디지털에 기반한 다양한 영역의 혁신

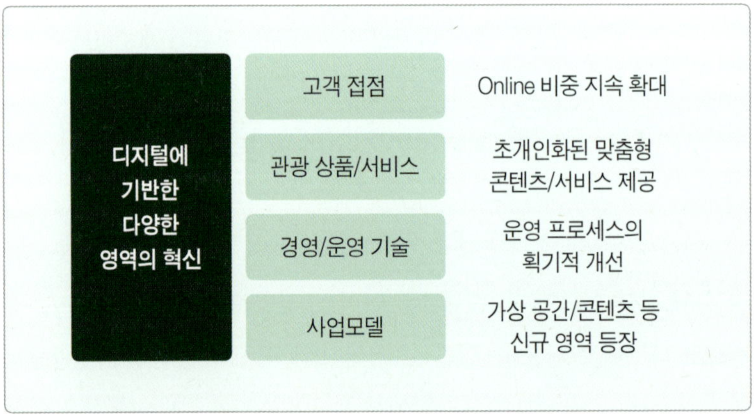

그림 8-10. 관광산업에서의 디지털 혁신을 통한 연결

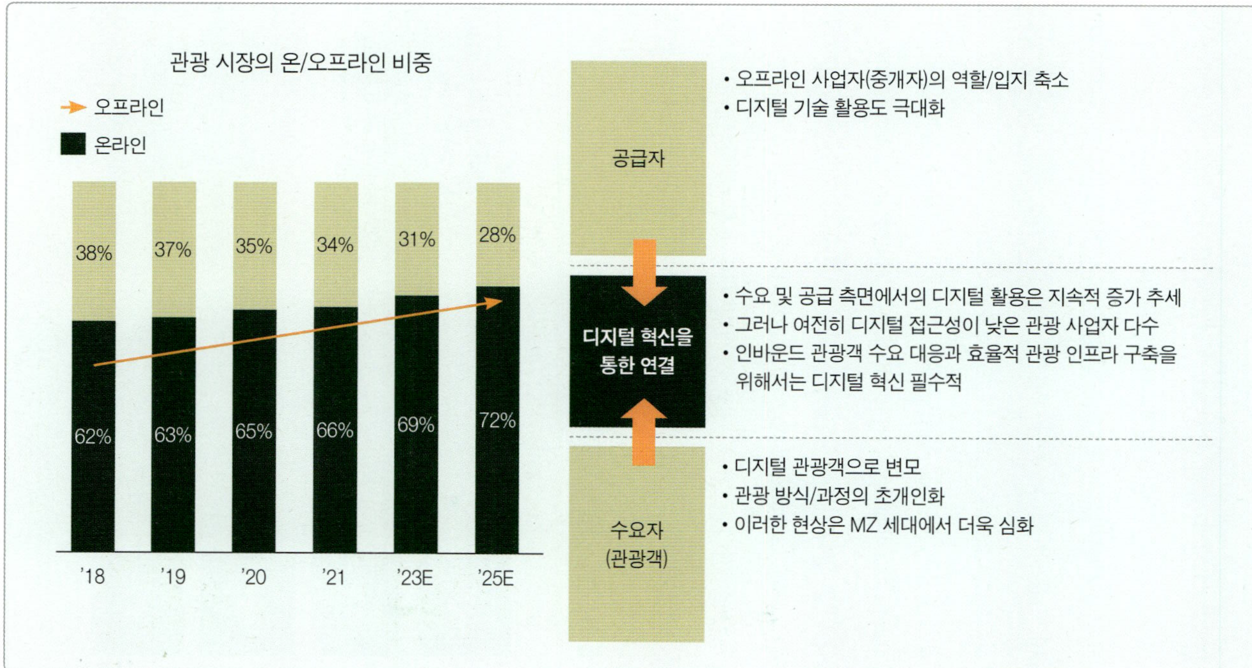

출처: 스태티스타

관광에 있어서도 온라인 채널은 관광사업자인 공급자와 관광객인 수요자를 연결하는 중요한 창구이다. 이러한 과정은 매우 효율적인 거래를 창출하며 공급자, 수요자 모두에게 만족감을 가져다준다. 디지털 혁신에 뒤처진 관광사업자는 인바운드 관광이 활성화된다고 하더라도 해당 과실을 따 먹을 수 없다. 관광사업자 자신의 연령, 성별, 학력과 상관없이 디지털 기술의 습득은 생존의 필수자원이라고 할 수 있다.

관광사업자의 디지털 역량 강화는 정부의 중요한 정책 영역이다. 목적에 있어서 디지털 기반 신규 서비스를 개발하는 것과 더불어 기존 서비스를 어떻게 디지털화하거나 디지털 전환을 할 것인가를 고민해야 한다. 예를 들어, 관광지에서의 오프라인 티켓팅을 키오스크로 쉽게 디지털화할 수 있다는 것은 기존 티켓팅 서비스를 디지털화한 사례이다. 더 나아가 QR 코드 스캔으로 입장이 가능하다면 관광객은 더욱 편리함

그림 8-11. 관광사업자 디지털 역량 강화 예시

목적	기존 서비스의 Digital화	Digital 기반 신규 서비스 개발
방향	전문가 육성	누구나 쉽게 쓸 수 있는 S/W, 솔루션 제공
형태	H/W, S/W	XaaS
방식	정부 직접/수의 개발	기 존재하는 민간업체의 서비스 활용

을 느낄 것이다. 또한, 기존의 관광사업자를 디지털 전문가로 육성하기보다는 그들에게 누구나 쉽게 사용할 수 있는 소프트웨어나 솔루션을 XaaS 형태로 제공하는 것이 바람직하다. 정부는 간혹 이러한 소프트웨어나 솔루션을 직접 개발하려는 시도를 하지만, 민간이 경쟁적으로 수익을 창출할 수 있는 사업이라면 민간의 기술을 활용하는 것이 그 해답이다. 최근 정부나 지자체 등의 공공기관이 만든 플랫폼들이 무용지물이 되었던 사례들을 보면, 공공이 앞으로 무엇을 하고 어떠한 역할을 해야 하는지를 알려준다.

5절 | 디지털 혁신을 위한 데이터-정보체계 구축

관광산업의 혁신은 데이터에서 시작된다

인바운드 관광 활성화를 위해서는 기본적으로 관광을 둘러싼 이해관계자들에게 데이터와 정보를 효율적으로 제공하는 것이 중요하다. 우리나라의 경우 국가의 기본적인 관광 통계는 잘 구축되어 있다. 그러나 추가적으로 민간 부문에서의 정형, 비정형 데이터를 소비자 개인과 사업장 단위로 수집하고 분석하는 체계가 자리 잡아야 진짜 '데이터 기반의 혁신'이 가능하다. 데이터는 분석자의 관점에서 보면 살아있는 유기체와 같기 때문에 정형화된 형태로 만들어진 데이터는 정보 이용 측면에서 항상 그 한계에 직면한다.

일본의 경우 2016년 3월 NTT도코모와 협력하여 외래 관광객의 위치 정보를 추적 관찰하고 있으며, 관광객의 관광지 간 이동 경로 역시 수

시로 파악하고 있다. 많은 데이터는 플랫폼 RESAS(The Regional Economy and Society Analyzing System)를 통해 수시로 관광사업자에게 자유롭게 이용하도록 공개되고 있다. 싱가포르 역시 민관 협력 데이터 플랫폼 STAN(Singapore Tourism Analytics Network)을 통해 관광 정보 및 데이터를 제공하고 있는데, 여기에는 플랫폼 기업인 그랩(Grab), 텐센트(Tencent), 익스피디아(Expedia) 등이 참여하고 있다. 또한 민간의 교통, 소셜미디어, OTA 데이터를 통합한 데이터 허브 구축을 통해 상품 개발과 프로모션에 활용하고 있다.

국내 정부의 데이터 구축 수준은 다른 비교 국가들에 비해서도 훌륭하다고 판단된다. 통신사, 카드사, 소셜미디어 등에서 제공하는 기초 데이터의 활용 역시 준수하다. 다만, 인바운드 관광 관련 이해관계자들의 의사결정을 위해 관광과 관련된 플랫폼 기업, 솔루션 기업 등의 정형, 비정형 데이터를 수집하고 정보화하는 것은 초기 단계에 머물러 있다. 데이터는 정부보다 민간에 더 많다. 특히 플랫폼 기업은 예약, 결제, 구매 리뷰 등 하루에도 수많은 데이터를 쏟아낸다. 이러한 데이터를 수집하고 활용할 방법을 모색해야 한다. 국내에서 도소매업 동향은 네이버나 쿠팡이, 배달음식 동향은 배달의민족이, 숙박 동향은 야놀자가 가장 잘 알고 있을 것이다. 이들 플랫폼이 정보를 독점하기보다는 각 플랫폼의 생태계에 참여하는 이해관계자들에게 데이터와 정보를 공유함으로써 플랫폼 스스로는 사회적 공헌과 관련된 리더십을 확보하고, 플랫폼 참여자는 의사결정을 위한 정보로 활용해야 한다. 이 밖에 관광산업에 필요한 관광객의 이동 경로 정보와 관련된 통신사 데이터, 관광사업자의 매출과 관련된 카드사 데이터, 각 플랫폼에 남긴 리뷰 데이터 등도 수집 및 정제하고 정보화하여 공유될 수 있는 정보환경을 만들어야 한다.

현황 데이터가 아닌, 미래 의사결정에 활용 가능한 데이터이어야 한다

최근 다양한 나라들이 운영하는 관광 빅데이터 허브는 관광객의 유입/유출, 체류 기간, 국적, 연령 등 다양한 정보를 종합해서 보여주는 정보 플랫폼으로서 역할을 수행한다. 그러나 이러한 매크로 차원의 데이터는 국가의 관광산업 현황을 파악하는 측면에서 큰 효과가 있으나, 직접 관광객 대상으로 서비스를 제공하는 관광사업자들이 활용하기에는 적합하지 않은 경우가 많다. 정부가 외래 관광객 조사 등을 통해 여행 선호도 및 경험한 활동 등을 조사하기는 하지만, 이 역시도 음식/쇼핑/경관 등의 큰 단위 지표들로 이를 세부적인 서비스 제공에 참고하는 데는 한계가 있다. 관광사업자들이 즉각적으로 활용 가능한 데이터는 주로 민간에 있다. 즉 정부, 지자체, DMO, 민간 등 다양한 주체가 협업하여 만든 정보 시스템이 필요하다.

이 지점에서 정보를 나누어 살펴보면, 인바운드 관광 관련 정보는 사업자 특성 정보, 판매 정보와 같은 공급 사이드의 정보와 고객 수, 고객 유형, 고객 행동 정보와 같은 수요 사이드의 정보 그리고 산업 트렌드, 산업 특성과 같은 시장 정보 등으로 나누어 볼 수 있다. 이러한 정보는 정보의 전달 주체, 즉 정부, 지자체, DMO 그리고 민간의 플랫폼 및 솔루션 기업 등을 통해서 효율적으로 관광사업자나 소비자에게 전달될 필요가 있다. 특히 플랫폼 기업들은 관광소비자와 관광공급자의 양면 시장을 형성하고 있기 때문에, 이들이 운영하는 플랫폼을 통해 정보를 생성하고 정보를 유통하는 것은 가장 효율적인 관광산업 정보화의 방식이다.

인바운드 관광에 대한 정보는 외래 관광객에 대한 정보이므로, 국내 관광객 정보에 비해 수집하기가 쉽지 않다. 결국 인바운드 관광에 대한 정보는 정부 스스로 모든 정보를 수집, 제공할 수 없기에 글로벌 사업자를 포함한 다양한 관광사업자의 데이터를 취합하여 정보화하는 것이 중요하다. 외래 관광객의 프로파일과 더불어 관광상품/서비스의 예약과 구매, 방문 관광지, 이동 경로, 체류 기간, 결제 수단, 구매 채널, 구매액, 만족도 등과 같은 데이터와 정보를 정형, 비정형 데이터를 통합하여 국적별, 연령별, 성별, 방문 목적별로 파악하는 것은 우선해야 할 정보화 과제이다. 단순히 외래 관광객에 대한 설문조사를 통해 이들 정보를 확보하는 것만으로는 정보의 신뢰성과 타당성 그리고 활용성에 한계를 지니기 때문이다.

그림 8-12. 인바운드 관광 정보의 원천 및 전달 체계

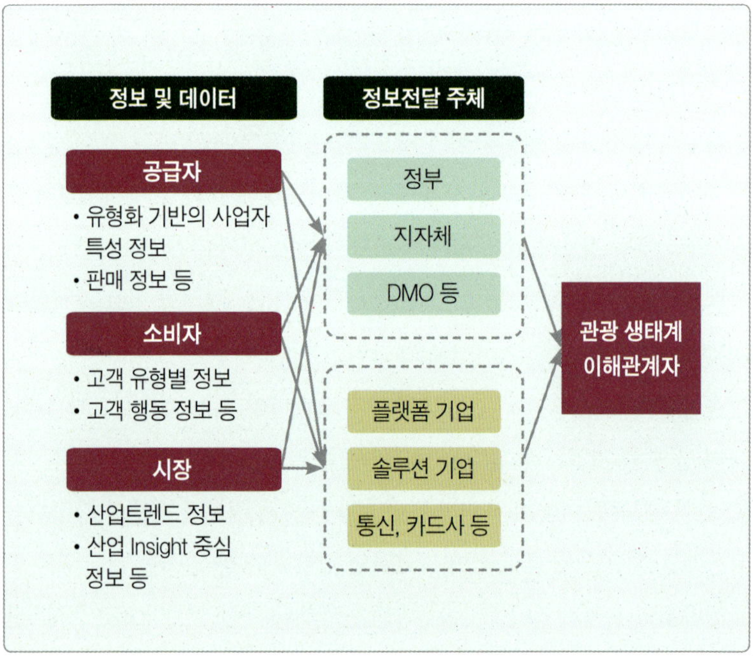

그림 8-13. 인바운드 관광 생태계 구성원별 공적 제공 정보 및 가치

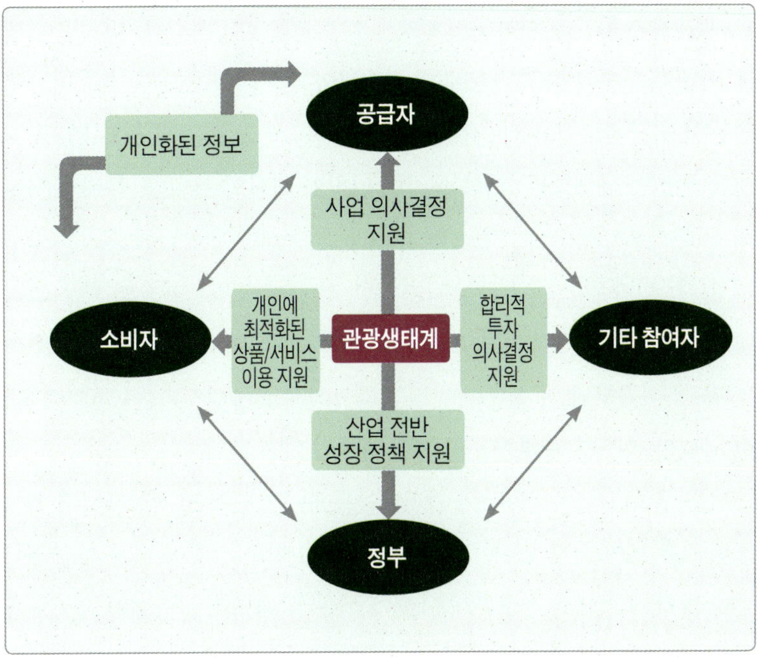

관광은 한국의 성장을 책임질 매력적인 아이템이다. 이러한 관광산업을 이끌기 위해서는 국가 차원의 관광 데이터 전략 수립이 필요하다. 특히, 지자체/관광기업별 데이터 중복 구입을 방지하고, 빅데이터 분석에 필요한 예산 및 전문 인력을 확보해야 하며, 또한 지속 가능한 민간과의 데이터 협력 체계를 구축해야 한다.

구슬도 꿰어야 보배: 정보-기술-연결

인바운드 관광 활성화를 위한 디지털 혁신은 결국 인바운드 관광 수입을 극대화하는 것이다. 인바운드 관광 수입은 인바운드 관광객 수에 1인

당 지출 금액을 곱한 값이다. 디지털 혁신은 인바운드 관광객 수를 늘리는 수단임과 동시에 인바운드 관광객의 지출을 증가시킨다. 디지털 혁신은 외래 관광객의 한국 관광에 대한 정보와 접근성을 증대시키며, 아울러 관광의 접근성과 편리성을 높인다. 결국 인바운드 관광객 수와 1인당 지출을 늘리는 데 모두 기여하는 것이 디지털 혁신인 것이다. 디지털 혁신의 주요 키워드는 정보, 기술, 연결이다. 그 중심에 데이터에 근거한 혁신이 있다. 인바운드 관광 활성화를 위한 정보의 제공과 기술의 적용 그리고 기술과 기술 간, 정보와 기술 간, 사업자와 사업자 간, 사업자와 소비자 간, 소비자와 소비자 간의 연결을 효과적으로 증대시키는 것이 민간뿐만 아니라 정부가 해야 할 지속적인 디지털 혁신 과제이다.

최근 우리나라가 선진국에 편입되었음에도 불구하고 저성장기에 접어들었음을 부인할 수 없다. 특히 수출과 제조업의 성장이 한계에 달하여 마땅한 국가 경제의 성장동력을 찾기 어렵다. 서비스 산업에서 유일하게 남은 성장동력 산업이 관광이다. 또한 관광은 지방경제의 활성화와 자영업의 수익성 개선 등 한국 경제의 고질적 문제를 해소할 수 있는 돌파구이기도 하다. 특히 인바운드 관광은 단순히 국내 관광 활성화를 넘어서 더욱 중요하다. 그 자체가 훌륭한 수출 상품이기 때문이다. 커다란 국제적 사건이나 천재지변이 없다면 향후 수년간 인바운드 관광객 수는 꾸준히 증가할 것으로 판단된다. '물들어 올 때 노를 저어라'라는 속담이 있듯이, 우리는 디지털 혁신을 통해 신속하게 인바운드 관광의 수용 태세를 효과적으로 마련해야 한다.

그림 8-14. 디지털 혁신을 위한 주요 키워드

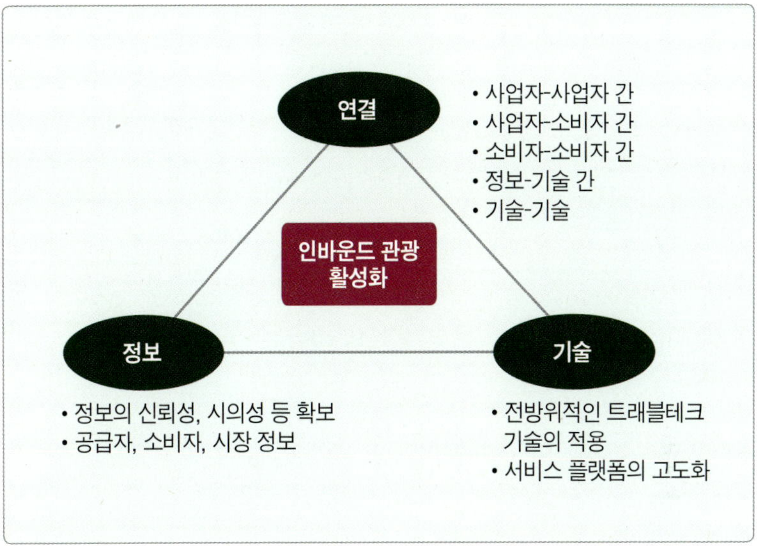

CHAPTER 9

관광 거버넌스: 컨트롤타워로서의 정부와 지방자치단체

1절 | 관광대국으로 가기 위한 정부의 역할

관광산업 육성을 위한 강력한 컨트롤타워가 필요

관광은 정부의 개입과 역할이 중요한 영역이다. 그것은 관광산업 자체가 공공성에 기반을 두고 있기 때문이다. 관광정책은 정부나 지자체가 정책을 시행할 시 그 기준을 사회후생 극대화라는 공공성에 두고 있다. 즉, 관광정책의 핵심은 자율적인 시장논리를 해치지 않으면서 전체 사회의 조화로운 성장과 발전을 꾀하는 것이다. 이 과정에서 공공의 발전에 목표를 두고 있는 정부와 지자체의 역할이 중요할 수밖에 없다.

시급한 것은 관광산업 육성을 위해 중앙정부의 강력한 컨트롤이 필요하다. 관광산업은 융복합산업으로 다양한 정부부처들의 이해관계에 맞부딪친다. 또한 공간을 중심으로 한 관광상품과 서비스의 생산과 소비의 효율화는 전국 모든 지자체와의 협업이 필요하다. 이를 통제하고 조정할 강력한 컨트롤타워의 존재 없이는 부처 간 협업, 지역 간 협업을 통한 관광산업 성장의 효율화를 꾀할 수 없다.

특히 관광은 다양한 산업과 연계되어 있는 복합산업이기 때문에, 정부가 이러한 전략적 접근을 추진하는 과정에 있어서 다양한 부처와의 긴밀한 협업이 필수적이다. 관광객이 소비하는 재화와 서비스는 숙박시설, 항공, 교통, 음식, 액티비티 등 다양하기 때문에 이들을 종합적이고 체계적으로 관리하기 위해서는 문화체육관광부뿐만 아니라 외교통상부, 법무부, 농림축산식품부, 보건복지부, 국토교통부 등 다양한 행정 부처의 협력이 요구된다. 더 나아가, 외래 관광객이 한국에 도착하여 관광을 경험하는 모든 과정을 매끄럽게 연결하고 쾌적한 관광 경험을 제공하기 위해서는 관광과 연관된 모든 부처의 유기적 협력을 이끌어낼 수 있는 중앙부처 이상의 컨트롤타워가 필요하다. 우리 정부는 관광정책에 있어서 현재 적은 투입으로도 최대치의 효율을 내고 있지만, 향후 관광이 새로운 국가 성장 동력으로서 역할하기를 기대한다면 국가 차원의 강력한 관광 거버넌스 체계가 필요하다.

정책을 통해 정부 부처 간 실질적이고 효율적인 협력을 강화하여 관광을 진흥시킨 사례로 일본을 들 수 있다. 이들은 매달 한 번씩 '관광전략실행추진회의'를 개최하여 변화하는 관광 어젠다에 대해 논의한다. 관방장관이 주재하는 이 회의에는 국토교통성 대신이 늘 참석하지만 매회 달라지는 의제에 따라 관련된 각 부처의 장관과 전문가들이 참석하여 의견을 교환한다. 의제에 적합한 부처들만이 회의에 참석하기 때문에, 이러한 접근법은 관광을 둘러싼 다이내믹한 변화에 기민하게 대처하고 부처 간의 실질적인 협력을 도모하여, 일본의 관광 관련 정책 실행의 효율성과 효과를 높이는 데 기여하고 있다. 국내도 관광 정책을 수립하고 실행하는 과정에 있어서 문화체육관광부가 중심이 되되 다양한 유관 부처가 협력해야 한다. 이제 관광산업이 단순히 여행 서비스를 제공하는 것을 넘어서 국가 경제와 문화, 환경, 사회적 가치를 총체적으로 향상시키는 역할을 수행할 수 있다는 것을 인식하고 힘을 합칠 때이다.

또한 중앙정부와 지차체의 협업 관계 역시 중요하다. 지자체 내 해당 지역에서 관광의 중요성이 부각되면서, 전국 226개의 기초지방자치단체에는 거의 모두 관광산업 육성을 다루는 조직을 별도의 팀으로 두고 있다. 이는 관광이 그만큼 지역 내의 경제적, 사회적, 문화적으로 중요한 산업이라는 것을 의미한다. 지역 내 인구감소가 가속화되는 지역에서는 지역을 살리기 위한 1순위 정책적 어젠다가 관광인 것이다. 1980~1990년대 인구가 급속히 증가하던 시절 지방경제는 걱정할 필요가 없을 정도로 빠른 성장을 거듭하였다. 2000년 들어 인구가 감소하고 지역경제가 위축되었을 때 많은 지자체들은 제조업 기반의 산업단지 육성이라는 카드로 10여 년을 버텨왔다. 이제는 인구도 줄고, 경제도 위축되는 상황에서 지역경제는 큰 위기의 돌파구로 관광을 성장 모멘텀으로 삼고 있는 상황이다.

우리나라의 또 다른 문제는 자영업의 과밀화와 서비스의 낮은 생산성이다. 특히 낮은 생산성을 보이는 서비스업인 도소매업, 음식업, 숙박업, 운수업 등은 관광산업과 밀접한 관계가 있다. 이 부분은 다른 선진국에 비해 자영업·소상공인의 비중이 크다. 이러한 특징은 통계청의 전국사업체조사 결과에서도 확인할 수 있다. 2022년을 기준으로 관광과 직접적으로 연관된 숙박 및 음식점업에 종사 중인 사업체는 총 858,593개였는데, 이 중 종사자가 5명 미만인 사업체는 전체의 88.1%인 756,266개였다. 그뿐 아니라 관광에 직접적으로 관련이 있는 도매 및 소매업, 운수 및 창고업, 예술, 스포츠 및 여가 관련 서비스업 역시 영세하기 짝이 없다. 이들 산업에 종사하는 사업체 중 종사자가 5명 미만인 사업체의 비율은 각각 91.6%, 96.4%, 89.7%로 전체 산업 대비 높게 나타났다. 관광을 둘러싼 산업들의 이러한 특징을 고려했을 때, 정부가 관광산업의 경쟁력 강화에 기여하기 위해서는 관광과 관련된 다양한 이해관계자와 중소상공인들의 역량을 통합하고, 이들 간의 협력을 촉진하는 전략적인 접근을 추진해야 한다. 관광을 통한 관련 중소상공인의 수익성을 개선하고 규모화하며, 생산성을 높이는 일은 국가경제적으로도 의미가 큰 일이다.

표 9-1. 산업별 5인 이하 사업체 비율(2023년)

관광 유관 산업	사업체 수	종사자가 5명 미만인 사업체 수(비율)
숙박 및 음식점업	858,593	756,266(88.1%)
도매 및 소매업	1,519,505	1,393,329(91.6%)
운수 및 창고업	644,407	621,267(96.4%)
예술, 스포츠 및 여가 관련 서비스업	144,915	130,043(89.7%)

출처: 통계청

특정 산업을 국가의 차세대 성장 동력이 될 수 있는 핵심 산업으로 육성하기 위해서는 그에 걸맞은 정부 차원의 추진력이 요구된다. 정부의 추진력이 뒷받침되어 산업을 육성한 사례로부터 우리는 이를 확인할 수 있다. 일본은 관광을 국가 핵심산업으로 설정한 이후 본격적인 산업 육성을 위해 별도의 관광청 설치, 각료회의 진행 등 정부 차원에서 적극적으로 사업을 추진했다. 2003년 고이즈미 총리가 비지트재팬(Visit Japan) 사업을 시작한 후 2006년 12월에 관광입국추진기본법이 제정되면서 정부 차원의 관광산업 육성이 시작되었다. 이후 2008년에는 관광행정기관으로서 적합한 권위를 행사할 수 있도록 별도의 관광청을 설치했다. 그리고 관광입국전략 달성을 위해서 컨트롤타워에 해당하는 내각 총리대신을 중심으로 '관광입국추진각료회의(観光立国推進閣僚会議を開催)'를 개최하여 관련 부처의 장차관급 인사와 전문가들이 참석하게끔 하였다.

정부가 산업을 육성한 다른 예를 살펴보면, 오일머니에 대한 의존성을 줄이고 산업 다각화를 계획하던 아랍에미리트(United Arab Emirates, UAE)는 인공지능 산업을 차세대 동력산업으로 삼고 정부 차원에서 적극적으로 지원을 시작했다. 이들은 2017년, 세계 주요국 중 처음으로 인공지능 전문 부처를 신설하고, 당시 20대의 젊은 인사를 장관에 임명해 혁신을 도모했다. 이후 적극적인 투자와 기술개발을 통해 2023년 자체 대형언어모델(Large Language Model, LLM)인 팰컨을 개발, 발표했다. 일본과 아랍에미리트의 사례는 특정 산업을 국가 전략 산업으로 육성하는 과정에서 정부가 주도적으로 관련 정책을 수립하고 관련 기관을 신설하는 등 강력한 추진력의 중요성을 보여준다. 한국 역시 관광을 미래의 주축 성장 동력으로 인식한다면 관광 발전을 위한 컨트롤타워가 필요할 것이라고 생각된다.

관광산업의 위상에 맞는 조직 확대

관광의 중요성과 국가에 미치는 잠재력을 인식하는 정도는 국가마다 다르고, 이에 따라 관광을 관리하는 정부 구조 또한 다양하게 나타난다. 관광산업의 중요성과 잠재력을 충분히 인식한 국가들은 산업·경제 부처에 관광산업 육성을 위한 투자를 주저하지 않는다. 정부 차원에서 관광

그림 9-1. 국가별 관광 관련 정부 조직 유형

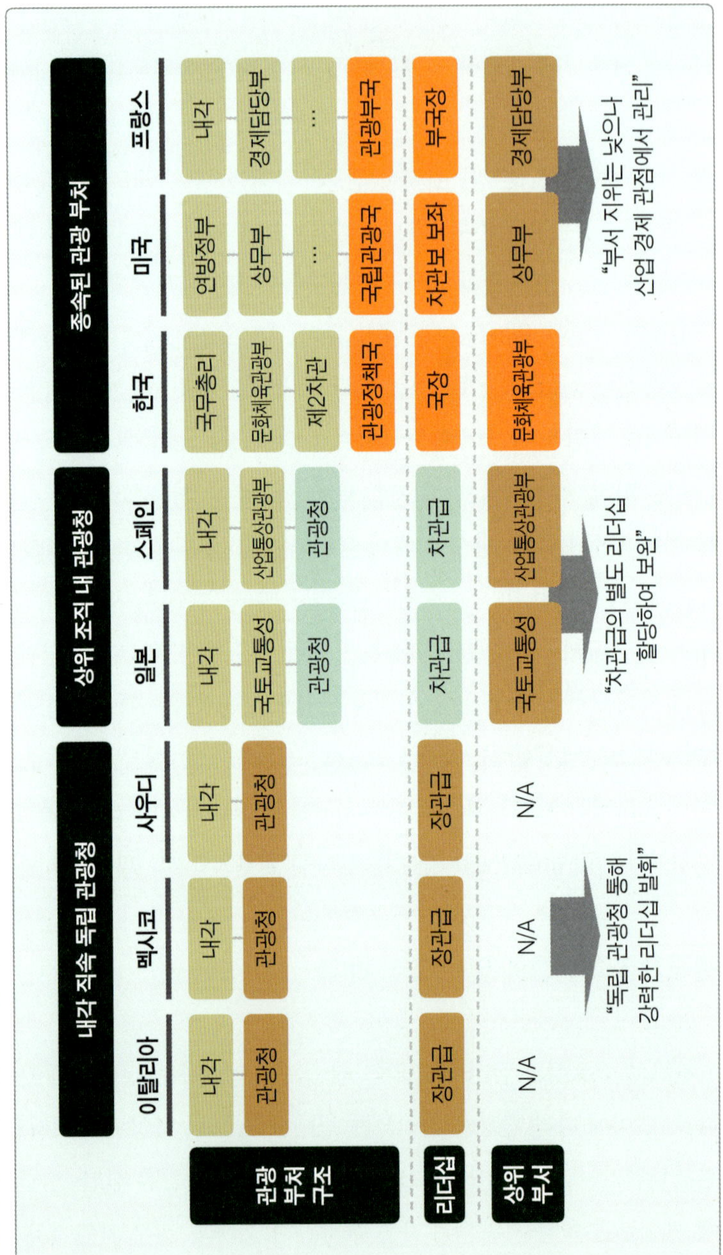

의 전략적 육성을 추진하기 위해서는 우리나라와 전 세계 관광 주요국들이 관광을 운영하기 위해 설계한 정부 구조를 살펴볼 필요가 있다.

내각 직속 독립 관광부/관광청

이탈리아, 인도네시아, 사우디아라비아 등의 국가는 관광산업의 중요성이 점차 확대되는 것을 인식하고, 관광산업을 정부 차원에서 적극적으로 발전시키기 위한 목적으로 내각 직속의 독립적인 관광부를 신설하거나 격상했다. 이러한 변화는 2010년 이후로 많이 나타나고 있는데, 관광부의 수장으로서 주로 장관급 인사가 임명되어 산업 전반을 관리하고 있다.

이탈리아는 오랫동안 관광청을 문화부, 농림축산식품부, 체육부 등 다양한 부서의 하위조직으로 두고 유동적으로 관리해 왔다. 그러나 2021년, 관광산업의 중요성이 격상됨에 따라 내각 직속의 독립된 관광부(Ministry of Tourism)를 새롭게 설립하고 장관급 인사를 담당자로 지정했다. 신설된 관광부는 국가 전략을 조정하거나 개발 계획을 실행하기도 하며, 관광 서비스의 향상과 관광객 지원을 위한 이니셔티브를 추진하는 등 관광산업 전반에 걸친 주요한 역할을 수행하고 있다. 인도네시아는 1990년대까지 관광이 다른 부처에 종속된 형태로 운영되어 오다가, 2001년에 문화관광부(State Ministry of Culture and Tourism)로 격상되었다. 2014년에는 관광을 단독으로 관리하는 관광부(Ministry of Tourism)로 그 위상이 더욱 높아졌고, 2019년에는 창조경제혁신센터(Creative Economy Agency)를 관광부에 병합하여 그 규모를 키워 현재는 관광창조경제부(Ministry of Tourism and Creative Economy)로 독립적인 역할을 수행하고 있다. 사우디아라비아는 관광산업의 잠재력을 인식하고 이를 육성하고자 2019년에 새로운 관광 비자 프로그램의 시행을 발표하며 대중 관광의 문을 열고, 2030년까지 국내외에서 연간 1억 명의 관광객을 유치하여 관광수입의 GDP 기여율을 증대한다는 목표를 설정했다. 목표 달성을 위해 사우디아라비아는 2000년도에 설립된 위원회 형태의 관광 부서를 2020년에 정부 직속 관광부(Ministry of Tourism)로 격상시켜 관광산업 발전을 위한 중앙집중적인 추진력을 확보했다.

이외에도 중국, 멕시코, 브라질 등의 국가도 내각 직속의 관광 담당 부서를 운영하며 관광을 육성하고 있다. 중국은 2018년 문화청(Ministry of Culture)과 중국국가관광부서(China National Tourism Administration)를 병합하여 중화인민공화국 국무원 직속의 문화관광부(Ministry of Culture and Tourism of the People's Republic of China)를 새롭게 설립하며, 문화와 관광을 통합 관리하는 체계를 구축하였다. 멕시코는 1975년부터 내각 직속의 독립적인 관광청(Secretary of Tourism)을 운영하고 있다. 대통령이 임명한 장관급 인사가 담당하며, 국가 관광 활동에 대한 개발 정책을 수립하고 각 주와 협력해 관광 개발 구역을 홍보하는 역할을 수행한다. 브라질에서는 2003년에 설립된 관광부(Ministry of Tourism)가 내각 직속의 조직으로 운영되며, 2020년부터는 문화 담당 부서를 흡수하여 운영하고 있다. 이는 관광과 문화의 통합 관리를 통해 더욱 풍부하고 다양한 관광 경험을 제공하려는 브라질 정부의 전략이 반영된 결과로 보인다. 관광부는 관광산업의 발전을 촉진하고 국내외 관광객들에게 브라질의 다채로운 문화와 자연경관을 알리는 데 초점을 맞추고 있다. 문화와 융합된 관광은 브라질을 찾는 이들에게 풍부함을 제공하며 국가 이미지와 경제에 긍정적인 영향을 미치고 있다.

상위 조직 내 관광청

일본과 스페인은 관광을 담당하기 위해 내각 직속의 독립적인 조직을 두고 있지는 않지만, 상위 조직 내에 별도의 기관으로서 관광청을 운영하고 있다. 이들은 관광에 별도의 차관급 리더십이나 최고 권위 직속 기구로서의 권한을 부여하고 있다. 일본의 경우 2003년 1월, 2010년까지 1,000만 관광객 유치를 기치로 한 비지트재팬(VisitJapan) 슬로건을 내세우며 사업을 시작한 이래, 2006년 관광입국추진기본법이 제정되면서 정부 차원의 관광산업 육성이 본격적으로 시작됐다. 이후 2008년에는 국토교통성 산하에 있으며 국·부 수준에 지나지 않았던 관광 조직을 독립시켜 별도의 관광청(Japan Tourism Agency, 観光庁)을 설립했다. 일본의 관광청은 여전히 국토교통성 산하에서 관리되고 있지만, 차관급 인사가 관장하고 있으며 필요에 따라 총리에게 직접 보고할 수 있는 권한을 갖고 있어 관광 관련 정책을 펼칠 수 있는 독립적인 추진력을 확보하고 있다. 스페인은 2018년부터 산업통상관광부(Ministry of Industry, Trade and Tourism) 산하에 관광청(Secretary of State for Tourism, Secretario de Estado de Turismo)이 별도의 기관으로 소속되어 운영되고 있으며, 일본과 마찬가지로 차관급(Secretary of State for Tourism) 인사가 관광청을 담당하고 있다.

종속된 관광 부처

미국과 프랑스는 관광을 담당하는 부처를 상위 조직 내에 종속시킨 형태로 관광 관련 업무를 운영하고 있다. 이들은 관광을 경제 발전의 필수 동력 중 하나로 평가하며, 이에 따라 관련 정책과 지원을 마련하고 실행하고 있다. 미국은 연방정부 차원에서 상무부(United States Department of Commerce) 산하에 소규모의 하위 부처로서 국립관광실(National Travel and Tourism Office)을 설치하여 관리하고 있다. 해당 부처는 국장급이 담당하여 관리하고 있다. 프랑스는 2022년부터 경제 및 재무부(Ministry of Economics and Finance) 산하에 하나의 부처로서 관광부국(Sous-Direction Du Tourisme)이 운영되고 있으며 부국장급 인사가 관리하고 있다. 두 나라의 경우, 국장급과 부국장급 인사가 관광 부처를 담당하고 있다는 점에서 앞서 설명한 국가들보다는 관광의 위상을 낮게 평가하는 것으로 보인다. 그러나 미국의 경우 상무부의 국제무역국(International Trade Administration, ITA) 산하에서, 프랑스의 경우 경제부 산하에서 관광을 관리한다는 점에서 관광을 국가 경제에 직접적으로 기여하는 산업으로 인식하고 있다고 판단된다.

세계 여러 나라들이 관광산업의 발전을 위해 새로운 도전에 나서고 있는 가운데, 대한민국 정부도 관광산업을 발전시킬 수 있는 적극적인 정책과 구조적인 지원 체계를 마련해야 한다. 그동안 우리나라는 관광정책과 관련된 우수한 인재들에 의해 투자 대비 효율적인 정책운영을 실시하여 왔다. 문화체육관광부, 한국관광공사, 지역 DMO 등 다양한 정책부서의 노력과 투자는 3면이 바다이면서도 땅이 좁은 한국을 세계에 알리는 데 거침이 없었다. 수출 제조업 중심의 국가에서 관광산업에 대한 투자가 적었음에도 불구하고 2019년 1,750만 명이라는 외래 관광객을 유치하기도 하였다. 수출 제조업을 통한 성장 한계에 부딪힌 우리나라가 새로운 수출 서비스업인 관광을 통한 혁신적인 성장을 꾀한다면 과감한 투자가 필요하다. 특히, 관광산업의 위상을 높이고, 산업이 품고 있는 경제적, 사회적 가치를 극대화하기 위해서는 이 산업을 종합적으로 이끌어갈 수 있는 컨트롤타워의 역할을 강화해야 한다. 이는 관광산업이 새로운 부가가치를 창출하고 대한민국의 차세대 성장 동력으로서 갖는 중요성을 인식하여, 이를 체계적으로 지원하며 진화시키기 위한 전략적 접근이 필요함을 시사한다. 한국의 위상이 더욱 높아지기 위해서는 더 많은 산업을 선진국 수준으로 끌어올려야 한다. 그 목표를 달성하기 위해 이미 세계적인 수준에 진입한 제조업뿐만 아니라 서비스 산업의 선진화가 필요하다. 그 중심에 있는 관광산업의 위상을 강화하고 실질적인 발전을 위해 정부가 적극적으로 지원해야 하는 시점이다.

중앙정부는 관광산업 생태계를 생산적으로 진화시켜 나가야 한다

문화체육관광부가 관광과 관련하여 발간하는 장기 비전인 제6차 관광진흥기본계획이 2022년 12월 12일에 발표됐다. 해당 계획을 읽어보면 2027년까지 외래 관광객 수를 3천만 명까지 증가시키고, 관광산업과 관련하여 100만 명의 일자리를 창출하며, 관광산업의 부가가치를 10조 원까지 끌어올리겠다는 야심찬 의지가 보인다. 이러한 목표를 달성하기 위해 '세계인이 찾는 관광 매력 국가 실현', '현장과 함께 만드는 관광산업 혁신', '국민과 함께 성장하는 국내 관광', '더 자주 더 오래 머무는 지역 관광 시대 구현'의 4대 전략과 12개의 추진 과제 또한 보고서에 포함되어 있다. 관광진흥기본계획은 관광산업 전반에 걸쳐 실질적이고 가시적인 변화를 이끌어내고자 하는 정부의 의지를 반영하고 있다. 하나하나의 전략과 추진과제는 관광산업의 지속 가능한 발전을 추진하고 국제 무대에서의 경쟁력을 강화하는 동시에 국내 관광의 질적 성장을 도모하고 있다. 특히, 지역 관광의 활성화를 통해 지역경제에 활력을 불어넣고, 민생의 질을 향상시키는 데 중점을 두고 있다.

표 9-2. 제6차 관광진흥기본계획 개요

전략	추진 과제
세계인이 찾는 관광매력국가 실현	1. K-관광 매력의 대대적 확산으로 시장 다변화 2. 관광과 K-컬처의 독보적·매력적 융합 3. 입국부터 출국까지 편리한 서비스 제공
현장과 함께 만드는 관광산업 혁신	1. 규제 혁신을 통한 재도약 지원 2. 미래 관광산업 선도기반 구축 3. 고성장 융복합 시장으로 영역 확장
국민과 함께 성장하는 국내 관광	1. 국내 여행 수요 촉진 2. 누구나 누리는 지속 가능한 관광환경 조성 3. 안심하고 즐길 수 있는 관광안전 확립
더 자주 더 오래 머무는 지역관광시대 구현	1. 체류형 관광모델 개발로 지역경제 활력 강화 2. 독창적 매력이 있는 지역 관광자원 개발 3. 다양하고 특색 있는 관광콘텐츠 확충

출처: 문화체육관광부

어느 정부에서나 마찬가지지만, 관광진흥계획의 비전이나 목표가 틀린 적은 없다. 누군가 심각하게 비전이나 목표가 잘못되었다고 비판한 적도 없다. 그러나 비전이나 목표가 구체적인 전략이나 실행과제 그리고 지속 가능한 관광산업의 생태계를 구축하는 하위 문제에 봉착했을 때는 그 해결과제나 우선순위에 의문을 제시한다. 특히 중앙정부가 추진하는 전략이나 과제는 관광산업의 이해관계자들에게 미치는 영향이 막대하므로 내용의 공공성, 실현가능성 그리고 성과 측정에 대하여 명확히 할 필요가 있는 것이다.

특히 산업관점에서 효과적이고 건전한 관광생태계를 구축하는 것은 중앙정부 차원에서 가장 중요한 문제일 수 있다. 최근 경제, 사회의 구조적 변화와 디지털 기술의 발전은 관광산업에서의 상품 및 서비스의 생산과 소비 그리고 유통에 많은 변화를 가져오고 있다. 플랫폼경제의 확산은 가장 큰 변화 중의 하나이다. 이 중에서도 크로스보더 플랫폼들의 전 세계적인 시장 장악은 업종 구분 없이 확장되고 있다. 이에 전통적인 관광산업의 가치사슬은 붕괴되고, 새로운 가치사슬 체계로 개편된 것이다. 이러한 상황에서 인바운드 관광객이 한국을 방문하는 준비 과정부터 소비하는 과정 역시 과거의 관광객 활동과는 다를 수밖에 없다. 유튜브나 인스타그램 같은 소셜미디어 플랫폼을 통해 관광에 대한 영감을 얻고 아고다나 익스피디아를 통해 항공이나 숙박을, 클룩을 통해 관광상품이나 서비스를 예약하고 구매한다. 구글지도를 통해 이동하며, 한국을 통해 소셜미디어에 후기를 남기기도 한다. 결국 관광의 전 과정에서 플랫폼을 활용하는 것이다. 다행히 인바운드 관광 시에도 한국 고유의 몇몇 플랫폼을 활용하기도 하지만 입지는 여전히 좁다.

건전한 생태계는 해당 산업에 속한 이해관계자들, 즉 소비자인 관광객, 관광상품과 서비스의 공급자 그리고 플랫폼 같은 중개자 모두가 다 생태계를 위해 필요한 주체들이다. 공정한 거래관계 속에서 이들의 후생을 극대화하는 생태계를 마련하는 것이 정부의 중요한 역할이다. 인바운드 관광을 놓고 보면, 우리가 목표는 분명하다. 인바운드 관광객 수를 늘리고 관광객당 지출을 늘리는 것이다. 정부의 목표도 이와 다를 수 없다. 이를 위해 민간과 정부가 역할 정의를 분명하고 협력할 수 있는 지속 가능한 생태계를 구축하는 데 정부가 앞장서야 한다. 인바운드 관광 활성화와 공정거래 실현을 위한 다양한 법, 제도를 정비하는 것 역시 정부의 몫이다. 이 밖에도 정부는 관광에 대한 정보 구축, 관광종사자의 역량 강화를 위한 교육, 국가 단위의 홍보 활동 등 관광생태계의 진화를 위한 모든 노력을 경주해야 한다.

민간이 잘할 수 있는 것이 있고, 중앙정부나 지자체만이 할 수 있는 것이 있다. 관광산업이 지속적으로 성장할 수 있도록 국가 차원에서 육성하기 위해서는 민간과 정부는 각자가 효과적으로 할 수 있는 역할에 집중해야 한다. 세계 주요 관광국의 중앙정부들이 관광산업 육성을 위해 기울이는 노력들을 통해 우리는 국가 차원에서 관광산업의 지속 가능한 발전을 위한 정부의 역할을 알 수 있다.

전 세계 주요 국가의 중앙정부는 국가 차원에서 관광과 관련된 비전을 수립하는 데 그치지 않고 국가적 차원의 인바운드 관광 마케팅, 관광 데이터 허브 시스템 구축, 관광 병목 해소 등 중앙정부만이 할 수 있는 일에 초점을 맞추고 있다. 일본의 경우 관광지 개발, 규제 완화, 신용카드 사용처 확대 등 관광 병목을 해소할 수 있는 다양한 노력을 중앙정부 차원에서 기울이고 있다. 일본 국토교통성이 2016년에 발행한 장기 비전인 '내일의 일본을 지탱하는 관광 비전'은 중앙정부 차원의 주요 실행 안건으로서 공공유적지의 민간 개방, 전국 과반의 현을 대상으로 한 국가적 차원의 조경 계획 수립, 관광 관련 규제 완화를 통한 관광 효율화, 출입국 절차 간소화, 신용카드 사용처 확대를 통한 현금 없는 관광 실현 등 중앙정부만이 할 수 있는 사안들로 구성되어 있다. 일본의 중앙정부는 또한 유엔세계관광기구(UNWTO)와 협력하여 개별 지자체가 관광지를 개발할 수 있는 범국가적 성과관리 체계를 마련하고 이를 효과적으로 달성할 수 있도록 핵심성과지표를 개발하여 제공하고 있다.

영국의 사례도 주목할 만하다. 이들은 지역 관광을 활성화시키기 위해 관광 사업체들이 보다 효율적으로 사업할 수 있도록 중앙정부 차원에서의 디지털 시스템을 설계하고자 했다. 이들의 실행 계획은 2016년에 발

표 9-3. 일본 관광입국추진기본계획

일본 관광입국추진기본계획(4개년 계획)	
〈지속가능한 관광지 만들기 체제 정비〉	
KPI	2026년까지 지속가능한 관광 지역 만들기를 추진하는 개별 지역 수를 2022년까지 12지역, 2025년까지 100지역으로 증가시키기
KPI 측정기준	1) 국제 인증, 표창(Green Destination, UNWTO Best Tourism Villages) 수령 지역 수 2) 중앙 차원의 지속가능성 가이드라인(JSTS-D) 준수 지역 수
실행방안	관광청은 지방공공단체나 DMO 등을 위해 UNWTO 주일사무소와 함께 사회, 경제, 문화, 환경과 이를 관리하는 매니지먼트 분야로 구성된 국제기준에 부합하는 '일본판 지속가능한 관광 가이드라인 JSTS-D' 제정
	• 주민의식과 관광객 만족도뿐만 아니라 인재육성, ICT 활용 등의 요소를 포함해 사회경제, 문화, 환경적 관점에서의 지속가능성 지표를 다룸 • 해당 가이드라인을 준수하는 로고마크를 획득한 지자체나 DMO 수를 지표로 활용

출처: 일본 정부

행된 장기 비전인 'Tourism Action Plan' 중 'Tourism Sector Deal'에서 확인할 수 있다. 영국 중앙정부의 주요 실행 안건은 관광 종사 중소상공인들도 기술 기반의 관광 경제에 기여할 수 있도록 관광 데이터 허브를 증설하고 공개하는 것, 영국 내 존재하는 200,000여 개의 관광산업 중소기업들이 사업지원을 받을 수 있도록 'Great Britain Tourism Exchange'라는 B2B 플랫폼을 통해 관광 상품/서비스 공급업체와 글로벌 유통망을 연결하는 것, 관광 거점 활성화를 통해 지방의 지역경제를 부흥시키는 것이었다. 상기한 계획들은 중앙정부가 관광산업 내에서 디지털화와 글로벌 연결성을 강화하고자 하는 노력을 보여준다. 특히, 중소 규모의 관광 사업자들에게 기술적인 지원과 글로벌 시장에 접근할 수 있는 통로를 제공함으로써 영국의 관광산업이 보다 경쟁력 있고 지속 가능하게 발전하는 것을 목표로 한다. 관광 데이터 허브 구축과 B2B 플랫폼 운영은 국가의 관광업계 내 정보의 투명성을 높이고 중소업체들의 사업 기회를 확대하는 핵심적인 수단으로 작용할 것이다. 또한, 관광 거점의 활성화는 지역경제의 부흥뿐만 아니라 관광객들에게 다양하고 풍부한 관광 경험을 제공함으로써 영국을 방문하는 이들에게 긍정적인 이미지를 심을 것이다. 이는 지역 관광 발전을 위한 중앙정부의 적극적인 지원과 노력이 관광산업의 성장과 국가 경제에 미치는 긍정적인 영향을 잘 보여주는 사례다.

그림 9-2. 영국의 Tourism Sector Deal

Ideas

To be the world's most innovative economy

To increase the capacity of the sector to innovate by accelerating the development of digital technology and reducing barriers in the sector

Government action to support tourism

- The government has supported the British Tourist Authority development of Tourism Exchange Great Britain. Launching in June 2019, this is an online business-to-business platform, which will connect tourism suppliers to global distributors.
- The UK government has provided £40k to the Tourism Alliance in England to carry out further research on how, where and why businesses within the sector obtain advice on compliance, which will inform the shape of further advisory services including Primary Authority.

Sector action to support tourism

- The industry and British Tourist Authority will work together to create a new, independent Tourism Data Hub, which can help the sector across the UK to better understand visitors' preferences for location, activities and products in real time. It will also enable the sector for the first time to gather better data about the people choosing not to holiday in the UK.

INDUSTRIAL STRATEGY

Tourism Zones

The ambition behind Tourism Zones is that they are focused on addressing local market failures in the visitor economy

Each Zone will focus on delivering increased productivity at a local level by initiatives such as enhancing tourism product, extending the tourism season and investing in skills. Tourism is often place specific and it is the uniqueness of a place that makes it attractive to visitors. This means that, although areas may have similar issues around seasonality, solutions may be unique to an area.

The UK government will be piloting up to five Tourism Zones, and hopes that bids will reflect the rich diversity of the country including rural and coastal areas, as well as urban destinations.

Areas will become Tourism Zones via a bidding process; receiving targeted support from government if successful. Bids should align with any Local Industrial Strategy for the area.

Collaboration

The government expects Tourism Zones to develop from stakeholder collaboration, therefore in order to become a Zone, businesses, Local Enterprise Partnerships in England, Destination Management Organisations and Local Authorities will need to join together to develop a strategy for how they plan to grow their local visitor economy.

The strategy would need to set out plans for addressing local market failures which are holding back productivity in the area.

Winning strategies are likely to be those with plans that address market failures and barriers to productivity, including:

- Options for extending the tourism season outside of the summer months;
- Proposals for investing in the skills of the local workforce;
- Options for making the visitor economy more accessible;
- Investment opportunities to enhance and innovate the visitor experience, for example by promoting a destination's heritage attractions or by creating an attraction around intangible assets;
- Options for 'small-scale' infrastructure developments;
- A commitment to measuring job quality within the Zone, with a clear plan for reporting on the metrics chosen and how this information will be used to increase the provision of good work; and

출처: 영국 정부

2절 | 지자체, DMO를 통한 지역 관광 활성화

지역 특성을 살린 지역 주도형 관광 활성화

문화체육관광부는 지역 관광 활성화의 일환으로서 2018년에 '지역 주도 관광'을 선포하고, 중앙정부와 지자체의 역할을 구분하기 시작하였다. 변화한 정책에 따라 지자체가 지역 관광을 총괄하는 계획을 수립하고 사업을 추진하기까지의 모든 단계를 지자체 주도로 직접 관여하여 수행하는 것이다. 과거와 달리 지자체의 역할이 그 어느 때보다 강조되고 있다. 이러한 변화는 지역 관광 발전을 위한 새로운 도전이자 기회로, 지자체가 독립적으로 관광 자원을 발굴하고 이를 활용한 관광상품을 개발함과 동시에 다양한 마케팅 전략을 수립하는 것이다.

이러한 지역 주도형 관광 정책이 성공적으로 실행된다면 지역의 독특한 매력과 가치를 국내외에 알리고, 지역경제에 활력을 불어넣을 수 있는 중요한 계기가 될 것임이 틀림없다. 지역 발전을 위해 지자체가 선의의 경쟁을 하면서 지역 관광을 발전시키는 것은 국가적으로도 얻는 이익이 크다. 그러나 여기서 문제는 이러한 지자체 차원의 관광정책과 투자의 효과가 제대로 나타날 수 있느냐이다. 모든 지자체가 유사한 관광지와 상품 개발을 실시했을 경우, 수요가 한정된 상황에서 투자 대비 효율이 나기 어렵기 때문이다. 그래서 지역마다 특색 있는 관광자원과 상품 개발이 필요하다. 즉 지역마다 지역의 자원을 활용한 특성화된 관광지와 관광상품의 개발을 유도하는 데 있어 중앙정부의 역할과 협조가 필요한 것이다.

그림 9-3. 지역 주도형 지역 관광 개발 계획안

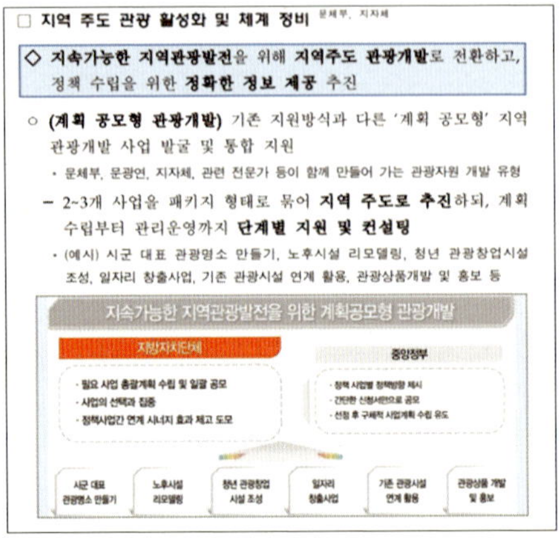

□ **지역 주도 관광 활성화 및 체계 정비** 문체부, 지자체

◇ **지속가능한 지역관광발전**을 위해 **지역주도 관광개발**로 전환하고, 정책 수립을 위한 **정확한 정보 제공** 추진

○ **(계획 공모형 관광개발)** 기존 지원방식과 다른 '계획 공모형' 지역 관광개발 사업 발굴 및 통합 지원

· 문체부, 문광연, 지자체, 관련 전문가 등이 함께 만들어 가는 관광자원 개발 유형

– 2~3개 사업을 패키지 형태로 묶어 **지역 주도로 추진**하되, 계획 수립부터 관리운영까지 **단계별 지원 및 컨설팅**

· (예시) 시군 대표 관광명소 만들기, 노후시설 리모델링, 청년 관광창업시설 조성, 일자리 창출사업, 기존 관광시설 연계 활용, 관광상품개발 및 홍보 등

출처: 2018년 지역관광 활성화 방안, 제6차 관광진흥기본계획

지역 주도형 관광 개발을 하는 데 있어서 먼저 고려해야 할 점은 해당 지역의 목표 관광객을 정해야 한다. 단순히 국내 관광객에 한정해야 할 지역도 있지만, 외래 관광객의 방문이 증가하는 지역은 목표 관광객을 국내 관광객에 한정해서는 안 된다. 최근 10년도 안 되어서 외래 관광객 수에서 우리를 역전한 일본의 경우를 보더라도 그들의 목표고객이 일본 내 자국 관광객에 한정하지 않은 것을 보면, 우리도 조만간 일부 관광 거점 도시들은 외래 관광객의 수요가 증가할 것으로 보이기 때문이다.

관광 환경의 측면에서, 한국과 일본은 많은 유사점을 공유한다. 일본은 한국과 같은 동아시아에 위치할 뿐만 아니라 지리적으로 매우 가까우며 육지 이동이 가능한 인접국이 없다는 공통점을 갖는다. 그 외에도 사계절의 기후가 뚜렷이 나타나는 점과 전 세계적으로 잘 알려진 자연경관

이 많지 않다는 점에서도 비슷하다. 일본은 한국보다 면적은 3.8배 크고, 인구는 2.4배 많지만 10년 전만 해도 외래 관광객의 수에 큰 차이가 없었다. 이러한 유사성을 고려했을 때, 일본은 우리나라가 인바운드 관광의 수치적 성과나 목표치를 설정하는 과정에 있어서 참고로 삼을 수 있는 국가이다.

다시 말하지만, 2010년대 초반까지 일본보다 한국을 찾는 외국인 관광객이 더 많았다. 그러나 일본은 괄목할 만한 인바운드 관광 성장을 이루어냈고, 한국보다 2배 가까운 외래 관광객을 맞이하고 있다. 일본의 인바운드 관광 성장에서 더욱 주목할 만한 점은 이 성장이 특정 지역에 편중된 성장이 아닌 중앙정부를 중심으로 각 지역과의 협업을 통해 지역별로 분산되어 고르게 이루어낸 성장이라는 것이다. 일본의 성공 사례는 중앙정부의 역할과 지역 간 협업이 관광산업 육성에 미치는 영향력을 그대로 보여준다. 또한, 이 사례를 통해 우리는 중앙정부와 지자체 간의 긴밀한 협력과 지역별 특성을 살린 관광 개발 전략이 어떻게 관광산업의 전반적인 성장과 지역경제 활성화에 기여하는지를 알 수 있다. 우리나라도 관광 진흥을 통한 지역별 균형 발전을 성취하기 위해서는 중앙정부의 역할뿐만 아니라 지자체의 역량 및 중앙-지방 협력 시스템을 강화해야 한다. 이런 맥락에서 일본의 성공 사례를 타산지석으로 삼아야 한다. 이들의 선례를 통해 우리는 지역별로 보유한 관광 자원을 효과적으로 개발하고 활용함으로써 국가 전체의 관광산업을 성장시킬 수 있는 방안을 모색해야 한다.

한국과 일본의 관광지 방문객 분포를 보면, 일본이 부럽기도 하다. 일본이 땅이 넓어 관광객의 방문 분포가 전국 여러 지역에 골고루 분산될 수 있다 하더라도, 한국은 너무 서울과 수도권에 관광객이 집중 방문하고

그림 9-4. 한국/일본 관광지 집중도 비교

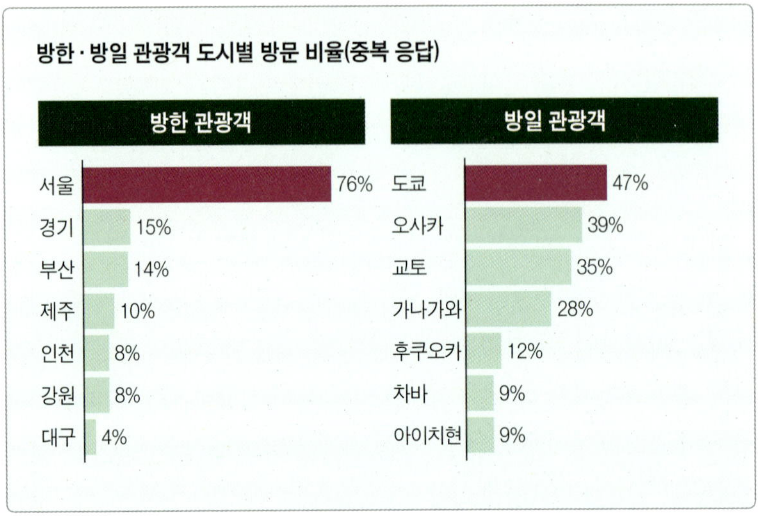

출처: 한국문화관광연구원, JNTO

있기 때문이다. 이는 사실 10여 년 전 일본에서도 나타났던 문제다. 도쿄와 오사카를 중심으로 편중된 관광 집중 현상은 일본의 지역 발전에 저해 요인이었다. 그러나 수많은 노력 끝에 2019년 일본을 방문한 외래 관광객의 분포는 도쿄 47%, 오사카 39%, 교토 35%, 가나가와 28% 등으로 지역 관광 분산에 성공하였다. 이러한 성공의 배경에는 중앙정부, 지자체 그리고 DMO의 거버넌스 체계가 효과적으로 작동했다고 볼 수 있다.

지역 DMO 역량 강화를 위한 과감한 투자 필요

문화체육관광부가 2018년 지역 주도형 지역관광개발안을 발표한 이후 각 지역에서는 DMO 조직인 각종 관광공사와 재단들이 다수 출범했다. 더 자세히 살펴보면 광역 지역에서는 관광공공기관 15곳과 한국관광

표 9-4. 국내 지역 관광 조직 유형표

구분	유형	주요 기능과 역할	설립 및 지원 근거	사례
행정	지방자치단체 관광담당부서	• 관광정책 수립 • 관광 행정	–	• 광역단체는 국 단위 조직(관광국) • 기초단체는 과 단위 조직(관광과)
공공	지역관광공사	• 관광정책 집행 • 관광자원 개발 • 관광마케팅	• 지방공기업법 • 관광공사 설립 및 운영 조례	경기관광공사, 제주관광공사, 부산관광공사, 인천관광공사, 경북문화관광공사, 대전마케팅공사 등
	지역관광재단	• 관광정책 집행 • 관광상품 개발 • 관광홍보마케팅	• 지방자치단체 출자·출연기관의 운영에 관한 법률 • 관광재단 설립 및 운영 조례	강원도관광재단, 광주관광재단, 경남관광재단, 전남관광재단, 대구관광재단, 강진문화관광재단 등
	컨벤션뷰로	• MICE 유치/육성 • 컨벤션센터 운영 • 도시마케팅	• 지방자치단체 출자·출연기관의 운영에 관한 법률 • 컨벤션뷰로 설립 및 운영 조례	인천, 대구, 제주, 고양, 부산, 경주경남, 수원 등 재단법인으로 설립
	한국관광공사 지역지사	• 지자체/기관 협력 • 관광상품 개발지원 • 관광마케팅 지원	–	10개 국내 지사(경인, 강원, 경남, 광주전남, 대구경북, 대전충남, 제주, 부산울산, 세종충북, 전북 등)
민관	지역관광 협의회	• 관광홍보마케팅 • 민관협력	• 관광진흥법(제48조9) • 지역별 관광진흥조례	고령군관광협의회, 평창군관광협의회, 여수시관광협의회, 신안군관광협의회 등
민간	지역관광협회	• 관광사업자단체 • 관광산업 육성	• 관광진흥법(제41조)	각 광역시도별 지역관광협회
R&D	지역연구원	• 조사연구	–	각 지역연구원 내 관광 연구부서

공사로 이루어진 전국관광기관협의회 16곳 중 8곳이 단기간 내에 설립됐다. 지역별로 관광을 전담하는 조직이 점점 늘어나는 것은 지역 관광 추진체계를 중앙에 의존하기보다 지역 차원에서 구축한다는 점에서 긍정적인 신호이다. 다만, 조직들이 다양한 형태로 설립됨에 따라 지역에 있는 조직 간의 기능과 역할 분담의 어려움, 취약한 설립 및 운영 근거, 안정적인 운영 및 사업 재원의 부족, 추진 역량의 부족 등의 문제점도 발견되고 있다. 일례로, 민관 조직인 '지역관광협의회'와 민간 조직인 '지역관광협회'는 역할과 기능이 상당 부분 유사하다. 실제로 2013년에는 '지역관광협의회'의 설립 근거를 담은 관광진흥법 일부개정 법률안이 발의되었을 때, '지역관광협회'들은 지역관광협의회와 겹치는 역할에 따라 위상에 타격이 있을 것을 우려했다. 이러한 상황은 지역 관광 발전을 위한 효율적인 관리와 협력 체계의 필요성을 요구한다. 지역에 존재하는 다양한 관광 조직 역할의 범위와 조직 간의 협력 방법을 명확히 정의하고, 지역 관광 발전을 위해 재원을 안정적으로 확보하여 역량을 강화할 수 있는 방안을 마련해야 한다.

2020년, 앞서 언급한 것과 같이 지역 내 산재된 지역 관광 추진 조직들을 통합하고 관리할 대표 기구로서 한국형 DMO(Destination Marketing Organization)가 출범했다. DMO는 지역 관광을 마케팅하고, 더 나아가서는 다양한 지역 관광 이해관계자 간의 합의를 형성하여 지역 관광을 경영하는 역할을 수행하는 '지역관광추진조직'이다. 한국형 DMO는 관광사업의 기획과 계획, 관광 홍보마케팅, 관광 자원의 관리, 관광사업 지원, 관광 상품/서비스의 품질 관리, 교육 및 훈련, 관광시설 관리, 수익사업 추진의 8대 기능을 수행한다. 이들은 지역 관광을 대외에 마케팅하는 것에 그치지 않고 다양한 지역 관광 이해관계자 간의 합의 형성을 기반으로 지역 관광을 경영하는 핵심 역할을 맡고 있다. DMO의 주체로는 지역주민, 지역주민 협의체, 관광사업체, 관광 관련 산업 사업체, 지자체, 전문기관, 지역 미디어 등이 포함된다. 예를 들어, 2022년 문화체육관광부가 공모를 선정한 14개의 DMO 중 관광협의회는 5개, 문화관광재단은 8개, 지역여행사는 1개가 포함되었다.

그림 9-5. 한국형 DMO 개념도

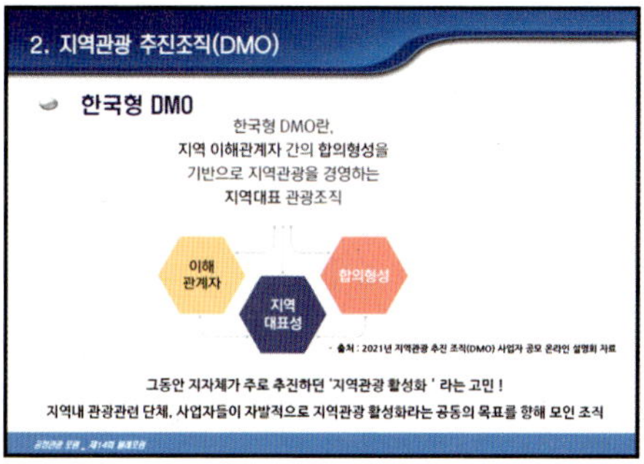

출처: 2021년 지역관광 추진 조직(DMO) 사업자 공모

그러나 한국형 DMO는 지속적인 성장에 한계를 지닐 가능성이 있는 구조를 지녀 지역 관광의 핵심 주체로서의 역량이 부족한 문제를 갖고 있다. 한국형 DMO의 성공적인 운영과 관련하여 우리는 관광 환경이 유사하고 성공적인 DMO를 조직하여 육성한 일본의 사례를 살펴봄으로써 개선 방향을 설정할 수 있다. 일본은 2015년부터 지역 관광 부흥을 목적으로 한 DMO를 설계하여 '광역관광주유루트'와 같은 주요 지역 관광 사업을 시행하고 있다. 일본과 비교했을 때, 한국형 DMO는 단기적이고 근시

안적인 육성, 등록 방식, 참여 주체, 목적, 운영 방식과 관련하여 개선해야 할 필요가 있다.

DMO를 근시안적으로 육성하는 방식은 지역 관광 부흥의 핵심 주체로서 DMO가 그 역량을 제대로 발휘하지 못하게 방해한다. 일본의 경우, 장기적인 육성에 유리한 DMO 등록 제도를 2015년 11월부터 시행해오고 있다. 이 제도의 등록을 담당하는 관광청 장관을 중심으로 국토교통성, 내각관방, 총무성, 금융청, 문무과학성, 후생노동성, 경제산업성, 환경성 등으로 구성된 관광지역 만들기 법인을 중심으로 한 관계부처 연계지원을 통해 DMO에 대한 지원이 집중적으로 이루어지고 있는 것이다. 즉, DMO 후보가 될 수 있을 법한 법인을 관광청에 등록시키고, 다양한 정부부처가 연계된 지원팀을 통해 등록된 법인들을 지속적으로 지원한다. 지원 형태는 단순히 보조금을 지급하는 것에 그치지 않는다. 다양한 유형의 DMO를 중앙정부 차원에서 육성하며 광범위한 협력 거버넌스를 구축하고, 전문 인력과 재정의 자립성을 갖춘 지속 가능한 지역 관광 담당 조직을 장기적으로 육성하는 방향이다.

이러한 일본에서도 지역 관광 활성화를 추진하는 데 몇몇 현실적인 제약이 있었다. 예컨대 일본의 관광 진흥은 주로 숙박업, 음식업 등 일반적으로 '관광 관련 사업자'로 불리는 이해관계자들을 중심으로 이루어졌으며, 문화·스포츠·농림어업·상공업 등 다양한 분야의 관계자 및 지역주민의 충분한 참여가 이루어지지 않았다. 더욱이 방문 관광객에 대한 데이터나 정보를 찾는 데 어려움이 있었으며, 지역 관광 활성화를 위해 필수적인 홍보도 이루어지지 않았다. 한마디로 관광 거버넌스와 정보 체계가 미흡했던 것이다. 이러한 문제 때문에 지역 관광을 지속 가능하게 선도할 DMO 육성을 더욱 서두른 계기가 되었다고 할 수 있다.

표 9-5. 일본과 한국의 DMO 비교 분석

구분	일본형 DMO 육성정책	우리나라 DMO 육성정책
도입시기	• 2015년 11월~현재	• 2019년 시범사업, 2020년 본사업
도입배경	• 지역경제 활성화, 지역 일자리 창출 • 지역관광진흥을 이끌 리더조직 부재	• 지방자치 분권 강화/지역관광 중시 • 지역관광진흥을 이끌 LTO 부재
도입목적	• 일본형 DMO 형성 및 확립 촉진, DMO법인들 간 역할분담을 통한 효율적인 관광지 조성	• 지역관광 대응력 제고, DMO 육성, DMO 육성을 위한 체계적 지원
육성수단	• DMO 등록제도	• DMO 보조금지원 공모사업 (국비+지방비 매칭 지원)
육성대상	• 3유형(광역연계DMO, 지역연계DMO, 지역DMO)	• 기초지자체 단위 12개 DMO
DMO기능 부여	• 핵심기능: 지역관광마케팅 및 홍보, 관광통계 산출 및 시장조사, 관광자원 및 관광품질 관리, 지역사회 이해관계자와 커뮤니케이션 및 협력 조정 • 추가기능: 지역주도형 여행상품개발 및 판매, 관광기념품 판매 업무, 랜드오퍼레이터 업무 등 여행사 기능	• 핵심기능: 관광사업 기획 및 계획, 관광홍보마케팅, 관광자원 관리, 관광산업 지원, 관광품질 관리, 지역사회이해관계자 네트워크 구축 및 관리 • 추가기능: 관광시설 관리, 종사자 교육훈련, 수익사업 운영(여행, 숙박, 판매 등)
DMO 조직체계	• 지방공공단체와 연계하여 법인조직 • 다양한 관련분야조직의 참여를 기반으로 한 의사결정구조 보유 • 마케팅, 재무책임자 등 전담인력 보유 • 다양한 분야의 인력을 멤버로 하는 워킹크룹이나 위원회 설치 의무화 • 안정적인 운영자금 확보수단 확충	• 법인자격 취득 조직 • 다양한 연내 이해관계자와의 네트워크 구축 • 관광협의체 운영실적 보유 조직 • 관광·문화·콘텐츠·경영 관련 전문인력 보유 • 지자체와 연계하여 지방비 지원금 확보 조직
지원내용	• 등록을 위한 컨설팅 및 선정 시 등록/관광청 홈페이지를 통한 홍보	• 사업기간 중 사업비 지원/홍보마케팅 전문가 자문/DMO 대상 교육훈련 및 연수 지원

구분	일본형 DMO 육성정책	우리나라 DMO 육성정책
지속관리 방안	• 매년 사업보고서를 관광청에 보고 • 3년마다 평가를 통한 등록갱신제도	–
선정DMO 조직 특성	• 사단법인이 대다수를 차지, LTO의 경우 주식회사가 다수 • 기존의 관광협회를 기반으로 새롭게 법인화된 조직이 다수	• 대부분 사단법인이나 재단법인이나 사회적협동조합 및 주식회사 1개씩 • DMO 육성사업 이전 설립된 지역관광협의회 및 문화관광재단이 다수
추가적 지원체계	• 등록DMO를 대상으로 다양한 중앙부처로 구성된 통합지원팀의 컨설팅 및 중앙부처 예산사업 우선 배정	• 명확한 관련 내용 없음 • 2019년 시범사업 참여 DMO의 경우 2020년도 사업에 연장참여

한국은 '공모형 국고보조사업'으로 DMO를 육성한다. 이는 1년 단위로 선정된 DMO를 대상으로 보조금을 지원하는 단발성의 재정 지원 형식이다. 이러한 지원방식은 선정된 DMO에 한정되며, 지원대상은 소수에 그친다. 그리고 1년간 지원하는 사업이기 때문에 DMO 조직의 안정성과 지속성을 담보하기에 짧은 감이 있다. DMO의 잠재력을 인지하고, 이들이 차곡차곡 성장할 수 있도록 DMO의 역량 강화, 안정화, 전문화를 지원하는 장기적인 관점의 지원 제도 보완이 필요하다.

이와 관련하여 지역 관광에 있어서 데이터의 중요성을 말하고자 한다. 우리나라의 한국관광공사는 매우 유용한 관광 관련 데이터를 정리하여 정보화하고 이를 관광 이해관계자에게 제공하는 정보시스템을 보유하고 있다. 한국관광데이터랩이 그것이다. 이 정보시스템이 매년 개선되어 나가는 모습을 보면, 국가 단위 관광데이터 관리시스템에 있어서만큼은 선진국임에 틀림이 없다. 그러나 지자체와의 데이터 협업 관점에서 보면, 정보가 한정된 사람들에게만 제공되거나 중앙정부와 지자체의 데이터가 불일치하는 경우를 종종 볼 수 있다. 지역 차원의 관광 데이터 역량과 관련하여, 지자체 주도의 관광 데이터 집계 수준이 취약하다는 점과 중앙정부 차원에서 제공되는 지역 관광 통계 또한 신뢰도가 낮다. 한 지자체 관광재단 대표의 말을 인용하면, 막상 지자체 차원의 지역 단위로 내려가서 정보를 살펴보면, 관광정책과 마케팅에 필요한 데이터나 정보가 충분하지 않으며 지자체 차원에서 정보시스템을 구축할 예산도 없는 한계가 있다고 토로한다.

일본의 경우, 이러한 문제를 예방하기 위해 개별 지역의 DMO가 관광 데이터를 집계하고 관리하는 주체로 활동한다. 이는 데이터에 근거한 지방 전략을 수립하기 위함으로, DMO는 해당 지역을 찾은 외래 관광객의 로밍데이터, GPS데이터, SNS데이터 등을 활용하여 그들의 이동 경로, 온라인 언급 빈도 등에 대한 분석을 실시하고 있다. 한국의 경우, 지방 차원의 관광 통계가 '유료 관광지 입장객 수'와 같이 기초적인 정보에 국한되며, 중앙정부 차원에서 주로 지역 관광 통계를 집계하고 있으나 이 또한 신뢰도와 관련된 문제가 제기되는 상황이다. 특히, 한국관광데이터랩에서 제공하는 지역별 관광 통계와 현실 간의 괴리가 존재한다는 지적이 있었다. 일례로, 경남의 대표 관광지인 통영시의 경우, 한국관광데이터랩의 자료를 인용하여 2022년 한 해 동안 1,610만 명의 관광객이 통영시를 방문했다고 발표했으나, 통영시가 자체적으로 주요 관광지의 입장객 수를 토대로 집계한 방문 관광객 수는 478만 명이었다. 이런 차이도 중앙정부와 지자체 간의 협업을 통해 충분히 조율해 나가야 한다.

한국형 DMO의 개선을 위해 고려해야 하는 또 다른 점은 지역 관광의 핵심 주체인 DMO의 성과를 관리하는 체계가 부재하여 평가를 통한 역량 강화가 어렵다는 것이다. 일본에서는 개별 DMO의 KPI를 PDCA(Plan-

Do-Check- Act) 사이클을 활용하여 평가하고 검증하며, KPI의 측정 수준이 상당히 구체적이다. 홈페이지 방문자 수, 동영상 시청자 수, 국내외 인바운드 여행사의 상담 횟수, 여행상품 개발 횟수, 심지어 웹사이트 동영상의 버퍼링 시간 단축 여부까지도 목표로 설정하고 있다. 그리고 이에 기반한 성과 관리 결과를 기록한 'DMO 사업 보고서'를 매년 관광청에 제출하며, 3년마다 평가를 통해 등록 갱신하는 체계를 운영하고 있다. 세토우치 DMO는 PDCA 사이클 활용을 효과적으로 실시한 사례가 될 수 있다. 세토우치 DMO는 5개의 핵심 전략과 관련된 영향력을 내세워 DMO를 운영 관리하고 있다. 세토우치 DMO는 특정 연도의 목표 관광객 수 같은 일반적인 KPI는 물론이고 관광상품 수, 판매장 수, 캠페인 수, 규제완화의 실현 수와 같은 구체적이고 현실적인 KPI를 설정하고 관리한다. 홈페이지에는 방문자 수, 동영상 시청 횟수, 인바운드 여행사의 상담 횟수 등은 물론 심지어 동영상의 버퍼링 시간을 얼마나 줄였는지도 목표가 되곤 한다. 세토우치의 사례처럼 일본의 DMO는 중앙정부와의 협업 아래 PDCA 사이클을 효과적으로 운영하는 데 집중한다. 이러한 결과는 2019년 3,000만 명 이상의 외래 관광객을 유입하는 데 필요한 역량이 되었다.

그에 반해 한국에서는 DMO의 성과 관리 체계가 미흡하다. 일부 DMO가 효과적인 성과 관리 체계를 보여주지만, 그 수가 많지 않다. 이러한 문제는 지역 관광을 이끌어가는 핵심 주체로서의 역량 강화를 어렵게 만들고 있다. 한국형 DMO는 성과관리체계 이외에도 일본의 DMO에 비해 성장과 역량 면에서 여러 한계를 지니고 있는 것으로 보인다. 단기적인 차원의 DMO 육성 정책은 지역 관광의 핵심 주체로서 역량을 충분히 발휘하지 못하게 만든다. 또한 지자체 주도의 관광 데이터 집계와 분석 능력의 부족은 지역 관광 정책의 효율성을 떨어뜨리는 주요 요인이다. 일본

표 9-6. 세토우치 DMO의 KPI 체계

[5개 파워 주요 내용]

5개 파워	주요 내용	5개 파워 강화를 위한 기본방침
모으는 파워	세토우치 매력을 적절한 타깃에게 발산하고 세토우치 브랜드를 확산시켜서 소비자의 방문의향을 높이는 파워	플랫폼 구축, 노출기회 확대, 저예산 오퍼레이션
활동 파워	매력 있는 상품 발굴, 개발을 지원하고 동기를 형성함. 많은 관광객을 방문하게 하는 파워	동기형성시책, 상품파워강화
수입 파워	관광객의 구매를 촉진하고 비효율 및 기회손실을 삭감하는 것으로 여행소비액을 극대화하는 파워	고부가가치 상품 개발, 효과적인 유통대책(물산), 상품아이디어 확산, 사업기회 창출, 기회손실 삭감
연결 파워	고객만족도를 향상시켜 여러 번 방문할 수 있는 사업을 운영하는 파워	수입태세 정비, CRM 강화
육성 파워	고객 접점을 담당하는 역내 사업자, 주민이 스스로 적극적으로 관광객을 맞이하고 환대, 지역활성화를 실현하는 의식과 스킬을 양성하는 파워	지역주민의 의식향상, 커뮤니케이션 기회 창출 및 통로 개발과 운영

[KPI와 PDCA 사이클 검증]

구분	요소의 목적	프로세스 지표	결과(최종) 지표
모음	매상(가격) 향상	고부가가치 상품의 시장투입 수	여행소비액
	매상 향상	판매장 획득 수	
	매상 향상	협력기업 캠페인 실시 수	
	과금 아이디어 증가	세토우치 브랜드 인정상품 수와 매상	
	사업기회 창출	규제완화 등 실현 수	

의 사례에서 볼 수 있듯이, DMO 등록 제도와 같이 경쟁력인 보장된 장기적인 DMO 육성 정책과 다양한 정부 부처 간의 연계 지원, 전문인력 양성과 재정 자립성 확보 등은 한국형 DMO의 성공을 위해 필수적이다.

지역 주도 관광 개발에도 중앙정부의 통합 관리 체계는 필요

중앙정부의 하향식 관광정책 추진체계에서 벗어나 지역 주도형으로 전환하는 관광정책 방향에 이견을 달 사람은 없어 보인다. 관광객이 지속적으로 증가하는 현 시점에서는 관광을 발전시키는 전략에 있어서, 중앙정부와 지자체 간의 협력 체계가 더욱 정밀하게 발전할 필요가 있는 상황이기 때문이다. 그렇다고 해서 중앙정부가 지역 관광 발전의 조력자로만 남아서도 안된다는 것이 저자의 생각이다. 관광산업 발전의 지역적 선택과 집중, 효율적인 자원 배분, 지역과 연계된 정보시스템 구축, 정책적 거버넌스 체계의 정립 등에 있어서 중앙정부는 반드시 컨트롤타워 역할을 해야 하기 때문이다.

일본의 관광 부흥 전략은 중앙정부와 지역의 DMO 간의 긴밀한 협력을 촉진시켜 관광을 효과적으로 활성화시키는 모델을 제시하고 있다고 평가된다. 일본의 중앙정부는 DMO를 육성하고 지원하는 것에 적극적이다. 일례로, 2023년 일본 관광청의 '관광입국추진기본계획'을 보면, DMO가 추진해야 할 대응 목표와 수준을 중앙정부가 직접 제시함으로써 일본형 DMO의 형성과 발전을 촉진하고 있는 것을 알 수 있다. 이러한 정부의 지침은 개별 DMO가 지역 관광 목적지를 조성하는 과정의 효율성을 높이는 데 기여한다. 이와 더불어 일본정부관광국과 같은 기관을 통해 DMO의 해외 마케팅을 지원하기도 하며, DMO-NET과 같은 정보 제공시스템을 개발하고 제공함으로써 새롭게 만들어진 DMO의 육성을 돕는 구체적인 지원책도 마련되어 있다.

일본의 지역 관광 활성화 전략이 성공적이라는 것을 뒷받침하는 대표적인 사례가 앞서 언급한 세토우치의 DMO이다. 세토우치 DMO는 북미와 유럽 현지에 마케팅 에이전시를 파견하고 그들로부터 세토우치 관광에 대한 해외 잠재 관광객들의 피드백을 직접 받고 있다. 또한, 이들은 세토우치 Brand Corporation을 통해 지역 기업과 함께 약 1,000억 원 규모의 펀드를 조성하여 지역 관광의 미래에 투자하고 있다. 이러한 펀드는 DMO가 자체적인 재원과 역량을 갖추고 지역 관광의 핵심 주체로서 역할을 수행할 수 있게 하는 데 핵심적인 역할을 한다.

이에 반해, 앞장에서 지적한 것과 같이 한국의 경우 '지역 주도형 관광개발' 정책을 통해 지방자치단체가 지역 관광의 주요 주체로서 역할을 수행하도록 하고 있으나, 지역 DMO의 성과를 관리할 수 있는 체계와 지역 차원의 관광 데이터 분석 역량이 부재하는 것을 포함해 개선이 필요한 지점들이 있다. 한국형 DMO는 주로 '공모형 국고보조사업'을 통해 재정 지원을 받고 있지만, 이는 단기적인 지원이기 때문에 장기적인 관점에서 지속 가능한 발전을 확보하는 데 한계가 있다. 국내 DMO가 일본처럼 자체적으로 외국에 에이전시를 파견하거나 지역 관광 핵심 주체로서의 역할을 주도적으로 수행하기 위해서는 중앙정부의 장기적이고 체계적인 지원과 육성 전략이 필수적이다. 한국에서도 지역 관광 활성화를 위해 중앙정부와 지자체, 그리고 DMO 간의 긴밀한 협력 체계를 구축함과 더불어 지역 DMO의 장기적 육성과 지원에 초점을 맞춘 전략이 필요하다. 이를 통해 한국의 관광 거버넌스 구조를 강화하고 지역 관광 활성화를 통한 균형 있는 관광 발전을 도모할 수 있을 것이다.

표 9-7. 일본 광역관광주유루트 및 모델코스(2017년 기준)

광역관광주유루트	모델코스	최중점시장	중점시장
아시아의 보물, 수려한 자연이 있는 길 동쪽의 북·해·도('프라임로드 동쪽북해도' 추진협의회	① Explore the Wonderland in summer ② Explore the Wonderland in winter	대만	태국/홍콩
일본 본존·도호쿠탐방루트(도호쿠관광 추진기구)	① 사계가 만들어내는 도호쿠 보물 코스	북미	유럽/태국
	② 산리쿠의 은혜와 부흥 코스	대만	말레이시아/인도네시아
	③ 일본해의 미와 전통코스	태국	북미/호주
쇼류도 [중부(도카이·호쿠리쿠·신슈)광역추진협의회]	① Dragon코스(전통공간으로의 초대)	중국	대만/홍콩
	② Nostalgic코스(이세참배와 세계유산)	미국	유럽
	③ Great Nature코스(대자연 알프스와 고대 탐방)	대만	홍콩
	④ Ukiyo-e코스(사무라이문화와 전통기술 체험)	미국	유럽/타이
미의 전설 (관서광역연합/관서경제연합회/관서지역진흥재단)	① KANSAI-세계유산과 절경/전통과 자연의 미의 경연	중국	태국
	② KANSAI-일본 전신문화의 성지/미의 전승	유럽	북미
세토우치/바닷길 (세토우치관광진흥기구, 세토우치관광루트 유치촉진협의회)	① 신골든루트-새로운 서일본발견의 여행	대만	중국/태국/홍콩
	② 역사와 예술이 만나는 미의 루트	북미	유럽/호주/한국
	③ 하늘과 섬과 바다가 융화된 사이클 루트	대만	호주/한국/태국
스피리추얼 섬 ~시코쿠편로~ (시코쿠투어리즘 창조기구)	① 시코쿠 스피리추얼 코스	유럽	미국/호주
	② 시코쿠철도 클래식 코스	대만	홍콩/중국
	③ 시코쿠대자연 드라이브 코스	대만	홍콩
온천아일랜드 큐슈 광역관광주유루트 (규슈관광추진기구)	① 철도·버스로 여행하는 큐슈 매력만끽 코스	중국(상해)	대만/태국
	② 규슈 역사·자연을 렌터카로 돌아보는 코스	싱가포르	홍콩/한국
	③ 화산의 섬·큐슈일주 코스	영국	프랑스/독일

광역관광주유루트	모델코스	최중점시장	중점시장
일본의 천장/북쪽북해도루트(북쪽 북해도 광역관광주유루트 추진협의회)	① The Top of Japan - 여름 ② The Top of Japan - 겨울 ③ The Top of Japan - 이도 탐험	대만	홍콩/태국
광역관동주류루트(관동관광연계사업추진협의회)	① 자연 대회랑(태평양) 코스	중국	대만/홍콩
	② 자연 대회랑(동해) 코스	미국	영국/프랑스/호주
	③ 에도문화 회랑 코스	대만	태국/베트남
녹음의 길~산인~(산인 인바운드 기구)	①「일본원풍경(세계유산·일본유산견문록)」 코스	프랑스	홍콩/대만
	②「지오파크&국립공원·액티비티」 코스	홍콩	한국/대만
Be.Okinawa 류큐열도주유루트	① Secrets of Okinawa History	미국/프랑스/독일	대만
	② Gateway to Okinawa Liftstyle & Culture	미국	프랑스/독일
	③ Wild Adventure of Okinawa Archipelago	미국/독일/프랑스	대만/홍콩

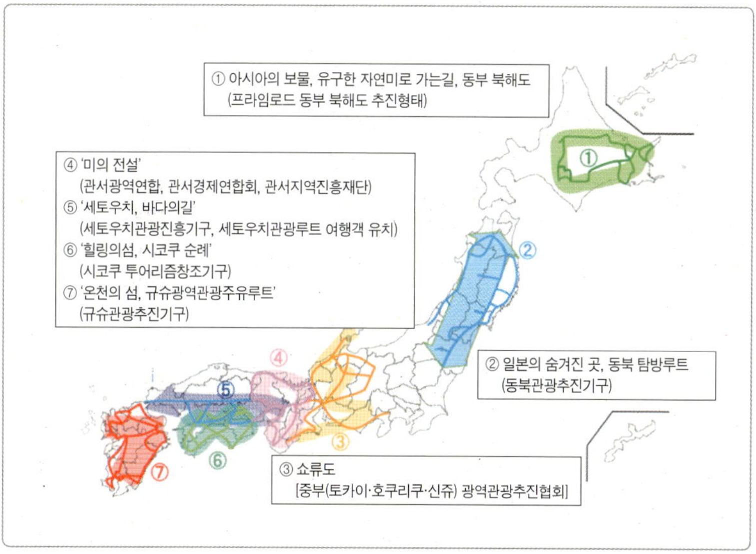

출처: 관광청 홈페이지(http://www.mlit.go.jp/kankocho/)

일본의 '광역관광주유루트' 정책과 비교했을 때, 한국의 지역 활성화 사업 관리는 각 지역이 독립적으로 관광 개발을 주도하는 형태로 이루어지고 있음에도 중앙의 통합적인 관리와 지속적인 브랜딩 전략이 부족한 실정이다. 일본은 지역별로 DMO 주도하에 관광 정책을 수립하는 한편, 중앙정부가 전국 단위에서 지역 테마를 관리하고 관광주유루트의 테마를 설정하거나 브랜딩 전략을 제공하는 등의 방식을 통해 지역 관광의 지속가능한 발전을 도모하고 있다. 일본의 이러한 접근방식은 각 지역의 독립성을 존중하고 강화하면서도 국가 차원에서 관광산업의 체계적인 발전을 추구하는 모델이다. 한국은 '계획공모형 지역 관광 개발' 사업을 통해 지역 주도형 관광 활성화를 시도하고 있지만 중앙정부의 통합적인 관리와 장기적인 브랜딩 전략의 부재로 인해 지역 활성화 사업이 단기적이고 각자도생의 성격을 띠고 있다고 판단된다.

그림 9-6. 규슈 주유루트 테마인 '온천 아일랜드'

출처: 규슈 관광기구

관광주유루트의 KPI를 관리함에 있어서 일본은 관광청, JNTO, 그리고 각 지역이 함께 참여하는 협력적이고 체계적인 접근방식을 택하고 있다. 이는 중앙정부가 지역 관광사업의 성과 관리에 직접적으로 개입하고 있음을 보여준다. 홋카이도 주유루트의 사례에서도 성과를 측정하는 과정에 중앙정부의 직접적인 개입이 확인된다는 점에서, 일본 내에서 지역 관광사업의 추진과 성과 관리가 얼마나 체계적으로 이루어지고 있는지를 알 수 있다.

표 9-8. 홋카이도 광역관광주유루트 KPI 사례

구분	주요 내용
목표설정	방일 외래객 수 중 홋카이도 비중 14.5%(2019년)〈2013년 10.5%〉
	외국인 숙박객 수 중 홋카이도 비중 14.5%(2019년)〈2013년 9.5%〉
	외국인 숙박객 수의 도의 북·동 지역 비중 22%(2019년)〈2013년 18.8%〉
	1인당 관광소비액 및 만족도 조사결과를 바탕으로 설정
성과파악	성과파악 방법: JNTO, 관광청, 홋카이도 및 본사업 독자조사
계획기간	2015~2019년

출처: 관광청 홈페이지(http://mlit.go.jp/kankocho/)

한국의 '계획공모형 관광 개발' 정책에 따르면, 지자체가 지역 내의 노후화되었거나 사용되지 않는 문화관광자원을 되살리고 새로운 관광 개발 사업을 발굴하는 계획을 문화체육관광부에 제출할 경우, 문체부는 그 중 우수한 계획을 선정하고 지원한다. 그러나 각 지역에서 제안하는 기획안들이 서로 연계되지 않고 단발적으로 지원을 받는 구조로 되어 있어, 권역별 관광루트와 같은 전국적인 수준의 관광 전략과 연계되어 이루어지지 않는다는 한계를 갖는다.

표 9-9. 계획공모형 관광 개발 주요 사업 내용

지역	주요 사업 내용
경기 수원	수성 화성 인근 옛길 재활성화 및 관광 콘텐츠 개발
강원 정선	지역 특화 소재 아리랑 브랜드 활용 관광 마을 구성 및 지역 주민 참여를 통한 관광 프로그램 개발
충북 제천	의림지 일원 미디어예술(미디어아트) 예술정원 조성 및 야간관광 콘텐츠 개발
충남 아산	충무공 이순신 스마트 체험관 구축, 연계 콘텐츠 개발 등 이순신 콘텐츠 세계화 사업
전북 남원	남원 특화 이야기(스토리) 연계 달빛공원 프로그램 개발, 운영 및 남원 주요 여행지 연계코스 개발
전남 강진	고려청자, 의상 등 고려문화체험 콘텐츠, 유물 발굴 체험 콘텐츠 개발, 운영 등
경북 포항	근대문화유산거리 콘텐츠 개발 및 구룡포 예술공장 활성화
경남 사천	에어레이싱 체험, 놀이 프로그램, 직업 체험 등 산업관광 측면에서 사천첨단항공우주과학관 재활성화

또한, 한국의 '계획공모형 관광 개발' 정책의 성과 관리 체계는 중앙정부나 지자체가 아닌 외부 용역기관에 위탁되어 운영되고 있으며, 이 용역업체는 1년 단위로 교체되고 있다. 이렇게 단기적으로 운영되는 구조는 지속적인 성과 측정과 관리에 장애를 초래하고 있다. 외부 용역기관의 단기 계약과 빈번한 교체는 지역 관광 개발 프로젝트의 장기적인 성과와 지속 가능성을 제대로 평가하고 관리하는 데 필수적인 연속성과 일관성을 확보하기 어렵게 만들기 때문이다. 이는 궁극적으로 국가 차원에서 지역 관광 발전을 위한 전략적 계획의 효율성과 효과성을 저하시킬 수 있다. 이러한 계획공모형 관광 개발은 인바운드 관광객을 맞이하기에는 조

금씩 부족한 얼치기 관광지만을 양산하는 결과를 가져온다. 앞에서 말한 인바운드 관광객을 목표 고객으로 하는 몇 개 권역의 관광자원을 초기에 집중하자는 취지의 관광정책과는 배치되는 것이다.

그림 9-7. 계획공모형 지역 관광 개발 사업 컨설팅 및 모니터링 용역 공고

- '19~'21년도 계획공모형 지역관광개발사업 모니터링 및 컨설팅 추진방안 수립, 실행
  - 통합 사업관리 체계 모델 개발 및 도시별 상시 모니터링 (자체 체크리스트, 사업관리카드, 모니터링 체계 등 사업관리 지원 시스템 고도화)
  - 모니터링 분석과 연계한 지역별·연도별 사업 추진 단계 특성에 따른 컨설팅 추진 (전문 컨설팅단 구성 및 체계개선, 전문 분야별 컨설팅 지원 등)

- 4 -

- 계획공모형 지역관광개발사업 중간 성과 진단 및 발전방향 제시
  - 중간성과 진단 결과를 통해 관련 후속조치 마련 및 발전방향 제시(성과관리 지원 계획수립, 성과지표 구축, 중간 성과 자료 수집 및 분석, 종합제언 등)
- 계획공모형 지역관광개발사업 대상 지자체 공동 연수 개최
  - 상·하반기 지자체 공동연수 개최를 통한 지역별 사업추진상황 공유, 세미나 및 현장답사를 통한 지자체 역량강화 도모 등
- 계획공모형 지역관광개발사업 개선방안 및 신규 사업 방향 제시
  - 지역 관광환경 변화에 따라, 기존 사업 분석을 통한 신규 사업모델 제시 등 발전 정책 제언

4. 과업 기간 : 계약 후 365일(12개월)

5. 과업 수행체계

ㅇ (문체부) 용역 총괄 관리 감독 업무 수행
ㅇ (용역기관) 용역기관은 관련 연구실적과 경험이 풍부한 연구진 등을 구성하고 다양한 분야 전문가 자문을 받아 과업을 수행함
ㅇ (지자체) 15개 사업을 추진하는 지자체는 용역기관의 과업수행을 위한 현장 안내, 자료 제공 등 지원

출처: 문화체육관광부

지역 관광 활성화에 있어서 중앙정부의 역할은 절대적이다. 그 이유는 지역마다 각자의 특성을 살려 관광자원을 개발한다고 해도 중복되거나 매력이 없는, 그리고 연계 관광이 되지 않는 관광자원이나 상품을 개발하는 것은 지역 관광 투자가 자칫 매몰비용화될 가능성이 크기 때문이다. 우선적으로 거점도시에 근거한 권역별로 관광자원을 개발해야 한다는 목표는 지자체 수준에서 독단적으로 판단할 수 있는 영역이 아니다. 인바운드 관광을 염두에 둔다면 외래 관광객이 우선적으로 방문할 수 있는 잠재성이 높은 권역부터 순차적으로 중앙정부의 지원과 투자가 있어야 한다. 모두 고르게 지역 관광을 발전시키겠다는 전략은 물밀듯이 들어오

는 인바운드 관광 수요에 잘못 대처하는 정책이 될 수 있다. 중앙정부는 인바운드 관광 수요에 적합한 몇 개의 지역에 자원을 집중할 필요가 있는 것이다.

중앙정부의 또 다른 주요 정책은 지역의 DMO를 집중 육성하는 것이다. DMO의 역할은 지역 관광 전략 수립, 지역 관광 프로모션 실시, 지역 관광 이해관계자 간의 협력 체계 구축, 중앙정부와의 협업 등이다. 이러한 역할을 수행하는 데 지원을 아끼지 말아야 한다. 결국 인바운드 관광의 최종 목표 중의 하나는 외래 관광객이 우리나라의 소도시를 인지하고 편리하게 방문하는 것이다. 최근 일본의 소도시에 한국, 중국, 대만 관광객들이 자주 방문하는 일이 익숙해진 것을 보면, 우리나라도 그렇게 될 날이 머지않았다. 그때를 위해서라도 지역의 DMO를 육성하고 지원하는 것이 곧 닥쳐올 미래에 효율적으로 대비하는 일이 아닐까 한다.

정리하면, 지역 관광은 단순히 관광객을 유치하는 것을 넘어 지역경제에 직접적이고 긍정적인 영향을 줄 수 있다. 관광객의 지역 방문은 지역 내 소비 증가와 다양한 산업 분야에 수익 창출, 지역 내 고용 창출 및 종사자들의 소득 증대로 이어질 수 있다. 즉, 지역 관광은 단순히 관광만의 문제가 아닌 것이다. 지역경제의 성장 동력으로 작용하며, 장기적으로는 지방 소멸과 같은 사회문제 해결에도 기여할 수 있다. 이러한 상황에서 관광의 거버넌스 체계를 효율화하는 것은 우리나라 관광 목표 달성의 중요한 전제 요건일 것이다.

CHAPTER 10

관광산업 범위 재정립과 KPI 수립

1절 | 관광산업 범위의 올바른 정의와 측정

협소한 관광산업 정의는 낮은 산업 위상을 의미한다

앞에서도 살펴본 바와 같이 현재 대한민국은 관광산업의 규모를 측정함에 있어 글로벌 기준에 비해 현저히 좁은 범위를 기준으로 삼고 있다. 이는 국내 관광산업의 위상이 낮게 평가받는 주요 이유 중 하나로 볼 수 있다. 관광산업의 육성에 앞서 이 산업의 경제적 가치를 제대로 평가해야 하며, 이를 위한 첫걸음으로 관광산업의 범위를 새롭게 정립하는 것이 필요하다.

유엔세계관광기구(UNWTO)는 관광업을 숙박업, 식음료업, 여객운송업, 여객운송지원업, 운송렌트업, 여행사 및 여행 예약 서비스업, 문화산업, 스포츠 및 레크리에이션업, 국가 관광 특산품의 소매 거래, 기타 관광 특수 산업 등 10가지의 세부 시장으로 구분한다. 이는 관광산업과 연계된 다양한 영역을 포괄하는 분류체계로, 글로벌 표준에 해당한다. 이에 반해, 국내의 관광진흥법은 여행업, 관광숙박업, 관광객 이용시설업, 국제회의업, 카지노업, 유원시설업, 관광편의시설업 등 관광의존도가 높고 직접적으로 영향을 받는 7개의 업종만을 관광산업의 세부 시장으로 정의하고 있다. 이와 같은 분류체계는 식음료업, 여객 관련 산업과 같이 관광활동과 관련되어 있고 관광산업에 직간접적으로 기여하는 주요 분야들을 제외한다. 이로 인해 국내 관광산업의 규모가 글로벌 표준을 따를 때보다 협소하게 추산될 수밖에 없는 실정이다. 이처럼 관광산업의 범위를 협소하게 정의하는 것은 국내 관광산업의 실질적인 가치를 평가절하시키고, 잠재력을 제대로 인식하지 못하게 하기 때문에 관광산업의 발전을 저해하는 요소로 작용할 수 있다.

글로벌 무한경쟁에 적합한 기준이 필요하다

서비스업과 기술 기업들이 제조업의 생산성과 경제적 부가가치를 대체하는 현상이 새롭게 등장하면서, 국가 간 경계의 의미가 점차 희미해지고 있다. 그리고 이러한 변화는 관광산업에도 새로운 경쟁력의 기준을 제시하고 있다. 변화하는 기준에 맞춰 경쟁력을 갖기 위해서는 외래 관광객의 국내 방문과 소비(관광수입, 인바운드) 및 국내 관광객의 국내 관광 지출액(인트라바운드)의 관점을 넘어, 글로벌 관광 시장에서 발생하는 부가가치 중 국내 기업의 비중과 사업경쟁력을 장기적으로 중요한 측정 대상으로 삼아야 한다.

제조업에 종사하는 기업들이 물리적 공간의 제약으로 인해 해외 시장으로 판로를 확대하는 과정에서 현지 법인 설립을 필수적으로 인식하는 반면, 기술 기반의 기업들은 연구개발(R&D) 및 개발 기능을 하나의 거점에 집중하면서도 물리적인 공간의 제약 없이 글로벌 시장에 서비스를 제공하여 매출을 창출하고 있다. 이는 특히 대규모 마케팅에 의존하는 리테일 플랫폼 비즈니스와 달리 B2B 시장을 대상으로 하는 솔루션 사업자들에게 더욱 두드러지는 현상이다. 이들 사업자는 관광산업 내에서 다양한 형태로 존재하며, 그 역할은 점점 더 중요해지고 있다.

관광산업에서 기술 기업은 일반 소비자들에게 친숙한 온라인 여행사(OTA), 액티비티 예약 플랫폼을 넘어 숙박업체, 항공사 등 다양한 이해관계자들과 소비자들 사이의 중개 역할을 하는 여러 유형의 솔루션 사업자들로 확장되고 있으며, 관광산업의 지평을 국내외 관광객의 이동과 소비를 넘어 글로벌 시장으로 확대시키고 있다. 이는 관광산업에 새로운 시대가 도래했음을 알리는 신호이다. 따라서, 관광산업의 정확한 위상과 범위를 측정하기 위해서는 이러한 변화를 인식하고, 새로운 섹터를 포괄하는 시각이 필요하다.

예를 들어, 관광대국의 위상을 뒷받침하는 것은 바로 솔루션 기업들이다. 스페인의 아마데우스(Amadeus IT Group)는 이러한 솔루션 기업 중 하나로 호텔, 여행사, 렌터카업체 등의 예약 결제를 자동화하는 글로벌 분산 시스템(Global Distribution System, GDS) 분야에서 세계 최대 기업이라는 타이틀을 보유하고 있다. 2019년 기준으로는 글로벌 항공 발권 시스템 시장에서 44%의 점유율을 차지하며 그 선두 자리를 확고히 하였다. 또한, 아마데우스는 글로벌 항공사의 85% 인벤토리를 제공할 수 있는 우수한 기술력과 방대한 네트워크 데이터를 보유하고 있으며, 스페인 내에서도 재계 순위 20위 안에 드는 대기업으로 시가총액은 약 25조 원에 달한다. 이에 더해 아마데우스는 마이크로소프트, IHG(International Hotel Group) 등과의 전략적 파트너십을 통해 사업을 확장하고 있다. 이를 통해 항공, 여행사, 호텔 등의 공급 사슬이 아마데우스를 통해 통합적으로 이루어지도록 하는 전략을 성공적으로 실행하고 있으며, 스페인 관광산업의 핵심적 역할을 담당하고 있다.

관광산업의 경제적 가치, 제대로 된 측정 기반 마련이 필요하다

관광산업을 미래 경제성장의 핵심 동력으로 삼기 위해서는 그 경제적 가치를 정확히 측정할 수 있는 기준과 토대를 마련하는 일이 선행되어야 한다. 이를 위해서는 관광산업의 경제적 가치를 측정하는 범위와 정교함을 단계적으로 정립시켜 나가야 하며, 이 과정에서 관광산업의 전략적 방향성을 제시할 수 있는 올바른 가이드라인을 설정해야 한다. 이를 위해 다음 세 단계의 접근이 필요하다.

1단계: 관광산업의 경제적 가치 정의 및 측정 기준 마련

앞서 언급했듯이 현재 국내 관광진흥법은 관광산업을 너무 좁은 범위에서 정의하고 있어 관광객들의 쇼핑, 교통, 식음료 지출 등을 포함하지 않는다. 이러한 지출은 관광산업의 경제적 가치를 실질적으로 반영하는 중요한 요소다. 예를 들어, 부산을 방문한 관광객이 해운대에서 쇼핑하고, 지하철을 타고 부산을 돌아다니며, 현지의 식당에서 해산물을 식사하는 과정에서 발생하는 지출은 모두 관광산업의 경제적 가치에 기여한다. 국내 관광산업의 경제적 가치를 정확하게 측정하기 위해서는, 관광과 관련된 다양한 산업을 반영한 유엔세계관광기구(UNWTO)의 10가지 세부 시장 구분이나 일본의 관광 통계에서 사용하는 관광 지출 카테고리를 참고하여 새로운 측정 기준을 개발할 필요가 있다.

2단계: 국내외 관광객의 소비 분석을 통한 경제 기여도 측정

국내외 관광객 수와 더불어 그들이 지출하는 소비액을 정확히 측정하는 것도 중요하다. 카드나 통신데이터 등을 활용하여 개별 관광객의 지출을 추정하는 것도 중요하지만, 관광산업의 범위와 업종을 측정 가능하고 세밀하게 설정하여 지속적으로 지출을 모니터링하는 것이 국내 관광산업의 경제적 가치의 올바른 측정을 위해서 더욱 중요하다. 이는 노이즈 요소에 의해 정확한 지출 측정이 불가능한 경우가 발생할 수 있기 때문이다. 예를 들어, 한국 여행 패키지 투어에서 발생하는 소비가 해외자본에 의해 운영되는 숙박시설, 식당, 쇼핑센터 등에서 이루어지는 경우가 있다. 이는 국내 지역경제나 소상공인에게 직접적인 이익을 제공하지 못하는 상황이다. 제주도를 방문하는 관광객이 대부분의 소비를 외국 브랜드의 리조트와 레스토랑에서 하고, 기념품도 수입품을 구매하는 상황을 생각해보자. 이러한 소비는 국내 관광 GDP에 기여할지는 몰라도 실제 지역경제에 미치는 영향은 제한적이다. 따라서 관광객의 소비가 실제로 국내 기업과 지역경제에 어느 정도 기여하는지를 측정할 수 있는 새로운 방법의 개발이 필요하다.

3단계: 글로벌 관광산업 내에서의 한국 플랫폼과 솔루션 사업자의 위상 강화

디지털화와 온라인화가 가속화됨에 따라 관광산업의 경계는 국가를 넘어서 확장되고 있다. 예를 들어, 한국의 스타트업이 개발한 여행 관련

그림 10-1. 관광산업의 경제적 부가가치 측정 기준 마련 로드맵

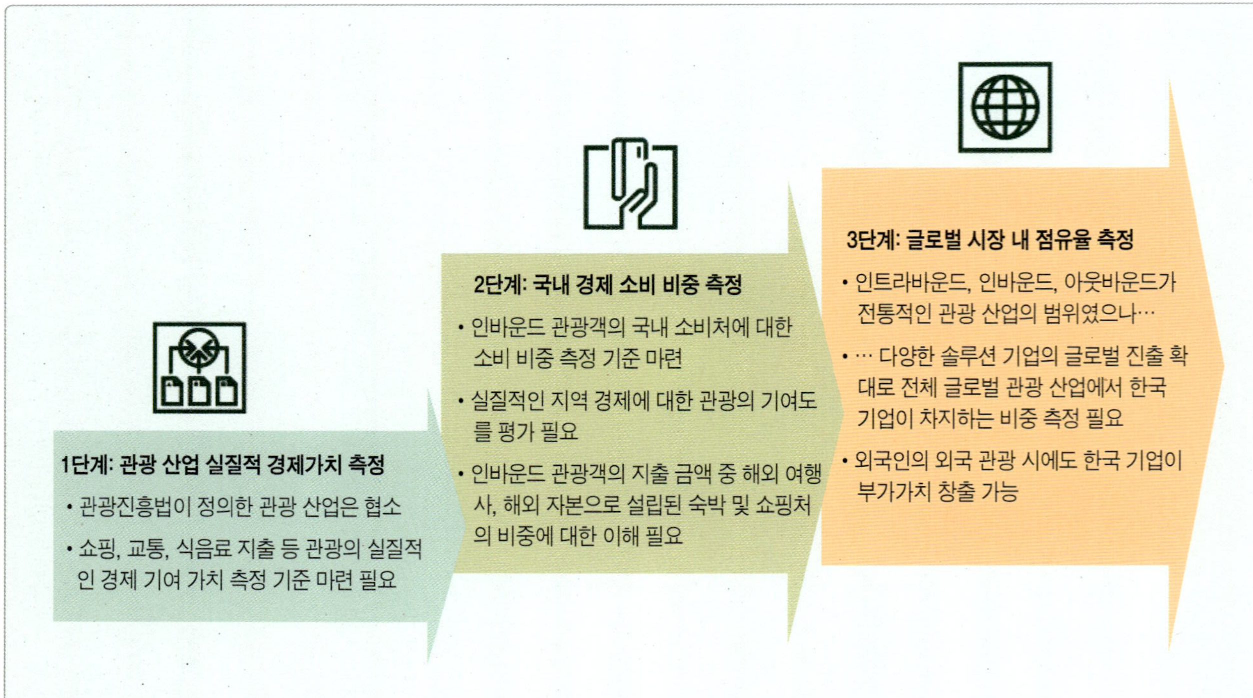

앱이 해외 여행자들 사이에서 인기를 얻어 미국인이 프랑스 여행을 계획하고 실행하는 데 이 앱을 활용한다고 가정해보자. 이 앱을 통해 예약, 결제, 현지 경험 예약 등의 서비스를 제공함으로써, 기술 기반의 한국 기업은 그것이 플랫폼이든 솔루션의 형태이든 글로벌 시장에서의 점유율을 확대하고 국가 경제에 기여하는 부가가치를 창출할 수 있다. 그리고 이러한 성공 사례를 바탕으로 정부는 관광산업의 디지털 전환을 촉진하고 글로벌 시장에서 한국 기업들이 경쟁할 수 있는 환경을 조성할 수 있다.

위에 제시한 세 단계 접근법이 절대적인 해법은 아닐지라도 이를 통해 관광산업의 경제적 가치를 보다 정확히 측정하고 국내외 시장에서의 경쟁력을 강화하는 전략적 방향을 모색할 수 있다는 점은 분명하다. 따라서 관광산업의 실질적인 발전을 위해 정부, 기업, 지역사회가 함께 협력하여 이러한 접근 방식을 포함한 제대로 된 측정 기반 마련을 위한 공동 노력이 필요한 시점이다.

2절 | 관광산업 육성을 위한 목표 체계의 혁신

KPI 정립이 관광대국이라는 목표 달성을 위한 필요조건이다

앞에서 설명한 대로 관광산업이 국가적 차원에서 그 중요성을 인정받고, 국가의 핵심 산업으로서 육성되기 위해서는 관광 활동과 관련된 다양한 항목들이 반영된 '광의의 관광산업' 측정이 필수적이다. 이를 위해 관광GDP 측정을 최종 목표로 삼고, 이를 구성하는 각 세부 항목을 설정한 측정 지표의 개발이 요구된다. 만약 해당 지표의 측정 기반이 마련된다면, 이를 바탕으로 향후 관광산업의 전략별 주요성과지표(KPI)까지 수립할 수 있을 것이다.

주요성과지표의 핵심 목표는 현재 명확하게 측정되지 않는 '광의의 관광산업'의 측정 가능한 목표를 설정하고자 하는 것이다. 이를 위해서는 소비, 고용, 생산 유발 측면에서 핵심 목표 지표를 개발할 필요가 있다. 예를 들어, 관광GDP를 기준으로 먼저 관광에 따른 전반적인 소비 유발 정도를 측정하며, 이는 인바운드와 아웃바운드 관광객 모두에서 소비 항목 분석을 포함한다. 고부가가치 관광객 비율과 1인당 소비량을 중심으로 관련 데이터를 추적하고, 관광객의 평균 체류 기간, 재방문율, 그리고 권역별 이동 패턴을 분석하여 관광 소비의 구체적인 영향을 파악하여 그 목표를 설정할 수 있다.

고용유발 측면에서는 관광 관련 사업체의 수와 고용인원의 상세한 분석이 중요하다. 특히 관광 서비스, 숙박, 외식 등 다양한 업종에서의 사업체 현황과 고용 현황을 분석하여 정규직과 비정규직을 포함한 일자리 창출 현황을 파악하고, 관련 인력의 급여 수준을 비교하여 그에 따른 구체적 목표를 세울 수 있다.

생산유발 측면에서는 관광이 지역경제에 미치는 전반적인 생산적 영향을 평가할 필요가 있다. 수도권과 지방권에서의 관광 거점 및 전략 거점의 경제적 기여도를 비교하고 숙소, 항공편, 액티비티, 패키지 등 각종 관광산업별로 생산 유발 정도를 분석한다. 또한 교통 및 유틸리티 서비스와 같은 서비스별로 지역경제에 미치는 영향을 평가하게 된다.

이러한 KPI들을 통해 관광산업의 광의적인 영향을 정량화하고, 이를 바탕으로 수립된 핵심 목표의 수행 정도를 지속적으로 평가하여 관광대국의 길로 유도할 수 있다.

표 10-1. KPI 개발 예시

1차 지표	2차 지표	3차 지표	4차 지표	5차 지표
관광 GDP	소비유발	인바운드	관광객 수	핵심 권역
				지방거점
				기타 지역
			1인당 소비	소비 항목
				고부가가치 관광객 비율
			체류 현황	체류 기간
				재방문율
				권역별 이동
		아웃바운드	관광객 수	핵심 권역
				지방거점
				기타 지역
			1인당 소비	소비 항목
				고부가가치 관광객 비율
			체류 현황	체류 기간
				재방문율
				권역별 이동
	고용유발	사업체 수	업종별업종별	숙박업
				관광서비스업
				도소매업
				외식업
		고용인원	일자리 창출	정규직
				청년 일자리
				외국인 일자리
			급여 수준	관광업 전문
				단기 노동자
	생산유발	권역별	수도권	서울
				경기, 인천
			지방권	관광 거점
				전략 거점
				기타 지방
		산업별	상품별	숙소
				항공편
				액티비티
				패키지
			서비스별	교통
				유틸리티

위 지표 중 가장 기초가 되는 관광객 수의 경우, 관광객이 한국을 인식하고 최종적으로 여행 및 재방문 의사를 표현하는 고객 여정을 따라 다양한 지표들이 도출될 수 있어야 한다. 해당 퍼널(funnel) 분석이 가능하다면 각 병목 구간별로 전환율을 높이기 위한 전략을 고민할 수 있는 시발점이 될 수 있다.

많은 국가들이 관광산업 육성을 위한 비전 및 전략을 수립하는 과정에서 다양한 KPI를 통해 산업을 관리하는 것으로 확인된다. 대외적으로 KPI를 공개하지 않는 경우가 대부분이지만, 영국의 경우 2010년 통계청(National Statistics Office)에서 지역 관광산업 측정을 위한 〈Measuring Tourism Locally〉라는 발간자료를 통해 관광산업을 측정하는 지표를 발표했다. 해당 자료에 따르면, 정량적이고 정성적인 항목이 포함되어 있으며 여행객의 만족도(satisfaction), 경제적 효과(economic effect), 지속가능성(sustainability), 조직(organization)의 네 개 지표를 통한 평가 방식을 제안하고 있다.

표 10-2. 영국의 Measuring Tourism Locally 지표

여행만족도 지표: 지표는 고객의 여행 전반에 대한 경험 만족도를 평가하는 설문조사 기반의 KPI이다. 여행자를 대상으로 한 조사에서는 여행 자체의 만족도뿐만 아니라, 여행 과정에서 필요한 관광 안내 인프라 등에 대한 만족도도 5점 척도로 조사한다.

- 전반적인 방문자 경험이 좋음 또는 우수하다고 평가한 방문자 비율
- TIC(관광안내소) 서비스에 대한 전반적인 인상이 좋다 또는 우수하다고 생각하는 고객 비율
- 관광지의 전반적인 홍보가 좋다고 생각하는 이해관계자 비율
- 관광 안내 서비스가 우수하거나 우수하다고 생각하는 이해관계자 비율
- 대상 웹사이트가 전반적으로 좋거나 우수하다고 생각하는 이해관계자의 비율
- 대상 웹사이트가 전반적으로 좋거나 훌륭하다고 생각하는 사용자 비율

경제적 지표: 정량적으로 확인 가능한 요소 중심이며 숙박, 체류 기간, 지출액, 예약 건수, 비율, 일자리 수 등으로 구성된다. 해당 지역의 관광산업 수준을 확인할 수 있는 지표들로 구성되어 있다.

- 숙박 방문자[또는 여행자] 수(+ % 증가/감소)
- 체류 방문자 지출액(+ % 증가/감소)
- 일일 방문자 지출액(+ % 증가/감소)
- 1인당 체류 방문자 지출액(+ % 증가/감소)
- 1인당 일일 방문자 지출액(+ % 증가/감소)
- 순수 해당 지역에서 체류 방문자 1인당 지출액
- 순수 해당 지역에서 당일치기 방문자 1인당 지출액
- 순수 해당 지역의 관광 1인당 순지출액
- TIC(관광안내소)의 사용자당 순비용(방문, 전화, 이메일 통한 이용객 모두)
- 주요 대상 웹사이트의 주간 방문자 수
- 관광 예약 시스템에 의해 생성된 예약 건수
- 온라인 관광 예약 시스템에 의해 생성된 예약 비율
- 관광 예약 시스템을 통해 생성된 예약의 금액
- 온라인 예약 총 금액
- 마케팅 캠페인에 대한 투자수익률(비율)
- 숙박시설의 연간 평균 침대 수 및 침실 점유율 %
- 관광 관련 일자리 수

지속가능성 지표: 현재 공급되는 숙소(침대 수) 등을 파악하고, 친환경 인증에 대한 가입 현황, 추가적으로 정규직 풀타임 일자리 등을 판단하는 지표로 구성되어 있다.

- 지속가능성에 대한 합의점 기반의 모니터링 및 실행 계획 존재 여부
- 관광이 지역에 미치는 영향에 만족한다고 답한 주민 비율
- 인구 1,000명당 침대 공간 수
- 지역주민 대비 연간 방문객 수의 비율
- 지역주민 대비 분기별 방문객 수 비율
- 기차, 버스 등 각 교통편을 이용해 도착하는 방문객의 비율
- 품질인증 제도에 참여하는 관광 기업(숙박, 명소, 활동) 비율
- 녹색관광인증 제도에 참여하는 관광 기업(숙박, 명소, 활동) 비율
- 공인된 환경인증을 받은 관광 기업(숙박, 명소, 활동) 비율
- 장애인 방문객을 위한 서비스 제공을 강화하기 위해 공인 평가기관에 감사를 의뢰한 관광 기업(숙박시설, 명소, 활동)의 비율
- 전체 현지 일자리 중 정규 풀타임 일자리 비율

조직 지표: 해당 지역의 관광산업이 관광 협회 또는 각종 파트너십에 속한 비율을 의미한다.

- 지역 관광 협회/파트너십에 속한 지역 기업의 비율

출처: 영국 통계청

위와 같이 주요 관광 국가에서 제시하는 지표들을 참고하면서도 우리는 대한민국이 관광대국으로 나아갈 수 있는 이정표가 될 수 있는 우리만의 지표를 만들어야 한다. 특히 빠르게 변화하고 고도화되는 관광산업의 트렌드를 예측하며 관광대국을 목표로 하는 대한민국의 진로를 정립해야 한다. 이러한 목표에 맞게 본서의 앞선 내용들을 다시 한번 정리하면서, 이를 기반으로 수립 가능한 KPI를 도출해 보고자 한다. 특히 해외 고객 유치가 대한민국 관광산업에서 주요한 목표 중 하나라는 점을 고려했을 때, 고객 유치에서 가장 많이 활용되는 마케팅 전략인 AARRR(Acquisition-Activation- Revenue-Retention-Referral) 퍼널(funnel)에 따라 KPI를 요약적으로 설정해 보았다.

- **Acquisition**(유입) 단계에서는 해외 관광객이 한국을 인지하는 과정을 측정할 수 있는 지표가 필요하다. 예를 들어, 한국 관광에 대한 온라인 검색량 증가율, 관련 소셜 미디어 캠페인의 참여율 등이 포함될 수 있다.
- **Activation**(방문) 단계에서는 해외 관광객이 실제로 한국을 방문하는 과정을 의미한다. 이 지표는 외국인 관광객의 입국 수와 같은 공식 통계 데이터로 평가될 수 있다.
- **Revenue**(수익) 단계는 해외 관광객이 한국을 방문하여 발생한 경제적 효과를 나타낸다. 이는 외화 수입 증가율, 관광객당 소비액 증가 등으로 측정할 수 있다.
- **Retention**(유지) 단계는 해외 관광객이 최초 방문에 만족하여 재방문하는 비율을 측정한다. 이는 재방문율과 특정 기간 내 반복 방문 횟수로 파악할 수 있다.
- **Referral**(추천) 단계는 해외 관광객이 한국 방문 후 타인에게 추천하는

과정을 나타낸다. 이는 소셜미디어에서의 공유 횟수나 방문 후 만족도 조사에서 나타나는 추천 의향 등으로 평가할 수 있다.

표 10-3. 인바운드 관광객 유치 관점의 AARRR 퍼널

단계	내용
Acquisition	유입 단계로 해외 관광객이 한국을 인지하게 되는 과정
Activation	방문 단계로 해외 관광객이 한국을 최초 방문하는 과정
Revenue	해외 관광객의 한국 방문을 통해 발생하게 되는 수익 또는 결과물
Retention	해외 관광객이 최초 여행에 만족하여 한국을 재방문하는 과정
Referral	여행 경험을 토대로 타인에게 추천하는 과정

해당 퍼널에 맞춰 본서에서 분석한 인바운드 관광객 유치(활성화), 상품 및 서비스 개발, 인프라 측면에서 각각의 KPI를 도출해 보았다. 이 3개의 주제 외에 디지털 혁신, 정부 및 지자체의 거버넌스는 고객 유치 전 과정에 걸쳐 공통된 주제로서 주제 전반에 걸쳐 적용 가능한 구체적인 KPI 개발이 필요하다.

상품 및 서비스 개발 측면에서 Acquisition 단계에서는 K-컬처의 글로벌 인지도와 관련 카테고리별 인지도를 측정하고, 관련 검색 비율을 분석한다. Activation 단계에서는 K-컬처 특화 상품의 다양성과 외국인 관람자 비율을 조사하며, 고부가가치 K-컬처 상품의 성장을 추적한다. Revenue 단계에서는 각종 K-컬처 상품의 매출액을 기록하고, Retention 단계에서는 문화 경험에 따른 판매 성과와 상품 서비스의 평점 및 리뷰를 분석한다. Referral 단계에서는 SNS를 통한 K-컬처 경험 공유 및 관련 조회 수를 측정한다.

인프라 혁신 측면에서는 Acquisition 단계에서 허브앱 개발과 관련된 캠페인 성과를 평가하며, Activation 단계에서는 키오스크 및 K-유틸리티 앱의 사용률을 조사한다. Revenue 단계에서는 각 앱의 사용자 수와 사용 내역을 분석하고, Retention 단계에서는 앱의 휴면 및 재활성화 비율을 측정한다. Referral 단계에서는 앱의 공유 건수와 관련된 활동을 추적한다.

마지막으로, 디지털 혁신과 정부 및 지자체의 거버넌스 측면에서는 데이터 수집과 커버리지의 확보, 빅데이터 플랫폼 및 디지털 서비스 활용의 정도를 측정하며, 관광 지표 개발 및 인프라 구축에 대한 정부와 지자체의 실질적인 진척도를 평가한다.

이러한 종합적인 접근을 통해, 다양한 영역에서 인바운드 관광객 유치를 위한 전략적 KPI를 설정하고, 이를 통해 관광산업이 지속적으로 발전시킬 수 있는 기반을 마련할 수 있을 것이다.

표 10-4. 주제별 KPI 도출 결과

구분	퍼널 단계	KPI
인바운드 관광 활성화	Acquisition	한국의 국가 인지도(글로벌 플랫폼 협력)
		한국 간 권역 인지도
		캠페인 성과(고객 도달률)
		홍보 채널별 트래픽(접속자 수, 피드 수 등)
	Activation	아시아에서 아시아로 오는 여행자 중 한국의 점유율
		기타 대륙에서 아시아로 오는 여행자 중 한국의 점유율
		관광객의 국내 권역 간 이동 및 신규 방문 현황
		한국 관광 CRM 회원 가입률
		OTA 협력 캠페인의 예약 전환율

구분	퍼널 단계	KPI
	Revenue	수입
	Retention	재방문 여행자 수 및 비율
		CRM 적립 포인트 재사용률
		CRM 적립 포인트 소진율
	Referral	고객 간 CRM 포인트 선물 현황
		한국 관광 관련 SNS 게시물 수
		한국 관광 관련 SNS 조회/Like/시청 시간
상품 및 서비스	Acquisition	K-컬처 인지도(글로벌 플랫폼 협력): 콘텐츠, 뷰티, 패션 등 카테고리별로 측정
		한국 항공권, 숙소, 액티비티 검색 비율
	Activation	K-컬처 특화 상품 수
		국내 K-pop 공연의 외국인 관람 비율
		고부가가치 K-컬처 상품 수: 의료, 워케이션, 웰니스 등
		숙소 및 액티비티 이용률
	Revenue	K-컬처 특화 상품 판매액
		국내 K-pop 공연의 외국인 매출액
		고부가가치 K-컬처 상품 매출액: 의료, 워케이션, 웰니스 등
		숙소 및 액티비티 매출액
	Retention	한국 문화 경험 영향, 해외 K-컬처 상품 판매액
		상품 서비스 평점 및 리뷰
	Referral	K-컬처 경험 SNS 게시물 및 관련 조회 수
인프라 혁신	Acquisition	허브앱 개발 시 캠페인 성과: 홍보 도달률, 검색률
	Activation	키오스크 사용률(무인주문, 결제)
		K-유틸리티 앱 설치율: 네이버지도, 카카오맵, 배달의 민족 등
		허브앱 설치율

구분	퍼널 단계	KPI
		교통수단별 이용률
		결제 수단별 이용률
		외국인 통신 트래픽
	Revenue	K-유틸리티 앱 사용자 수 및 사용내역
		허브앱 사용자 수 및 사용내역
		교통, 결제, 통신 수단별 이용액
	Retention	K-유틸리티앱 휴면 및 재활성화 비율
		허브앱 휴면 및 재활성화 비율
		결제, 통신수단 재활성화 비율
	Referral	K-유틸리티앱 공유 건수(비틀리, Url 공유 등)
		허브앱 공유 건수(비틀리, Url 공유 등)
디지털 혁신		데이터 수집 협력 네트워크 수: 국내외 플랫폼 등
		데이터 커버리지: 플랫폼, 지도, 결제 등 민간 데이터 커버 여부
		빅데이터 플랫폼 구축률(전략 모델에 따라)
		허브앱 구축률
		오프라인 사업자의 DX 참여율
		자영업자의 DX 플랫폼 사용률
		AI 등 신기술 활용에 따른 자동화 진척률
정부 및 지자체		상기 관광 지표 개발 및 인프라 구축과 재달성률
		서울 및 수도권 관광산업 활성화율
		지방 관광 거점 구축 사업 진척도
		수도권 및 관광 거점 개발의 균형 발전 영향
		국가 주도 관광산업 벤치마킹 이행률: 타깃 국가 또는 벤치마킹 국가 지속 연구 개발 관련
		비전 및 전략 실제 이행률
		중앙, 지방 DMO 간 연계 정책 이행률

PART

3

대한민국 관광대국 달성을 위한 제언

CHAPTER 11

대한민국 관광대국 실천을 위한 실행 과제

하나의 기업은 민간의 혁신에서 만들어질 수 있지만, 하나의 산업은 정책적 노력을 통해 탄생한다. 개별 기업이 아닌, 여러 기업이 얽혀서 만드는 거대하고 효율적인 가치사슬(value chain)의 생태계는 그 토양을 만드는 국가적인 전략을 필요로 한다. 국가는 체계적인 정책을 통해 생태계에 마중물을 공급하고, 생태계의 다양한 이해관계자가 조화롭게 산업을 이룰 수 있도록 조율하며, 필요한 문제를 해결해 주어야 한다.

일본을 비롯한 관광대국의 성장 사례에서 보았듯이, 관광산업의 도약을 위해서는 정부의 정책적 의지와 노력이 필수적이다. 지금까지 우리나라의 역대 정부는 관광 정책과 전략을 국민들의 여가나 우리 문화의 해외 홍보를 중심으로 다뤄왔다. 이는 분명 각 시기마다 필요로 했던 관점이었다. 국민에게는 발전한 경제에 걸맞은 휴식이 필요했고, 대한민국 문화의 홍보는 경제 성장과의 선순환을 이루었다. 그러나, 앞으로의 관광 정책은 달라야 한다. 생산성 높은 서비스업으로의 경제 구조 개선과 미래 세대를 위한 새로운 수요 창출 등 관광은 우리 경제의 중요한 전략산업으로서 새롭게 자리매김해야 한다.

이를 위해 우리 정부는 먼저 관광의 산업적 중요성을 인식해야 한다. 핵심적인 지원 정책을 통해 산업의 육성을 전략적으로 지원할 수 있어야 한다. 이전 정부에서도 늘 다양한 관광 지원 정책과 실행 과제들이 이어져 왔다. 많은 이해관계자들의 노력이 있었지만, 아쉬운 부분은 단기적인 성과나 예산 집행을 위한 프로모션, 이벤트성 과제 실행에 무게 중심이 있었다는 점이다. 정부에게는 정부의 역할이 있다. 하나의 산업을 전략적으로 육성하기 위한 정부의 역할은 장기적인 안목의 견지, 민간이 할 수 없는 문제의 해결, 여러 이해관계자들의 목표 조율, 민간에 맡겨서는 진공에 빠질 수 있는 주요 영역에 대한 노력과 투자 집중이다.

더불어, 정부의 정책을 실질적으로 달성하려면 다양한 전략을 담은 액션 플랜이 구체적으로 마련되어어 한다. 단기적인 액션 플랜과 장기적인 액션 플랜을 구분하고, 정부가 나아가고자 하는 방향과 할 일들의 로드맵을 적극적으로 제시하여 민간의 사업자들이 따라올 수 있는 무대를 만들어야 한다. 저자들은 앞에서 설명한 대한민국 관광대국의 꿈을 실현할 수 있는 전략과 이를 위한 실행과제들을 여기에 요약적으로 제시하려 한다. 이 과제들은 정책적 비전과 목표 수립부터 디지털 혁신과 핵심성과 지표 개발 등 여러 분야에서 다뤄야 하는 실질적인 방안을 포함하고 있으며, 이를 통해 대한민국 관광산업의 지속 가능한 성장을 도모하고자 한다.

1. 인바운드 관광 활성화

[단기 과제]

1-A. 인바운드 유치 대상 전략 국가 선정 및 국가별 공략 중장기 전략 수립

인바운드 관광 활성화를 위해 우리의 마케팅 자원을 집중할 전략 국가를 먼저 선정해야 한다. 이는 고빈도로 재방문할 수 있는 아시아 인접 국가뿐만 아니라, 중장기 포트폴리오 다변화를 위한 비인접 국가로의 확대도 포함해야 한다. 정부는 선정된 국가별로 잠재 관광객들이 관광 정보를 탐색하고 의사결정하는 방식을 조사해야 하며, 이를 토대로 국가별 마케팅 전략을 수립해야 한다. 이러한 정부의 노력이 민간과 지자체에까지 공유되고 확산되어 공동으로 활용되어야 한다. 그래야 한국의 관광 이해관계 집단들이 각 대상 국가에 일관된 메시지를 낼 수 있다.

1-B. 지역 거점 단위 홍보, 마케팅 운영 체계 구축

각 대상 국가에 대한 한국 관광 홍보와 커뮤니케이션 전략이 수립되면, 이를 지역 거점 단위로 연계 수행할 주체도 필요해진다. 관광국가로서의 매력도, 특히 재방문의 이유는 다양한 관광 권역의 존재에서 비롯된다. 지역 거점들이 각기 나름의 브랜딩 전략을 고안하고, 이를 국가적인 마케팅 활동과 연계하여 펼쳐나갈 수 있게 하는 추진 체계가 마련되어야 한다.

[중기 과제]

1-C. 대한민국 재방문 유도를 위한 국가 단위 CRM 체계 구축

아시아 인접 국가들로부터의 한국 관광을 빠르게 성장시키려면, 이들이 일회성이 아니라 다회성 방문으로 이어지도록 해야 한다. 한 번 방문한 관광객의 정보와 선호도를 기억하고, 이를 재방문으로 이어지게 유도하는CRM 체계는 기본적으로 카페를 비롯한 오프라인 상점들이 사용하는 쿠폰 및 포인트 제도와 다르지 않다. 관광객들이 한국에서 소비한 만큼 출국 시 통합 포인트로 적립할 수 있게 하고, 이를 다음 한국 방문 예약에 사용할 수 있게 하는 플랫폼의 구축을 검토해야 한다. 이는 다양한 민간의 참여가 필요하므로, 반드시 이해관계를 조율하며 문제를 해결하고 적절한 마중물의 투자를 해주어야 하는 정책의 영역이다.

1-D. 주요 글로벌 플랫폼 활용 홍보 전략 통합 수립

글로벌 잠재 관광객들에게 한국 관광을 알리기 위해 국제적인 파트너십 네트워크가 필요하지만, 그중에서도 가장 핵심적인 협력은 글로벌 플랫폼과의 관계에서 이루어진다. 우리는 주요 국가의 잠재 관광객들이 정보를 탐색하는 플랫폼의 특성을 이해하고, 국가 단위 홍보와 지역 거점 단위 홍보가 중복 없이 효율적으로 이루어질 수 있도록 운영 체계를 설계할 필요가 있다. 또한, 이러한 플랫폼을 활용한 마케팅 성과의 측정 기반 마련도 고려되어야 한다.

[장기 과제]

1-E. 지역 핵심 관광 거점 및 관광 루트 선별과 권역 특화 여행사 지정, 개발

우리 정부는 2024년부터 '거점 육성 기반 관광산업 활성화 계획'의 추진 계획을 갖고 있다. 기존의 관광상품 개발이 단위지역 중심으로 이뤄졌다면, 거점은 보다 넓은 범위의 여러 지역이 통합적으로 개발되는 것을 의미한다. 거점이 만들어지면, 거점 내 여러 지역들의 역할과 콘셉트뿐만 아니라 지역 간 이동을 위한 교통체계 개선 등 여러 고려 사항이 증가하게 된다. 거점 집중 개발을 위해 이를 전담하는 거점 개발 특화 여행사를 지정하여 각 권역을 담당하는 역할과 책임을 부여하는 것도 고려 가능한 방안이다.

2. 상품·서비스: 한국의 독특한 매력 발견

[단기 과제]

2-A. 지역 관광 서비스 품질 집중 개선

외국인 관광객들이 겪는 불편과 재방문을 꺼리게 만드는 요소의 상당 부분은 기본적인 상품, 서비스의 품질에 있다. 모바일 서비스에서의 낮은 해외 카드 수용률, 대중교통 온라인 예매와 탐색의 불편함 등이 그것이다. 단기적으로 우리는 이러한 기본적인 요소들의 사용성을 집중적으로 개선할 수 있다. 잠재 관광객이 거치는 여정을 그리고 주요한 불편 사항들(pain points)을 정의하여, 민간의 개선을 유도하는 정책의 수립이 선행되어야 한다.

2-B. K-pop과 인바운드 관광 수요 창출의 연계 지원

K-pop의 세계적인 관심을 우리는 더욱 적극적으로 관광 수요와 연결시켜야 한다. 국내 K-pop 콘서트의 외국인 온라인 티켓팅 접근성을 높이는 노력은 기본이다. 하지만 국내 팬들조차 예매가 어려운 인기 공연에 대해서는 다른 방식의 고민이 필요하다. 티켓의 일정 수준을 외국인 전용 쿼터제로 할당하거나 고부가가치 패키지 상품화를 위한 공연과 숙박 및 기타 여행 상품의 결합을 고려할 수 있다. 이를 위해 정부는 민간의 참여 인센티브를 설계하고, 여러 업종의 기업들이 협의할 수 있는 기구를 마련할 수 있을 것이다.

2-C. 실시간 리뷰 콘텐츠의 외래 관광객 접근성 확대

외국인 관광객들이 진정한 로컬 경험을 할 수 있도록 정보 제공 방식을 개선해야 한다. 우리나라의 큰 강점은 네이버, 캐치테이블을 비롯한 플랫폼들이 여러 장소에 대한 양질의 리뷰를 갖고 있다는 점이다. 다만, 이러한 정보는 한글로 되어 있으며, 로컬 플랫폼 내에 종속적으로 존재할 뿐이어서 외국인이 접근하는 데에 한계가 있다. 이러한 실시간 리뷰 정보들이 개방될 수 있게 하는 기술적 문제 해결과 글로벌 플랫폼과의 API 연동 방안 등 민간 차원에서 실행하기 위한 정책이 고려되어야 한다.

[중기 과제]

2-D. 고부가가치 숙박 사업의 선별과 전략적 육성

한국 문화에 특화된, 한국에서만 경험할 수 있는 고부가가치 숙박 상품은 관광객의 체류 기간과 부가가치, 재방문 빈도를 모두 높여줄 수 있다. 일본의 료칸, 독일의 생태 관광처럼 우리나라의 정체성을 대표하는 숙박 형태는 그 자체로 관광상품이 된다. 정부는 연구를 통해 고부가가치 숙박 형태와 브랜딩 전략을 수립할 필요가 있다. 이러한 상품을 민간이 개발하고 운영할 수 있도록 품질의 기준을 정하고, 표준화를 위한 인증과 모니터링 체계, 지역 숙박 사업자를 위한 컨설팅 지원 체계 등의 역할을 고려할 만하다.

3. 인프라 혁신: 외국인 관광객 경험 개선

[단기 과제]

3-A. 공유숙박의 본격적인 제도화를 위한 사회적 합의

관광대국 목표에 걸맞은 관광 수요를 창출하는 활동이 이뤄진다면, 그에 맞는 인프라 정책이 반드시 따라와야 한다. 호텔을 비롯한 숙박 시설의 단시간 내 공급은 어려울뿐더러, 관광 수요는 세계 정세 및 경제 등 다양한 상황에 따라 탄력적으로 변하기 때문에 숙박 전용 시설을 계속해서 늘려 나가는 것만이 해결책이 될 수는 없다. 따라서 비거주 부동산의 공유숙박 운영 허용 범위와 조건에 대한 사회적 합의가 필요하다. 그래야만 해외 플랫폼이 독점 운영하다시피 하는 공유숙박을 한국의 민간 플랫폼 사업자들과 함께 고민할 수 있게 된다.

[중기 과제]

3-B. 범국가 게이트웨이 앱 인프라 구축

길찾기, 본인인증, 결제 등 한국의 갈라파고스적인 디지털 서비스 환경을 극복하기 위한 통합적인 방안이 필요하다. 개별 민간 사업자들에게 외국인 대상 서비스 개발과 홍보를 주문하기에는 투자 대비 효익이 낮을 수밖에 없다. 국가 차원에서 외래 관광객이 한국 관광을 위해 필수적으로 설치해야 하는 허브앱을 구축하고, 이 앱을 통해 한국의 다양한 디지털 서비스로 접근하고 이용할 수 있는 환경 마련을 고려해야 한다. 출입국 절차의 간소화 등 외국인 대상 설치 유인 제공은 정부의 정책적 노력과 의지를 통해서만 가능하다.

[장기 과제]

3-C. 대형 다목적 아레나 시설 설립 및 K-pop 지역 컨벤션 연계

K-pop의 관광산업 관점 활용도를 제고하기 위해서는 아티스트들이 설 수 있는 더욱 다양한 무대 인프라가 공급되어야 한다. 서울 및 수도권에 세계적인 위상에 걸맞은 5만 명 이상 수용 가능한 대규모 공연 전용 시설의 건립은 오랜 숙원 과제이며, 관광산업의 육성을 위해 이제는 반드시 추진되어야 하는 사업이다. 공연의 지역적 다양성을 고민해야 하는 정책적 과제인 만큼 MICE 산업 육성을 위해 설립된 지역 거점별 컨벤션 시설

들을 공연 목적으로 활용할 수 있는 방안을 검토하고, 외래 관광객이 도달하기 편리한 교통 시설을 확충해야 한다.

4. 인바운드 관광 활성화를 위한 디지털 혁신

[중기 과제]

4-A. 넷플릭스형 인바운드 관광 활성화 전략 수립과 실행 체계 마련

단순히 글로벌 플랫폼의 광고 지면을 이용하는 것도 중요하지만, 이보다 더 깊은 수준의 파트너십 활동이 설계되어야 한다. 한국 관광 시 이용할 수 있는 숙박 시설, 액티비티와 교통편 등 다양한 콘텐츠와 인벤토리는 한국 관광 플랫폼 사업자들이 갖고 있다. 이러한 인벤토리를 잠재 관광객들이 자신이 가장 즐겨 사용하는 왓츠앱, 그랩, 라인을 비롯한 현지 글로벌 플랫폼에서 제공받을 수 있도록 서비스를 상호 연결하는 시도들이 더욱 장려되어야 한다. 정부는 글로벌 플랫폼 사업자들과 국내 민간 플레이어들 간의 협력이 이루어질 수 있는 발판을 마련하는 주체로 역할을 할 수 있을 것이다.

4-B. 관광사업자의 디지털 역량 강화

관광객의 디지털 활용 정도는 높지만, 관광사업자는 타 산업 대비 디지털 역량 수준이 낮은 편이다. 관광사업자가 고객과의 접점에 있다는 점에서, 관광사업자의 디지털 역량 수준은 관광객 만족도에 직접적으로 영향을 줄 수 있다. 관광객이 편리하고 효율적으로 여행할 수 있도록 정부는 관광사업자의 디지털 역량 강화를 지원해야 한다. 관광사업자 또한 디지털 역량 강화에 대한 필요성을 인식하고 적극적으로 도입할 필요가 있다.

4-C. 생성형 인공지능 맞춤형 비즈니스모델의 육성

생성형 인공지능은 관광을 이용하는 사용자들의 행동 양식을 바꿔놓을 것이다. 생성형 인공지능 서비스를 통해 단순히 정보를 얻는 것이 아니라 직접 상품, 서비스를 예약하고 구매하는 물리적 경험까지 연결하는 비즈니스모델들이 관광산업 내에서 육성되어야 한다. 이 가운데 다양한 새로운 혁신 사업자들이 등장할 것이며, 미래형 관광 비즈니스모델 개발이 이뤄질 수 있도록 민간을 지원하는 정책적 노력이 필요하다.

[장기 과제]

4-D. 인바운드 관광 데이터-정보체계 구축

관광산업에서 디지털 혁신이 가능하게 하려면, 무엇보다도 데이터와 정보를 효율적으로 수집하고 제공할 수 있어야 한다. 한국은 기초 관광 데이터 구축 체계는 우수한 편이나, 인바운드 관광 관련한 데이터 수집 및 활용은 미흡하다. 더군다나 외래 관광객 관련 데이터는 국내 관광객에 비해 수집이 어렵다. 그렇기에 정부 혼자서 양질의 데이터를 수집하여 제공하기에는 어려움이 있다. 지자체, DMO, 관광 플랫폼 혹은 관광 솔루션 기업과 같은 민간 기업의 적극적인 참여가 필요하다. 또한, 이들의 데이터를 취합하여 공유할 수 있는 정보 플랫폼이 마련되어야 효율적으로 관리될 수 있을 것이다.

4-E. 관광산업 글로벌 솔루션 분야의 히든챔피언 육성

관광대국으로 가는 길은 한국으로 오는 외국인 관광객의 수를 늘리는 것도 중요하지만, 전 세계 관광 비즈니스에서 우리나라 기업이 갖는 위상을 높이는 것도 중요하다. 관광에도 일반 소비자를 위한 B2C 플랫폼과 더불어 이면에서 산업과 관련한 기반 기술과 솔루션을 제공하는 B2B 분야들이 존재한다. 이처럼 마케팅과 고객 장악력이 아닌 기술력으로 경쟁할 수 있는 분야에서 대한민국 태생 강소기업이 탄생할 수 있도록 글로벌 관광산업을 종합적인 시각에서 바라보며 육성 지원 정책을 펼치는 것이 필요하다.

5. 관광 거버넌스: 컨트롤타워로서의 정부와 지방자치단체

[단기 과제]

5-A. 중앙 정부 관광산업 육성 전담 컨트롤타워 조직 도입

관광을 산업의 관점에서 집중적으로 육성하기 위해서는 정부가 그에 걸맞은 컨트롤타워의 역할을 수행해야 한다. 또한, 산업 관점에서 관광을 바라볼 수 있는 조직에 이러한 역할이 주어져야 한다. 관광은 문화이자 콘텐츠이며, 여가와 생활 곳곳에 침투해 있지만 동시에 경제적인 관점과 교통을 비롯한 기간 산업에서의 관점이 종합적으로 고려되어야 한다. 관광과 관련된 다양한 이종 산업의 연계성을 확보하고 주도할 수 있는 독립적인 기관도 고려해 볼 만하다.

5-B. 대통령 주재 관광산업 전략회의 정례화

관광산업 육성 전략 과제들은 하나의 부서에서 추진하기엔 광범위하다. 때문에 관계 부처들의 적극적인 협력과 관광 주무 부처를 중심으로 한 실행 과제들의 지속적인 점검이 이루어져야 한다. 이를 위한 최고 의사결정 조직은 대통령 직속기구이자 대통령 주재회의를 주관하는 형태로 진행되면 더욱 효과적일 것이다. 즉, 범국가적인 실행 동력을 확보할 수 있는 방안의 정례화가 이루어질 필요가 있다.

[중기 과제]

5-C. DMO 전문화와 역량 강화를 위한 로드맵 설계 및 실행

지역 관광 개발을 담당하는 DMO의 장기적인 육성과 역량 강화를 담보할 수 있는 체계가 필요하다. 중앙 정부 차원에서 DMO 전문성 강화를 지원하는 제도가 마련되어야 하는 것은 물론, 데이터 분석을 비롯하여 DMO가 필요로 하는 전문 기능 업무를 중앙집중화된 공통 지원 영역으로 통합 제공하는 것도 고려할 필요가 있다. 정부와 DMO, 지자체와 DMO 간의 협의체와 소통 프로세스를 구축하고 DMO의 지속적인 성과관리가 이루어질 수 있는 모니터링 시스템도 필요하다.

6. 관광산업 범위 재정립과 KPI 수립

[단기 과제]

6-A. 비전 달성을 위한 KPI 설정과 성과관리 체계의 구축

현대 경영학의 아버지라 불리는 피터 드러커는 "측정할 수 없으면 관리할 수 없다"는 말을 남겼다. 관광산업의 목표는 일회성으로 제시되는 형태가 아니라 5년 정도의 장기 계획에 맞춰 2~3년의 중기 성과와 연 단위의 단기 성과를 관리할 수 있도록 설계되어야 한다. 단순한 결과가 아니라 과정을 관리할 수 있는 지표가 있어야만 정부가 인바운드 관광객이 한국을 방문하는 과정에서의 병목 현상을 확인하고 해결하는 역할을 수행할 수 있다. 또한, 지표의 점검에 따른 성과 관리를 위해서는 정부, 지방자치단체, 정부 출연 기관 및 유관 민간 조직의 협의체가 종합적으로 운영되어야 한다.

[중기 과제]

6-B. 관광산업 규모의 측정을 위한 기준 및 측정 체계 구축

현재 우리나라에서 활용되고 있는 통계는 관광산업의 규모가 매우 협소하게 정의되어 있다. 이는 다른 국가들과 비교했을 때 경제 규모에서 차지하는 관광산업의 비중이 과소평가되는 주요 이유 중 하나이다. 관광을 전략산업의 위상으로 격상시키는 첫 단추는 제대로 된 가치를 측정하는 것에서 시작된다. 국제적인 기준에 부합하는 관광산업 규모 산정 방식을 마련하고, 지속적인 측정체계를 구축하는 것, 그리고 각 영역별로 측정할 수 있는 역할을 정의해야 한다.

CHAPTER 12

결언: 대한민국의 새로운 미래를 열어줄 관광산업

대한민국이 관광대국으로서의 도약을 꿈꾸는 것은 단순히 국가 이미지를 높이거나 관광수입을 증가시키려는 단기적 목표를 넘어서는 것이다. 이는 국가 경제의 다변화, 지속 가능한 성장 기반 마련, 인구감소와 지방소멸에 대한 적극적 대응, 그리고 글로벌 문화 교류의 활성화라는 장기적이고 근본적 목표를 향한 전략적인 발걸음이다. 이러한 목표의 달성을 위해서는 민간 부문의 창의력과 기업가 정신만으로는 부족하며, 국가의 전략적인 정책적 지원과 체계적인 노력이 반드시 필요하다.

국가는 산업 생태계 내에서 마치 정원사가 정원을 가꾸듯 적절한 식물을 심고, 필요한 양의 물을 주며, 잡초를 제거하고, 가지를 치듯 산업 생태계를 조성하고 유지하기 위해 필요한 중요한 역할을 담당한다. 이러한 역할은 단순히 자원의 배분에 그치지 않고 산업 간의 협력을 촉진하고, 구조적 문제를 해결하며, 지속 가능한 발전을 위한 기반을 마련하는 것을 포함한다. 예를 들어, 싱가포르 정부는 관광산업을 국가 발전의 핵심 요소로 보고, '정원 도시'라는 비전 아래 다양한 녹색 공간을 개발하고, 세계적인 관광명소를 조성하여 관광객을 유치하는 데 큰 성공을 거두었다. 이는 싱가포르가 어떻게 정부의 전략적 계획과 투자를 통해 관광산업을 국가의 성장 동력 중 하나로 전환시켰는지를 보여주는 사례이다. 한편, 프랑스는 문화와 예술을 통한 관광 활성화에 중점을 두고 있다. 루브르 박물관, 오르세 박물관과 같은 세계적인 문화유산을 적극적으로 홍보하고 보존함으로써, 프랑스는 문화 관광의 중심지로서의 지위를 확고히 하고 있다. 이러한 전략은 단순히 관광객을 유치하는 것을 넘어서 프랑스의 문화적 정체성을 강화하고, 전 세계에 프랑스 문화의 가치를 전파하는 중요한 역할을 한다.

우리는 흔히 관광대국들이 가진 성공 요인을 그들이 가진 천혜의 자연환경이나 세계적인 유적지에서 찾는다. 우리가 가질 수 없는 그들의 관광자원을 동경하고, 관광대국의 꿈이 노력을 통해 이뤄질 수 없는 것이라고 생각하고 좌절한다. 그러나 본서에서 다룬 각국의 성공 사례에서 볼 수 있듯이, 한 국가의 관광산업 발전은 정부의 정책적 의지와 노력에 크게 좌우된다. 근래에도 십수 년 전 우리나라와 해외 관광객 수의 차이가 없었던 일본은 지역 관광 권역 개발과 디지털 혁신을 중심으로 한 정책적 노력을 통해 눈부신 관광산업의 발전을 이루었다. 우리는 이러한 점을 명심하고, 관광산업을 전략산업으로 인식하며, 장기적이고 지속 가능한 발전 전략을 수립해야 한다. 이를 위해 본서를 통하여 다양한 차원의 정책 필요성을 설명하였지만, 다음과 같은 핵심 요소에 특히 주목할 필요가 있다.

첫째, 구조적인 문제 해결과 이해관계자 간의 조율에 국가의 역량을 집중해야 한다. 예를 들어, 관광 인프라의 개선, 교통 시스템의 효율화, 관광 관련 규제의 개선 등은 민간 부문만으로 해결하기 어려운 문제들이다. 정부는 이러한 문제들을 해결하는 역할 수행에 적극적으로 나서야 한다. 경부고속도로의 건설이 한반도를 종으로 연결하여 수출 중심 경제 성장의 초석을 마련했듯, 지역 관광 활성화를 위해서는 관광객이 서울로부터 뻗어 나갈 수 있는 촘촘한 교통 미세신경망의 설계와 개선이 반드시 필요하다.

인프라의 증설과 효율적 활용, 이를 위한 규제 개선은 자원 배분의 문제, 이해관계 조율의 문제와 결부되므로 고도의 문제해결 역량을 필요로 한다. 또한, 정부 수준의 개입이 이뤄지지 않으면 민간이 해결할 수 없는 영역이기도 하다. 국가 운영의 최고 책임자가 관광산업 컨트롤타워의 최정점에서 문제를 조율하고 해결해 나가는 것, 정부만이 할 수 있는 역할을 지속적으로 수행해 나가는 노력이 반드시 필요하다.

둘째, 관광산업의 소프트 파워를 전반적으로 한 단계 업그레이드하기 위해서는 국가 차원의 투자와 지원이 필요하다. 관광객이 다른 나라를 방문해서 얻고자 하는 경험은 단순히 교통이나 숙박 인프라에서만 오는 것이 아니다. 관광객이 한 국가를 방문하고자 하는 본질적인 목적이자, 오래도록 기억에 남는 관광 경험은 그 국가가 제공하는 콘텐츠와 스토리에서 비롯된다. 관광 콘텐츠와 스토리의 상당 부분은 사람을 통해 제공된다. 이는 하나의 완성품을 판매하는 제조업과 다른 관광산업만의 중요한 특징이며, 관광산업 발전을 위해 소프트파워를 길러내야 하는 이유이기도 하다.

인프라와 달리 소프트파워를 업그레이드하기 위한 노력은 단순한 재정적 지원에 국한되어서는 안 된다. 교육 프로그램의 개발, 관광업 종사자들의 전문성 향상, 관광 콘텐츠의 다양성 개발 등의 노력이 여러 분야에 걸쳐 이뤄져야 한다. 관광객에게 어떤 콘텐츠와 스토리를 들려줄 것인지는 민간의 자생적인 구조가 만들어낼 것이나, 정부는 이런 구조가 만들어질 수 있도록 산업의 전반적인 역량을 끌어 올리는 초기 마중물을 제공해야 한다. 전 세계적인 관심을 받고 있는 K-컬처가 대형 기획사가 배출한 소수의 아이돌 가수와 연예인을 통해서만 전달되는 것이 아닌, 일상적인 관광 경험 곳곳에 녹아들기 위해서는 소프트파워의 업그레이드가 필요하다.

셋째, 지역경제의 활성화와 연계된 관광산업의 발전 전략을 마련해야 한다. 지역의 독특한 문화와 자원을 활용한 관광상품 개발은 지역경제에 새로운 활력을 불어넣을 수 있다. 이는 지역주민들의 삶의 질을 향상시키는 동시에, 외래 관광객들에게는 다양하고 풍부한 경험을 제공하여 그들로 하여금 다시 찾고 싶은 관광지로 자리매김하게 된다.

지역 관광 개발을 위해 중요한 관점은 선택과 집중이다. 지역사회에 고르게 예산을 배분하여 어떤 지역도 현대 관광객의 눈높이에 맞는 수준 높은 콘텐츠 개발을 할 수 없었던 과거 사례를 되짚어보자. 관광객의 접근이 용이하고, 서울에서는 경험할 수 없는 스토리를 가진 전략적인 관광거점을 정하고, 이를 중심으로 관광 권역을 점차 확대해 가는 방향에 자원을 더욱 집중할 필요가 있다. 이 지역은 대체불가능한 관광의 이유를 갖고 있는가? 객관적이고 냉정한 기준의 설정부터 시작해보자.

이와 같은 전략적 접근을 통해, 대한민국은 관광대국으로서의 미래를 구체적으로 그려나갈 수 있게 된다. 관광대국으로의 목표는 이제 그 어느 때보다도 절실하다. 산업 체질의 전환, 감소해 가는 미래 인구와 소비의 대안, 지역경제의 활성화 등 이 모든 미래를 위한 필수적인 일들과 관광산업은 밀접하게 연관되어 있다. 관광산업의 발전은 단기간에 이루어지는 것이 아니라, 장기적인 관점에서 접근해야 하는 과제이다. 이를 위해 국가, 지자체, 민간 기업, 그리고 국민 모두가 함께 노력하고 협력해 나가는 것이 중요하다. 대한민국이 관광대국으로 거듭나기 위한 여정은 단순히 한 분야의 발전이 아니라, 국가 전체의 지속 가능한 성장과 발전을 위한 중요한 과정임을 우리는 인식해야 한다. 이제 우리가 함께 마음을 모아 힘차게 나아가야 할 때이다.

참고문헌

건축공간연구원, 『한국도시설계확회 주관 연구협력』, 2014.

국가기록원, 「기록으로 만나는 대한민국」, https://theme.archives.go.kr/next/koreaOfRecord/viewMain.do.

국토교통부, 『대한민국 국가지도집』, 2019.

기획재정부, "수출 활성화를 위한 추가 지원방안 발표", 보도자료, 2023.09.04.

김진섭(2021), "지역관광 DMO 방향: 지역관광 진흥 관련 핵심 조직" 한국관광정책 85, 30-36.

과학기술정보통신부 & 한국데이터산업진흥원, 『2022 데이터산업 현황조사』, 2023.

니노미야 겐지, 『산속 작은 료칸이 매일 외국인으로 가득 차는 이유는?』, 2018.

루트임팩트, 『도시디자인을 통한 혁신사례: 다국적 도시가 이뤄낸 컬처 콜라보레이션 파크의 모습은?』, 2017.

문화체육관광부, 『외래관광객조사 보고서』, 각 년호.

문화체육관광부, 『외래관광객 실태조사 보고서』, 각 년호.

문화체육관광부, 『지역관광 활성화 방안』, 2018.

문화체육관광부, 『관광개발기본계획』, 2022.

문화체육관광부, 『2022년도 국가이미지 조사 결과보고서』, 2023.

산업연구원, 『수도권·비수도권 간 발전 격차와 정책 방향』, 2022.
서울관광재단, 『서울여행 디지털 콘텐츠 선호도 조사』, 2021.
서울관광재단, "서울의 재방문객, 서울의 음식, 쇼핑에 다시 끌려 와", 보도자료, 2023.
식품산업통계정보, 「국내 통계」, https://www.atfis.or.kr/home/food/statsnew/in.do.
야놀자리서치, 『국내 에어비앤비 시장 성장 추이 및 현황』, 2023.
오미숙(2021), "지역관광추진조직(DMO) 육성정책에 대한 한일 비교연구" 관광레저연구 33, 79-100.
이요훈, "애플Pay 상륙이 부른 나비효과, NFC 너는 누구냐?", 2023.
일본 국토교통성, 『관광백서』
일본 관광전략실행추진회의, https://www.kantei.go.jp/jp/singi/kanko_vision/kanko_kaigi_dai41/gijisidai.html.
일본 창성회의, 『성장을 이어가는 21세기를 위하여: 저출산 극복을 위한 지방활성화 전략』, 2014.
임승휘(2016), "프랑스 낭트(Nantes) 시의 도시재생 - 낭트 섬(Ile de Nantes)의 역사문화 유적의 재활용 사례를 중심으로 -" 열상고전연구 51, 171-201.
조아라(2019), "한국형 DMO와 지역관광 거버넌스" 한국관광정책 76, 80-84.
중앙일보, "한국은 5등 안에도 못든다…'BTS 소비국' 의외의 1등 [K팝 세계화 리포트]", 보도자료, 2022.03.30.
중앙일보, "한국 MZ처럼 '핫플' 가자…돌아온 유커, 명동 아닌 이곳 떴다", 보도자료, 2023.09.07.
카카오모빌리티, 『"Taxi? No problem!": 외국 관광객의 카카오T 택시 이용 탐구』, 2024.
케이팝레이더, 『2019 Global K-pop Map』, 2019.
케이팝레이더 & 트위터코리아,『#KpopTwitter 2020 World Map』, 2020.
통계청, 「국가통계포털(KOSIS)」, https://kosis.kr.
통계청, 「지표누리」, https://www.index.go.kr/.
한국개발연구원, 『장기경제성장률 전망과 시사점』, 2022.
한국관광공사, 『가장 선호하는 K-pop 스타와 K-pop 팬들의 한국관광 경험·의향』, 2019.
한국관광공사, 『2019 중국인 관광객의 방한여행 만족도 심층분석』, 2020.
한국관광공사, 『빅데이터를 활용한 2022년 관광트렌드 분석』, 2021.
한국관광공사, 『홍콩인들의 한국여행 vs 일본여행』, 2023.

한국관광공사, 『주요 여행앱 동향 및 이용 현황』, 2024.
한국관광공사, 「한국관광데이터랩」, https://datalab.visitkorea.or.kr/datalab/portal/nat/getForTourForm.do.
한국관광스타트업협회, "2023 한국 관광스타트업 생태계 지도 발표", 보도자료, 2023.02.01.
한국농수산식품유통공사, 『2022년 식품외식통계(국내편)』, 2023.
한국농수산식품유통공사, 『2022년 식품외식통계(해외편)』, 2023.
한국농수산식품유통공사, 『2021년 유럽 주요국 외식산업 현황과 한국식품 진출전략』, 2021.
한국농촌경제연구원, 『외식업 운영 동향 및 특징』, 2018.
한국문화관광연구원 「관광지식정보시스템」, https://know.tour.go.kr/.
한국소비자원, 『키오스크(무인정보단말기) 이용 실태조사』, 2022.
한국수출입은행, 『K콘텐츠 수출 경제효과』, 2022.
한국은행, 「경제통계시스템(ECOS)」, http://ecos.bok.or.kr.
한국은행, 「국민계정」
한국일보, "16채 중 정주 한옥은 2채만 남아…'고스트타운' 북촌 한옥마을", 보도자료, 2023.08.28.
행정안전부, "인구감소지역 지정", https://www.mois.go.kr/frt/sub/a06/b06/populationDecline/screen.do.
희망제작소, 『[세계는 지금] 빌바오 도시재생의 비밀』, 2015.
Amadeus Corporate, 『2019 Consolidated annual accounts』, 2020.
Boeing, 『Statistical Summary of Commercial Jet Airplane Accidents』, 2023.
Booking.com, 『Sustainable travel report 2023』, 2023.
Brynjolfsson, E., Li, D., & Raymond, L. R.(2023), "Generative AI at work", National Bureau of Economic Research.
Center for Hospitality & Retail Industries Business Analytics, 『A Comparison of Airbnb Landscape across NYC, London, and Seoul』, 2023.
Centre for Economics and Business Research, 『The Impact of Automation』, 2017.
Euromonitor, 『Top 100 City Destinations Index 2023』, 2023.
Falcon 2, https://falconllm.tii.ae/.

General Statistics Office of Vietnam, 「Number of foreign visitors to Vietnam by some nationalities」, https://www.gso.gov.vn/.

Global Traveler, “2023 Leisure Lifestyle Awards”, 2023.: https://www.globaltravelerusa.com/global-traveler-announces-the-winners-of-the-2023-leisure-lifestyle-awards/.

Government of the United Kingdom, 『Tourism: Sector Deal』, 2019.

Graetz, G. & Michaels, G. (2018), “Robots at work”, Review of Economics and Statistics 100(5), 753-768.

Henley & Partners, 「The Henley Passport Index」. https://www.henleyglobal.com/passport-index/ranking.

IMARC Group, 『Travel Technology Market Report by Product Type (Airline & Hospitality IT Solutions, Global Distribution System (GDS)), Application (Travel Industry, Tourism Industry, Hospitality Industry), and Region 2024-2032』, 2024.

International Institute for Management and Development, 『IMD World Competitiveness Booklet 2023』, 2023.

International Monetary Fund, 『World Economic Outlook, October 2023: Navigating Global Divergences』, 2023.

International Monetary Fund, 「World Economic Outlook Database」, https://www.imf.org/en/Publications/WEO/weo-database/2023/October.

International Trade Administration, 「International Visitor Arrivals Program」, https://www.trade.gov/i-94-arrivals-program.

Japan National Tourism Organization, 「Japan Tourism Statistics」, https://statistics.jnto.go.jp/.

Kharas, H., 『The unprecedented expansion of the global middle class: An update』, The Brookings Institution, 2017.

Lenzen, M., Sun, Y. Y., Faturay, F., Ting, Y. P., Geschke, A., & Malik, A. (2018), “The carbon footprint of global tourism.” Nature climate change 8, 522-528.

London & Partners, 『London's Visitor Experience Strategy』, 2023.

Mastercard Economics Institute, 「Travel Industry Trends 2023」, https://www.mastercardservices.com/en/advisors/economic-consulting/insights/travel-industry-trends-2023?channel=mcd.

Mckinsey&Company,『The future of Japan's tourism: Path for sustainable growth towards 2020』, 2016.

Morgan, B., "What Is Bleisure Travel, And How Is It Transforming The Hospitality Industry?", Forbes, 2022.

OECD, 「OECD Data Explorer」, https://stats.oecd.org/.

OECD, 『OECD Tourism Trends and Policies 2022』, 2022.

Office for National Statistics, 『Measuring Tourism Locally, Guidance Note 4: Tourism Benchmarking and Performance Indicators』, 2010.

Office of the United States Trade Representative, 『National Trade Estimate Report on Foreign Trade Barriers』

Precedence Research, 『Ecotourism Market (By Activity Type: Land, Marine; By Group: Solo, Groups; By Booking Mode: Direct, Travel Agent, Marketplace Booking) - Global Industry Analysis, Size, Share, Growth, Trends, Regional Outlook, and Forecast 2023-2032』, 2024.

PwC, 『69% of consumers hold back on non-essential spend as cost of living rises; 90% adopt cost-saving behaviours: PwC Consumer Insights Survey』, 2023.

Skift, 『Sustainability in Travel 2021: Quantifying Tourism Emissions for Destinations』, 2021.

Statista, 『Number of international tourists in the Balearic Islands, Spain from 2001 to 2022』, 2023.

Statista, 『Distribution of sales channels in the travel and tourism market worldwide 2018-2028』, 2024.

Travel Agent Central, "Survey: Travelers Want to Experience Destinations as Locals, Crave More Authenticity", 2022.

UK government, 「Ethnicity facts and figures」, https://www.ethnicity-facts-figures.service.gov.uk/.

UN Trade and Development, 「UNCTAD Statistics」, https://unctadstat.unctad.org/EN/.

Wharton School, 「Global Cultural Influence Rankings」. https://www.usnews.com/news/best-countries/south-korea.

World Bank, 「World Bank Open Data」, https://data.worldbank.org/indicator/ST.INT.

RCPT.CD?locations=KR.

World Economic Forum, 『Travel & Tourism Development Index 2021: Rebuilding for a Sustainable and Resilient Future』, 2022.

World Intellectual Property Organization, 『Global Innovation Index 2022』, 2022.

World Population Review, 「Crime Rate by Country」, https://worldpopulationreview.com/country-rankings/crime-rate-by-country.

World Tourism Organization,『Climate change and tourism: Responding to global challenges』, 2008.

World Tourism Organization, 『International Recommendations for Tourism Statistics 2008』, 2010.

World Tourism Organization, 『Tourism towards 2030』, 2011.

World Tourism Organization, 「UN Tourism Barometer」, https://www.unwto.org/un-tourism-world-tourism-barometer-data.

World Tourism Organization, 「Global and regional tourism performance」, https://www.unwto.org/tourism-data/global-and-regional-tourism-performance.

World Travel & Tourism Council, 『Economic Impact Research』.

World Travel & Tourism Council & Statista, 『Total contribution of travel and tourism to GDP worldwide 2019-2034』, 2024.

World Travel & Tourism Council & Statista, 『Travel and tourism: share of global GDP 2019-2034』, 2024.

Yahoo Finance, "ChatGPT on track to surpass 100 million users faster than TikTok or Instagram: UBS", 2023.

대한민국 관광대국의 길

저자 장수청 최규완 이수진
배보찬 김종윤 최휘영 이준영 박성식 김규철

초판 인쇄 2024년 08월 01일

초판 2쇄 발행 2024년 10월 07일

발행처 비앤엠북스

서울시 금천구 가산디지털1로 70, B1-103(호서대벤처타워)

등록 2004. 12. 29.(제313-2004-00298호)

전화 02-2627-5710~13

팩스 02-2627-5720

홈페이지 www.대학교재.net

이메일 bnmbook@daum.net

ISBN 978-89-6821-208-6

정가 25,000원